선진국 한국의 우울

선진국 한국의 우울

오니시 유타카 지음 · 박연정 옮김

한국어판 출간에 부쳐

이 책은 원래 일본인을 대상으로 저술되었다.

일본에 사는 사람들이 한국을 바라보는 시각은 다른 외국을 보는 시선과는 상당한 차이가 있다. 예를 들어, 대다수 일본인은 영국이나 프랑스에 특별한 관심을 가지는데, 그 시각은 일본과의 관계가 아닌 영국 사회 그 자체, 프랑스 사회 그 자체에 집중된다. 그러나 한국에 대해서만은 일본과의 관계를 통해 바라보려 한다. 그 관계가 뒤틀리면 일본인의 시각으로는 이해할 수 없거나 특이한 사안에 시선이 쏠리게 된다.

필자는 이와 같이 양국의 관계성을 통해 한국을 관찰하려는 시각에 강한 위화감을 느껴왔다. 그러한 자세로 일관해서는 한국을 이해할 수 없으며, 상대국에 대한 이해가 전제되지 않는다면 양국관계는 애초에 정상적일 수 없다. 일본인이 영국이나 프랑스를 바라보는 것과 마찬가지로, 두 나라의 관계를 배제하고 한국을 바라볼 필요가 있다. 그를 위한 실마리를 필자의 전공인 정치학적 시점에서 제공함으로써, 일본에 사는 사람들이 한국을 이해하는 데 조금이나마 도움이 되었으면 하는 바람으로 저술한 것이 바로 이 책이다.

그런 까닭에 한국에 사는 사람들에게는 설명이 필요치 않은 사항에 많은 페이지를 할애했다. 이 책의 주제인 사회보장정책과 통상정책을 둘러싼 정치 분야 기술 역시 한국인의 연구에 의거하는 바가 많기 때문에 한국의 여러분이 마음만 먹으면 쉽사리 알아낼 수 있는 내용이 대부분이다.

그래서 이 책을 한국어로 출판하고 싶다는 의향을 들었을 때, 무척 놀랐다. 사실은 일본어판이 나왔을 때, 친한 한국인 친구에게 선물로 주었더니 그 친구 역시 반드시 한국어판을 내야 한다는 말을 했었다.

도대체 그 이유가 무엇일지 친구들의 말을 종합해 보면, 이 책을 한국어판으로 출판하는 의의로는 다음과 같은 세 가지가 있다는 것이다.

첫 번째, 외국 연구자가 한국을 어떻게 바라보고 있는지를 잘 알 수 있다는 점이다. 이 책에서 제시한 한국 정치에 대한 필자의 견해는 한국인과는 다를 것인데 바로 그 점이 흥미롭다는 것이다. 인간의 견해는 그 시선의 방향이 자신일 때와 타자일 때, 당연히 차이가 발생한다. 나라로 대체해봐도 마찬가지여서, 한국인이 한국을 보는 시각과 외국인이 한국을 보는 시각은 당연히 다르다. 그와 같은 외국인의 시각이 한국사회를 이해하는 데 필요하다는 것이다.

두 번째, 필자가 한국인이 아니기에 한국 정치의 외부에 존재한다는 사실의 중요성이다. 한국은 이념 대립이 극심한 사회로, 연구자도 대부분의 경우 진보와 보수로 나뉜다. 필자는 그 세계에 속해있지 않으며, 그 속에서 자신의 존재를 위치 매김 할 필요성도 없다. 그렇기에 이념 대립으로부터 거리를 두고 견해를 제시할 수 있는 것이다. 바로 그 점이 흥미롭다고 한다.

세 번째, 이야기성이다. 이 책은 연구자를 대상으로 하는 전문 서적이 아니기 때문에 가독성을 의식하여 추리소설에 가까운 구성을 취하고 있다. 처음에 퍼즐 조각이 제시되고 과정을 따라가며 맞추어가다 보면, 마지막으로 모든 그림이 완성되어 수수께끼가 풀리며 정리된다. 이해하기 힘든 외국의 사정을 일본 독자를 상대로 읽어 내려가기 쉽도록 중앙공론신사의 편집자와 의논한 결과 이러한 형식을 취하게 된 것인데, 그 점이 좋았다는 것이다.

이 같은 의견을 듣고 그렇다면 한국어판을 출간해야겠다고 결심했다.

이 책은 2014년에 출판된 것이다. 세월호 사건이라는 너무나도 비통한 사건이 일어났고, 박근혜 정권의 지지율은 극적으로 하락했다. 그 후의 정치 과정을 보는 한, 이념을 기반으로 양극화된 당파 대립이 정책 정체를 초래하는 상황은 이 책에서 묘사하고 있는 구도와 여전히 동일하다. 중국과의 FTA 체결 합의 등, 경제자유화는 추진되었으나 사회보장정책에 그다지 큰 진전은 보이지 않는다. 세월호 사건으로 돌아가신 분들과 그 유족분들께 깊은 애도의 마음을 전하고 싶다. 이 사건을 해결하기 위한 가닥이 잘 잡히지 않은 것도 이 책에서 서술했던 한국의 정치적 구도 때문이 아닐까 생각된다. 기본적으로 이 책은 과거 15년여의 정치를 그려낸 것이지만, 그 역사를 앎으로써 앞으로의 한국 정치가 어떻게 전개될 것인지 어느 정도 예측할 수 있지 않을까 한다. 그런 의미에서 이 책이 한국의 여러분께 얼마간 도움이 될 수 있다면 기대 이상의 행복을 느낄 수 있을 것이다.

일본어판 〈후기〉에서도 기술한 바 있지만, 이 책은 원래 신서 형태로 출판되었기에, 가독성을 우선시하면서 학술서에 달리는 주석을 생략했고 논문의 출전 표시도 최소한에 그치도록 했다. 한국어판에서는 일본어판을 약간 수정하면서 어느 정도 출전을 표시했지만 대부분은 생략했다. 그러나 이 책은 기본적으로 한국인 연구자의 저작물에 의존했으며 이해하기 쉽게 소개한 것에 불과하다. 많은 지식과 견해를 전해준 그들의 진지한 노력에 새삼 경의를 표하고 싶다. 보다 상세한 내용을 알고 싶으신 분은 이 책 말미의 참고문헌란에 게재된 논문·저서를 참고하시기를 간곡히 바란다.

마지막으로 이 책을 한국에서 출판하면서 훌륭한 번역을 해주신 박연정 선생님께 마음으로 감사를 드린다. 이 책은 가독성을 우선시했음에도, 일본 독자로부터 그다지 쉽게 읽히지 않는다는 질타를 받은 적이 있다. 그런데도 원문을 잘 검토하여 읽기 쉬운 한국어로 번역하여 무척 감격하고 있다.

2015년 4월

오니시 유타카 大西裕

한국경제는 2010년대에 들어 일본을 추월한 것처럼 보였다. 텔레비전 하면 일본을 떠올렸던 예전과 달리, 해외 각지에서 마주치게 되는 액정 텔레비전은 삼성이나 LG 제품만이 눈에 띄고, 일본의 가전제품 판매점에 가도 일본제품은 찾아보기 힘든 상황에 이르렀다. 핸드폰 시장 1위는 삼성이 차지하고 있으며 일본 제품은 오로지 일본에서만 그 존재감을 가질 뿐, 에어컨, 세탁기 등과 같은 백색가전 분야에서도 똑같은 상황이 일어나고 있다. 자동차 시장의 격전지인 미국에서도 현대자동차의 활약이 눈부신 반면 일본 자동차는 고전을 면치 못하는 것이 현실이다.

한국의 국내 사정을 살펴보아도 와인 붐에 스키 붐, 마치 1980년대 일본의 거품경제 시대를 방불케 하는 활기가 느껴진다. 한국 사람들의 이야기를 들어보아도 그들은 더 이상 일본을 호적수로 여기는 것 같지 않다. 그 유명한 노래 '강남 스타일'은 세계를 석권했고 한류의 인기는 일본을 비롯한 아시아 전역에 퍼져 나가 한국 문화의 저력을 과시하고 있다.

2010년대에 들어서 일본은 GDP국내총생산 세계 제2위의 지위를 중국에 넘겨주었고 그 사실은 세상을 떠들썩하게 했지만, 경제의 질적인 측면에서는 한국마저도 일본을 역전한 양상까지 보이고 있는 실정이다.

그럼에도 불구하고 2012년 12월에 있었던 한국 대선의 쟁점은 다름 아닌 '경제' 문제였다. 리먼쇼크에 성공적으로 대처했을 뿐 아니라 한미 FTA자유무역협정 체결로 일본 기업에 크나큰 위협을 안겨주고 전 세계를 돌아다니며 세일즈 외교를 감행했던 이명박 대통령의 지지율은 급락했고, 측근들조차 차례로 그 옆을 떠나가기 시작했다. 20년 동안 침체된 경제로 몸살을 앓아온 일본의 입장에서는 그의 업적을 훌륭하다고밖에 표현할 수 없을 것이다. 그런 이명박 대통령이 경제정책으로 말미암아 인기가 떨어지고 그 해 후반부에는 완전히 영향력을 잃었다. 대통령후보자들은 하나같이 이명박 정권을 부정했다. 앞다투어 사회복지를 확충하고 심각해진 빈곤과 불평등 문제를 시정하겠다고 주장했다.

2012년 연말, 한국 내부에서는 이처럼 무척 동떨어진 두 가지 광경을 한꺼번에 볼 수 있었다. 그런 현상이 가능했던 이유 중 하나는 한국이 이미 선진국이 되었다는 사실에서 기인한다.

한국이 선진국이라는 말에 의아해하는 사람이 있을지 모른다. 한국인 중에도 스스로 선진국이 아니라고 하는 사람이 적지 않다. 선진국이라는 표현 자체가 워낙 애매하고 사용하는 사람에 따라 그 의미가 달라지기도 하기 때문이다. 그 정의 속에 문화적 선진성이라는 의미를 포함시키거나 대국으로서의 지위를 떠올리는 사람도 있지만, 이 글에서는 고도로 공업화가 진전된, 경제적으로 풍요롭고 생활 수준이 높은 민주주의 국가를 '선진국'이라 표현하도록 한다.

이 같은 정의에서 보면 한국은 이미 선진국이다. 경제적인 면에서 보면 '선진국 클럽'이라 할 수 있는 OECD 경제협력개발기구의 일원이며, 풍요로움의 지표로 자주 언급되는 1인당 GDP도 2만 2천 달러 2012년 OECD 자료에 달하는 부유한 국가에 속한다. 또한 나라마다 차이가 나는 물가수준을 반영하는 구매력평가지수로 따져보면, 한국의 구매력 기준 1인당 GDP는 약 3만 달러로 일본의 3만 5천 달러에 육박한다.

일반적으로 생활 수준을 판단할 때는 주관적 판단이 개입될 여지가 있으므로 어려운 점이 있지만, 사람들의 생활의 질과 발전 정도를 나타내는 지표로 자주 이용되는 UNDP 유엔개발계획의 HDI 인간개발지수를 보면,

데이터를 이용할 수 있는 186개국 중 한국은 12위일본 10위를 차지하고 있다.

또한 민주주의 측면에서 보면, 정치체제의 민주성과 정치적 자유의 수준을 국제적으로 조사하는 NGO 프리덤하우스에 의한 평가에서 한국은 정치적 권리 최우수, 시민의 자유 역시 극히 양호하다는 평가를 받고 있다. 다시 말해서 국제기구의 평가로 볼 때, 한국은 선진국의 조건을 충족하고 있다고 판단할 수 있다.

다시 이야기를 처음으로 되돌려 보자. 한국인들에게 선진국이 되는 것은 명확한 목표였다. 그러나 익히 알고 있듯이, 선진국은 이상향도 그 무엇도 아니며 오히려 다양한 문제로 골머리를 앓고 있는 것이 현실이다. 모든 선진국은 심각한 저출산 고령화 문제에 직면해 있으며, 거액의 재정 적자에 시달리고 있는 데다 사회보장제도를 유지하기 위해 허덕이고 있고 현저하게 저하된 경제적 활력으로 고민에 빠져 있다.

예전 같으면 GDP의 증대가 다수의 행복과 직결되며 불평등과 빈곤도 성장으로 극복할 수 있다고 믿었을지 모른다. 하지만 이제 선진국이 된 한국인들에게 그런 마법과 같은 주문은 통하지 않는다. 한국이 안고 있는 저출산 고령화 문제는 아직 일본만큼 진행된 것은 아니다. 그러나 여타 선진국과는 달리 극히 짧은 기간에 고도의 경제성장을 이뤘기 때문에 제때 사회보장제도가 정비되지 않았으며, 고령자의 빈곤 문제 등은 첨예하게 불거지고 있다. 출산율 저하도 급격하게 일어나 금세 일본을 추월했다.

이 책에서는 선진국이 안고 있는 문제 가운데 저출산 고령화와 빈부 격차, 급속하게 진전된 글로벌화에 초점을 맞추고 한국이 어떻게 대처해왔는지를 밝히려 한다.

여기서 우리가 유의할 점이 있다. 그것은 급속한 경제 환경 변화에 대처하는 한국, 그리고 한국정부의 대응에 대해 일본에서는 완전히 상반된 평가가 종종 이뤄진다는 사실이다.

한국은 경제 정세 변화에 무척 능숙하게 대처했다는 높은 평가를 받고 있다. 그런 평가는 특히 일본과의 비교 관점에서 이뤄진다. 예를 들면 전 세계 주요한 나라들과의 무역자유화 전략을 적극적으로 전개하는 자세를 들 수 있다. 잘 알려진 대로, 경제의 글로벌화는 국가 간에 치열한 경쟁을 초래한다. 이와 같은 환경 변화에 한국은 능숙하게 대처해온 것이다.

예전에는 한국도 일본처럼 쌀농사를 중심으로 한 농업사회였으나, 제조업을 중심으로 경제를 발전시키면서 일본과 유사한 산업구조를 형성하게 되었다. 더구나 쌀을 비롯한 농림수산물의 수입을 제한함으로써 자국의 산업을 보호해왔다는 점도 일본과 유사하다. 이는 제1차산업의 정치적 중요성을 잘 이해하고 있었기 때문이다. 그러나 한국은 어느 시점부터인가 미국이나 EU 유럽 연합와 적극적으로 FTA를 체결하면서 국내시장을 개방하기 시작했다. 무역자유화의 추진은 한국계 기업의 세계 진출을 수월하게 해주었으며, 일례로 한국 자동차가 북미 시장과 유럽 시장에서 약진하는 데 한몫했다. 여러 산업 분야에서 한국과 경합해야 하는 일본계 기업에 한국정부의 자세는 위협으로 다가왔으며 동시에 선망의 대상이기도 했다.

다른 한편으로 이 같은 평가와는 반대로 낮은 평가도 존재한다. 한국은 저출산 고령화의 진행과 더불어 빈부 격차가 빠른 속도로 확대되고 있는 현 상황에 적절히 대처하지 못하고 있다는 것이다. 글로벌화에 따른 자유경쟁의 결과, 승자와 패자가 극명히 갈려버린 상황이 되었다. 고령자의 빈곤, 청년 세대의 취업난과 비정규직 노동자의 증가, 아무리 열심히 일해도 생활고에서 벗어날 수 없는 워킹푸어working poor의 문제는 심각하기만 하다. 하지만 이런 문제에 대처하기 위한 사회보장 정책은 빈약하기 그지없다는 비판을 받고 있다.

이처럼 상반된 평가가 나타나는 이유로, 1997년에 한국을 강타한 아시아 외환위기 때문에 어쩔 수 없이 신자유주의적인 개혁을 추진하게 된 결과라고 설명하는 경우가 많다. 외화가 고갈된 상태에서는 구제금융을 제공한 IMF 국제통화기금의 의견을 따를 수밖에 없었다. 그 결과 경제는 성장했지만 빈부의 격차는 더욱 커졌다는 것이다. 언뜻 보면 상반된 두 평가는 결국 표리일체라 할 수 있다.

필자 역시 이 설명이 완전히 잘못된 것이라 부정할 수는 없다. 단, 이와 같은 이론은 현실에 대한 설명으로는 충분하지 못하다. IMF의 강압만을 강조하면 한국사회 내부의 역동성을 간과해 버리게 된다.

아시아 외환위기 이후, 한국에는 김대중, 노무현, 이명박, 박근혜라는 4대에 걸친 대통령이 등장한다. 이 책이 발간된 시점에서 현재진행형인 박근혜 정부는 예외로 치더라도, 각각의 정권이 어떤 제약하에 어떤 일을 해왔는지를 면밀히 살펴봄으로써 한국사회가 안고 있는 고민과 나아가려 하는 방향을 이해할 수 있을 것이다. 이는 단순히 이웃 나라 한국을 알아보겠다는 호기심 차원에 머무르는 시선이 아니다. 한국이 직면하고 있는 과제는 다름 아닌 일본이 직면하고 있는 과제이기도 하기 때문이다.

심각해지는 저출산 고령화 문제를 비롯해 무역자유화 등은 일본의 중요한 과제이다. 이 책은 현재 한국의 정치경제사회를 이해하기 위해 집필했지만, 동시에 일본이 안고 있는 문제를 이해하는 데도 다소 도움이 될 수 있을 것이다.

contents

한국어판 출간에 부쳐 5
머리말 9

2012년 대선의 의미
조용한 선거, 격렬한 싸움 20 진보와 보수 22 이데올로기의 대립과
선거에 미치는 영향 24 쟁점으로 떠오른 경제민주화 27

격차사회의 내실
보수당의 좌 선회 31 한국은 불평등 사회인가? 32 심각해지는 워킹
푸어 문제 35 가난한 고령자 37 청년층의 취업난 40 복지정책의 빈
곤 42 계속되는 불평등 문제 45

외환위기와 잇따른 개혁
지역주의의 영향 57 김대중 대통령의 탄생 59 아시아 외환위기 61
노사정위원회라는 시도 62 경제발전을 둘러싼 죄수의 딜레마 64 초
기 금융 개혁 66 사회협약의 상실 68 노동조합의 반발 70 정체된 금
융구조 개혁 71

복지국가로의 전환
생산적 복지란 무엇일까? 73 노동과 복지의 연대 75 실업, 빈곤에 대
한 긴급대책 76 근본부터 개혁된 사회보장에 대한 사고방식 77 모든
국민에게 의료보험 혜택을 79 국민연금과 사회민주주의 모델 80

생산적 복지의 좌절
위축된 사회민주주의 83 공적부조를 둘러싼 정치 과정 84 행정 관료
의 저항 85 기세를 전환시킨 김대중의 울산 연설 86 시행 과정에서
의 저항 87 의료보험 개혁에 이르기까지 88 조합주의 대 통합주의 89
통합을 둘러싼 논쟁 91 마침내 실현된 의료보험 통합 92 강조되는 사
회적 연대 94 연금개선인가, 전국민연금인가 95 전국민연금 선택 97
세계은행의 개입 98 완성되지 못한 사회보장 개혁 100 개혁을 저해
한 요인 101

Prologue

선진국
한국의 시작

Chapter 1

오해받은
개혁

김대중 정권의
경제·복지정책

Chapter 2

진보 정권의 역설
노무현 정권의 복지정책

노무현 정권의 탄생
이단아 노무현의 등장 107 예비선거 실시 109 진보에 의한 새로운 정치 110 진보의 승리 112

참여복지 : 성장과 복지라는 두 마리 토끼
핵심 개념으로서의 참여복지 114 사회투자국가론 116 날로 심각해지는 워킹푸어 문제 118 인하된 국민연금 119 내려가지 않는 의료비 자기부담금 121 고용보험과 새로운 제도 EITC 122

참여민주주의의 역설
잠잠해진 압력단체 활동 124 시민의 의료보험 운영 참여 125 의료보험 개혁의 역설 127 지방분권의 역설 129 늘어나지 않는 복지재정 131

굴절된 복지정치
복지 축소를 멈춘 존재 133 한국의 이상한 복지정치 134 복지정책에 대한 관심 135 이데올로기의 중요성 138 복지에 관심이 있을수록 보수적이다? 140 다른 단체와의 대립-협조 141 단체의 영향력 144 행동하지 않는 복지세력 146 지역의 풀뿌리 보수 149 '위축된' 사회민주주의 151

Chapter 3

한미 FTA와 노무현의 꿈

신자유주의적 개혁의 이유

이데올로기 선풍

정당 시스템의 변모 158 지역주의에서 이데올로기로 162 386세대의 등장 163 대통령과 국회의 대립 165 헌법적 질서를 둘러싼 대립 167 위헌으로 판결난 수도 이전법 169 대립을 더욱 첨예하게 만든 4대 법안 170

갈등의 한미 FTA

노무현의 사고방식 172 WTO에서 FTA로 173 미국과의 사전교섭 175 4대 선결조건 177 교섭과 국내조정 179

이데올로기 대립으로 분열된 정권

시민사회와 정치 사회의 차이 181 분열된 민주주의 183 진보의 반란 185 오해받은 노무현 186 노무현이 꿈꾼 것 187

Chapter 4

반진보 정책의 좌절

이명박 정권에 의한 정책 계승

이명박 정권의 노림수

진보 정권의 안티테제 194 능동적 복지 195 의료 서비스의 산업화 197 계승된 FTA 전략 199

이중의 제약

리더십의 조건 201 복잡한 선거 결과 203 박근혜계의 여당 내 야당화 205 촛불집회 207

실용주의의 차질

리더십 부족을 드러낸 대운하 구상 210 리먼쇼크와 악화일로의 실물경제 211 불안정한 금융시장 213 이명박의 위기 대책 215 쇠퇴하는 토건국가 216 복지개혁의 후퇴 220 살아남은 노무현의 개혁 222 새로운 사회적 리스크에 대한 대응 224 정지된 한미 FTA 교섭 226 미국의 환경변화 227 진보 세력의 저항 229 정체된 정책, 양호한 퍼포먼스? 230

Chapter 5

박근혜 정권의 우울

사민주의로 당선된 보수 정권

사회보장과 통상정책을 둘러싼 정치

복지국가의 세 가지 유형 236 위축된 사회민주주의 238 진보 정권의 신자유주의 개혁은 과연 모순이었을까? 240 이데올로기 정치의 부자연스러움 242

유동적인 노동시장

노동시장과 복지정치 245 생산요소의 유동성 249 토지, 자본, 노동 250 노동시장과 통상정책 252 APEC, EVSL 교섭으로 본 한국의 특수성 254 어떻게 어민들은 무관심할 수 있었나 255

박근혜 정권의 과제

사회보장의 쟁점화 257 전국동시지방선거와 무상 논쟁의 시작 259 서울시 무상급식 논쟁 262 박근혜의 사회보장 구상 263 박근혜 정권의 고뇌 265

글을 마치며 267
참고문헌 271

선진국
한국의 시작

PROLOGUE

2012년
대선의
의미

조용한 선거, 격렬한 싸움

2012년 12월의 대선은 유례를 찾아볼 수 없을 만큼 조용히 치러졌다. 일본과는 달리 한국에서는 선거법상 길거리에서 선전차량으로 후보자 이름을 연호할 수 없다. 그로 인해 선거기간조차 실제 선거가 이뤄지고 있는지 알 수 없을 정도로 조용하지만, 그 해 대선 이전까지만 해도, 잘 지켜보면 실은 무척 격렬한 선거전이 전개되고 있다는 걸 알 수 있었다. 2012년 대선 역시 예외 없이 선거전 자체는 격렬했지만 최고조에 달한 느낌은 아니었다.

선거가 유달리 조용했던 이유는 보수 진영인 여당 새누리당 후보 박근혜, 진보 진영인 제1야당 민주통합당 후보 문재인 양쪽이 모두 온건중도파였기 때문이다. 더군다나 젊은 층과 정당에 대한 뚜렷한 기호가 없는 유권자에게 높은 지지를 받았던 제3의 후보자 안철수의 입후보 사퇴 이후, 선거구도 자체가 기성 정당 간의 대립 양상을 보임으로써 참신함이 부족했다는 사실도 영향을 미쳤다.

이명박 대통령이 당선된 2007년 선거에서는 대통령후보 개인에 대한 격심한 비방과 흑색선전이 이뤄졌지만, 2012년에는 그런 양상을 거의 보이지 않았다. 한국에서는 대학교수가 선거전의 일익을 담당하는 경우가 있어서 필자 같은 외국인 교수도 선거 진영의 생생한 목소리를 들을 기회가 많았는데, 양 진영에 속한 교수들에게 이야기를 들어보아도 어려운 선거전이었던 것 같았다. 문재인 진영에 속한 사람들 중에도 박근혜 개인은 나쁘지 않다는 의견이 적지 않았고, 그 반대의 경우도 마찬가지였다.

2007년의 선거전은 이런 모습이 아니었다. 당시 진보 진영은 보수 진영인 이명박 후보를 신랄하게 비판했고, 반대 경우도 마찬가지였다. 하지만 2012년 선거전은 어떤 의미에서는 무언가 부족한 감마저 느껴지게 했다.

하지만 막상 뚜껑을 열어본 결과, 투표율은 직전 대선의 63%에 비해 대폭 상승한 75.8%에 이르렀다. 양 진영은 총력을 기울여 유권자를 동원했던 것이다. 젊은 층의 지지율이 높았던 문재인 진영은 트위터, 페이스북 등 SNS, 문자메시지를 통해 투표를 호소했고, 비교적 고령자층의 두터운 지지를 받았던 박근혜 진영은 주변 사람들에게 호소하며 투표를 독려했다.

조용한 선거전이었지만 유권자의 동원은 격렬했다. 이는 5년 전 선거와는 정반대의 양상이었다. 또한 그런 광경을 통해 현재 한국이 안고 있는 정치와 경제 사회의 크나큰 과제를 도출해볼 수 있었다.

2012년 대선은 이제까지의 대선과 쟁점이 크게 달랐다. 이전의 선거는 북한에 대한 대응, 지역 간 대립 등 나라를 양분하는 이슈가 중심이었다. 그러나 2012년 선거에서는 그 쟁점이 '경제민주화'로 수렴되었다. 양 진영의 주장이 유사한 까닭에 일반 유권자는 그 차이를 이해하기 힘들었다. 박근혜도 문재인도 신자유주의적인 개혁으로 심각해진 빈부 격차를 해소해야 하며, 그를 위해서는 재벌 개혁과 사회복지를 확충해야 한다는 점에서 일치된 의견을 보였다. 자세히 살펴보면 차이점은 있었지만, 얼핏 보면 알아차리기 어려웠다. 날마다 생활에 쫓기는 일반 유권자로서는 쉽사리 이해할 수 없었다. 누가 대통령이 된다 해도 별반 차이가 없다면 투표율은 당연히 떨어지기 마련이다.

뚜렷한 정책적 대립이 보이지 않는데도 높은 투표율을 보인 이유는 무엇일까? 그것은 바로 한국의 정치세계에 퍼져 있는 심각한 이데올로기 대립 때문이었다. 진보 진영에서 보면 박근혜는 나쁘지 않다, 정책적으로 이해할 수 있는 부분도 있다, 하지만 그녀를 지지하는 사람들이 나쁘다, 여당인 새누리당은 원래 보수 정당이기에 신용할 수 없다는 것이었다. 반대 경우도 마찬가지였다. 진보 진영에 속하는 사람들이 가진 보수 정당과 그 이데올로기에 대한 거부감, 보수 진영에 속하는 사람들이 가진 진보 정당과 그 이데올로기에 대한 거부감은 좀처럼 떨쳐낼 수 없는 것이었다.

2012년 선거에서 나타난, 조용하지만 격렬한 싸움의 본질은 선거의 쟁점이 '경제민주화'로 수렴되는 한편 심각한 '이데올로기 대립'이 존재하는, 언뜻 보면 모순된 그런 상황 속에서 찾아볼 수 있다. 그 두 가지가 바로 한국 정치경제의 중요한 키워드라 할 수 있다.

진보와 보수

진보와 보수의 이데올로기 대립이란 무엇일까?

냉전체제가 끝난 것은 이십 년도 더 이전의 일이며 사회주의가 더 이상

매력적으로 느껴지지 않는 지금, 일본에서는 이데올로기라는 단어 자체를 접할 일이 거의 없다. 하지만 한국 정치를 설명할 때는 이 단어를 언급하지 않을 수 없다.

좌파, 우파로 구별되는 이 대립축은 일본에서는 진보적인 가치관을 갖느냐 혹은 전통을 중시하느냐라는 문화적 측면이나 미국과의 관계를 어떻게 볼 것인가 등의 외교적인 측면을 설명할 때 사용되는 경우가 많다. 그러나 경제활동에 관련되어 사용되는 것이 보다 일반적이다.

진보는 자본주의 경제에서 이뤄지는 자유경쟁의 결과 승자와 패자가 생겨나고 국민 사이에 불평등이 확대되는 것을 우려하여 소득의 재분배 등 정부 개입을 통해 보다 평등한 세계를 만들고자 한다. 한편 보수는 정부의 시장개입이 경제의 활력을 저하시킬까 우려하여 기업의 경제활동 자유를 가능한 한 넓게 인정한다.

자유와 평등은 현대 자유민주주의 근간을 지탱하는 기본적인 가치관이지만, 양립은 쉽지 않다. 그렇기 때문에 대부분의 선진국에서 진보파와 보수파의 대립은 지금도 존재한다. 다만 소련을 중심으로 하는 사회주의 진영과 미국을 중심으로 하는 자유주의 진영이 대립했던 냉전시대와 같은 첨예한 대립은 아니다.

그러나 한국에서는 여전히 두 진영이 첨예하게 대립하고 있다. 단, 한국에서의 이데올로기 대립은 경제활동의 차이보다는 주권과 민족에 관한 생각의 차이로 나타난다.

이를 이해하려면 역사적 배경에 대한 지식이 필요하다. 1945년 일본의 지배에서 벗어난 이래로 한국은 미국의 강력한 영향력 아래에 놓여 있었으며, 지금도 동맹을 맺고 있다. 한편, 한반도는 동서냉전의 주요 무대가 되어 같은 민족이 남북으로 분단되었다.

진보 진영은 한국이 민족분단의 비극을 겪게 된 이런 상황이 미국의 강력한 영향력과 관련이 있다고 본다. 미국과의 동맹은 미국에 의한 주권 침해이며, 민족분단을 고착화시키는 원인으로 이어졌다고 보는 것이다. 반대로 보수 진영은 미국이야말로 경제활동의 자유를 인정하지 않는 독재적인 북한으로부터 우리를 지켜온 존재라고 인식하며, 지금까지 한국이 성장할 수 있었던 요인으로 자본주의 경제체제와 한미동맹에 의한 안전보장체제를 긍정한다. 즉, 반미/친북이 진보이며, 친미/반북이 보수이다.

이데올로기의 대립과 선거에 미치는 영향

양자의 대립은 심각하며, 과거의 선거에서 유권자의 투표행동에 중대한 영향을 미쳐왔다. 진보라는 평가를 받아온 김대중 전 대통령의 출신지인 한반도 남서부의 호남지방전라도 유권자는 진보 정당을 지지해왔다. 한편, 김대중 이외의 역대 대통령을 배출한 부산이나 대구를 중심으로 하는 한반도 남동부의 영남지방경상도은 보수 정당을 지지한다. 이러한 지역대립은 민주화 이후에 고정된 채로 굳어졌다.

젊은 세대가 진보 정당을 지지하고 한국전쟁을 경험한 고령자 세대가 보수 정당을 지지하는 경향도 강하게 나타난다. 이러한 세대 차이는 선거 연설을 보고 있으면 누구든 알 수 있을 것이다. 진보 진영의 집회와 보수 진영의 집회는 각각의 세대밖에 통하지 않는 언어jargon=은어가 사용될 뿐만이 아니라, 패션도 차이가 커서 다른 문화로 느껴질 정도이다.

이러한 대립구도는 2012년 대선에서도 선명하게 나타났다. 0-1과 0-2

를 보면 일목요연할 것이다. 0-1은 양 후보의 지역별 득표율이다. 문재인 후보는 호남지방에서 압도적인 지지를 얻었으며, 박근혜 후보는 영남지방에서 대량으로 득표했다.

▎0-1. 제18대 대선 주요 후보자 지역별 투표율

지역	후보자별 득표율 %	
	박근혜	문재인
전체	51.6	48.0
서울	48.2	51.4
부산	59.8	39.9
대구	80.1	19.5
인천	51.6	48.0
광주	7.8	92.0
대전	50.0	49.7
울산	59.8	39.8
세종	51.9	47.6
경기	50.4	49.2
강원	62.0	37.5
충청북도	56.2	43.3
충청남도	56.7	42.8
전라북도	13.2	86.3
전라남도	10.0	89.3
경상북도	80.8	18.6
경상남도	63.1	36.3
제주	50.5	49.0

주) 한국 중앙선거관리위원회 데이터베이스 인용 필자 작성

0-2는 한국의 정치학자인 박찬욱 교수 등이 대선 직후 실시한 조사에 기반한 연령별 득표율이다. 문재인은 청장년, 박근혜는 고령자의 지지를

얻었다는 사실을 알 수 있다. 대선에서 호남지방의 유권자, 청장년이 진보 정당을 지지하고 영호남지방의 유권자, 고령자가 보수 정당을 지지했다는 사실이 이데올로기 대립의 심각함을 보여주는 것이라고 단정한다면 섣부른 자세일지도 모른다. 이데올로기의 차이가 투표행동으로 나타났는지의 여부는 더 진전된 연구를 기다려야 정확히 알 수 있겠지만 투표행동의 유형이 이전과 동일하다는 점에서 대립 구도는 변하지 않았다고 봐야 한다.

만약 이와 같은 구도가 미국이나 북한과의 관계 등 역대 대선의 주요 쟁점이었던 테마의 연장선에서 나타났다면 이해하기가 더욱 쉬웠을 것이다. 하지만 이번 선거의 큰 쟁점은 경제였으며, 양자의 주장이 유사했음에도 불구하고 대립구도가 재현되었고 투표율마저 올라가는 양상을 보였다. 대립 구도의 뿌리가 상당히 깊다는 사실을 확인해주는 결과였다.

0-2. 연령별 후보자 선택

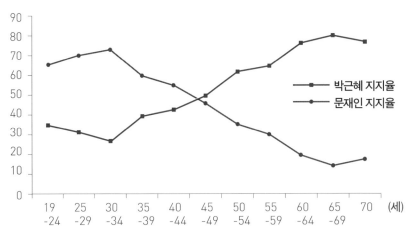

[자료] 《한국 유권자의 선택 2 : 18대 대선》, 〈총론: 2012년 대선의 전개와 결말〉
박찬욱 · 김지윤 지음, 아산정책연구원 펴냄, 2013

쟁점으로 떠오른 경제민주화

또 하나의 키워드인 '경제민주화'는 어떨까? 이는 무척 애매한 개념이며 한국에서도 사용하는 사람에 따라 의미상 미묘한 차이가 발생한다. 일반적으로는 재벌 개혁, 영세 중소기업의 보호·육성을 의미하는 것으로 받아들여진다. 그 배경에는 한국경제가 부유해졌지만 혜택은 극히 일부에게 제한적으로 돌아갔다는 인식이 국민에게 널리 공유되어 있다는 사실이 존재한다.

'경제민주화' 논의로 들어가기에 앞서 한국경제가 얼마나 부유해졌는지를 확인해보자. 한국은 1997년 말에 외환위기에 빠져 심각한 불황을 경험했지만, 그 후 경제성장을 거듭하여 최근 15년간 경제규모로 보면 명목상 거의 3배 성장했고 국민의 부富 역시 3배로 늘어났다. 0-3은 과거 18년간 GNI국민총소득 추이를 나타낸 것이다. GNI는 국민이 1년간 새롭게 창출한 재화, 서비스 부가가치의 합계를 말하며 경제력의 크기나 풍요로움을 나타내는 지표로 사용된다. 1990년 이전에 일본에서 경제 규모를 나타내는 지표로 사용되었던 GNP국민총생산와 거의 유사하다고 보면 된다.

한국경제는 1997년 아시아 외환위기와 2008년 리먼쇼크의 영향으로 마이너스 성장을 경험하지만, 그때를 제외하고는 순조롭게 성장했으며 규모를 확대해왔다. 이와 같은 경향은 1인당 GNI 추이로도 확인할 수 있다0-4.

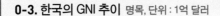

0-3. 한국의 GNI 추이 명목, 단위 : 1억 달러

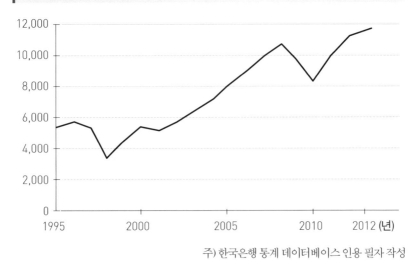

주) 한국은행 통계 데이터베이스 인용 필자 작성

0-4. 1인당 GNI 추이 명목, 단위 : 1억 달러

주) 한국은행 통계 데이터베이스 인용 필자 작성

    이는 명목상 수치로서 인플레이션 상황을 고려하지 않은 것이다. 하지만 실질 GNI 성장률이 최근 15년간 연평균 3.15%이므로 실질적으로는

거의 1.5배 규모로 확대된 셈이다.

하지만 축적된 부는 모든 국민에게 골고루 돌아간 것이 아니었다. 한국은 삼성, 현대자동차, LG 등 소수의 재벌에게 경제력이 집중된 구조를 가지고 있다. 최근 수년간 한국기업은 가전제품에서 눈부신 약진을 보였고 백색가전이나 텔레비전 등 예전에는 일본이 우세했던 분야에서도 일본기업을 압도하고 있다.

그러나 이런 쾌거는 오로지 재벌 기업에 의한 것이다. 대부분의 이익은 재벌과 극히 일부의 사원이 얻어 갔으며 일반 시민이나 영세중소기업은 혜택을 받지 못했다. 그 결과 한국경제에 퍼져 나간 빈부 격차를 고쳐보자는 주장이 바로 '경제민주화'이다. 강력한 재벌을 억누르고 일반 시민에게도 번영의 결과가 되돌아가도록 개혁해 나갈 필요가 있다는 것이다.

한국에 재벌 중심의 경제구조가 형성된 데에는 크게 두 가지 요인이 있다.

한 가지는 재벌이 역대 정권에 의해 특권적으로 보호받았다는 사실이다. 특히 1987년까지 이어진 비민주적인 시대에 재벌은 정권과 유착함으로써 정책금융의 우선적 배분이나 저리 융자 등의 형태로 특혜를 받아왔다. 1987년 민주화 이후에는 정책적인 우대가 이전에 비해 줄었으며, 설령 재벌이 아닌 기업에 비해 정책적인 우대가 있다 하더라도 대부분 합리적인 설명이 가능할 정도로 변화하고 있다.

하지만 역대 정권은 재벌이 얽힌 경제범죄에 대해 관대한 처분을 해왔다. 예를 들면 재벌의 오너에게 유죄판결이 내려지더라도 얼마 안 있어 특별사면해주는 등 특별한 대우를 해준 것은 부정하기 어렵고, 이는 일반 시민의 강한 반발을 샀다.

그보다 더 중요한 요인은 한국경제의 자유화가 진전되어 약육강식의 시장 원리가 작용하는 가운데 원래 강자 입장에 있던 재벌이 더욱 강력해지면서 재벌만이 승리하는 상황이 되었다는 사실이다.

1997년에 한국이 직격탄을 맞은 아시아 외환위기 이후 김대중, 노무현, 이명박 세 정권은 모두 신자유주의적인 개혁을 단행했고 한국경제에서 다양한 규제를 철폐했다. 최근에는 이명박 정권하에서 법인세 감세가 이뤄졌고 미국, EU와의 FTA 체결에 의한 무역자유화도 추진되었다. 이는 한국에서의 일반적인 사업 환경을 개선하는 것으로, 재벌 우대는 아니었다. 하지만 수출산업을 재벌이 거의 소유하고 있는 상황에서 개혁 조치는 결과적으로 재벌의 경제력을 강화하는 데 작용했다.

그 결말이 빈부 격차의 확대로 나타났다. 즉, 지나친 개혁을 시정하자는 것이 경제민주화의 내용이라고 이해해도 될 것이다.

격차사회의 내실

보수당의 좌 선회

2012년 대선의 쟁점이 경제민주화였고, 두 진영의 차이점을 찾아보기 어려웠던 것은 보수 정당인 새누리당이 중심축을 진보 쪽으로 많이 이동했기 때문이다.

새누리당 후보 박근혜의 선거공약은 새누리당의 전신인 한나라당 시절에 비판했던 노무현 정권의 정책보다 훨씬 진보적이었다. 그것은 고령자에 대한 연금 증액, 중소기업 보호 등 경제적 약자에게 혜택이 돌아가는 형태로서, 평등보다는 자유를 중시해온 보수 정당의 태도라고는 할 수 없었다.

이와 같은 박근혜의 태도만을 본다면 보수 정당에서도 평등을 중시해야 할 만큼 한국에서의 빈부 격차가 심각해졌다는 방증이 될 수 있다.

실제로 2000년대 후반부터 아무리 열심히 일해도 최소한의 생활비조차 벌지 못하는 워킹푸어 문제가 부각되고 있다. '88만 원 세대'라고 하는,

일본 돈으로 한 달에 십만 엔도 벌지 못하는 젊은이들을 지칭하는 단어까지 유행했다.

그렇다면 한국에서의 빈부 격차 문제, 다시 말해서 불평등과 빈곤의 문제가 얼마나 심각한지를 구체적인 숫자로 확인해보자. 주로 이용하는 것은 OECD 통계 데이터로서 특별한 언급이 없는 한, 데이터가 잘 갖춰져 있는 2009년으로 비교했다. 이 데이터는 OECD가맹국이 신고한 데이터를 정리한 것인데 통계를 다루는 방식 차이로 국가 간 비교의 정확도가 떨어질 수 있지만 대강의 경향을 파악하는 데는 도움이 될 것이다.

| 한국은 불평등 사회인가?

국제적으로 봤을 때, 한국사회의 불평등은 얼마나 심각할까? 0-5는 OECD 국가들의 지니계수를 비교한 것이다. 지니계수는 사회의 소득분배 불평등을 측정하는 지표로 자주 사용되며, 0에 가까울수록 격차가 적고 1에 가까울수록 격차가 크다. 일반적으로 사회에서의 불평등과 정치적 안정은 관계가 있다고 하며 0.45를 넘어서면 위험 수위라고 판단한다.

0-5를 보면 한국에서의 불평등은 국제적으로 두드러지게 심각하다고는 할 수 없다. 통계 수치가 없는 호주, 멕시코, 미국, 러시아를 제외한 31개국의 평균치가 0.305인데 한국은 그 수치를 약간 웃도는 0.314로서 20위의 순위를 보이고 있다. 이 수치상으로는 일본이 더 나빠서 밑에서 여섯 번째를 차지하고 있다.

다만, 소득분배의 불평등은 고령화에 의해 심각해지는 경향을 보인다고 할 수 있다. 고령자일수록 소득 격차가 크기 때문이다. 한국은 선진국 중에서는 비교적 젊은 층이 많은 사회로서 지니계수가 높지 않은 것은 고령화가 진전되지 않아서라고 판단할 수도 있다. 현역 계층만의 지니계수를 보면 한국은 0.3으로 17위를 차지한다. OECD 평균인 0.304보다 약간 작아서 현역 세대의 소득 격차가 오히려 적다. 일본은 0.332로서 순위는 24위, OECD 평균보다 상당히 큰 수치로서 불평등은 현역 세대로 한정할 때 더욱 심각하다.

지니계수는 불평등을 측정할 때 중요한 지표이기는 하지만 그것만으로는 사회적으로 불평등이 심각한 문제인지 파악할 수 없다. 거의 모든 사람의 소득이 똑같이 낮고 1%만 극단적으로 풍요로운 상태라 해도 지니계수는 현격히 높아지기 때문이다.

0-5. 지니계수 가처분소득, 2009년

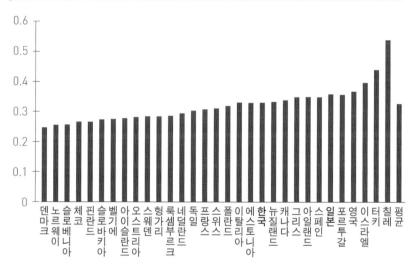

주) OECD 데이터베이스 인용 필자 작성

그렇다면 다음으로 0-6의 상대빈곤율을 보도록 하자. 상대빈곤율이란 세대 소득을 근간으로 국민 1인당 소득을 많은 쪽에서부터 순서대로 세웠을 때, 중간에 속한 세대median의 소득 절반상대빈곤선이라 한다에 못 미치는 사람들의 비율을 나타낸다. 숫자가 클수록 빈곤상태에 놓여 있는 사람의 비율이 크다는 의미다. OECD 평균치가 0.107인데 비해 한국은 0.153이다. 31개국 중 26위로 좋지 않은 수치를 보이고 있다. 덧붙이자면 일본은 28위로 더욱 나쁜 수치를 보이고 있다.

지니계수와 상대빈곤율로 한정해보면 한국은 OECD 국가 가운데 그다지 평등성이 낮은 나라라고는 할 수 없다. 하지만 상대적으로 볼 때 가난한 사람이 적다고도 단정할 수 없다. 지니계수를 기준으로 한국과 가까운 수치를 보이는 나라는 에스토니아, 이탈리아, 뉴질랜드인데 이들 나라의 상대빈곤율은 OECD 평균과 거의 비슷하다. 이 점을 고려하면, 한국 사회의 격차를 미세하게 들여다보았을 때 극단적으로 불평등한 사회는 아니지만 빈곤층이 많다고 해야 할 것이다.

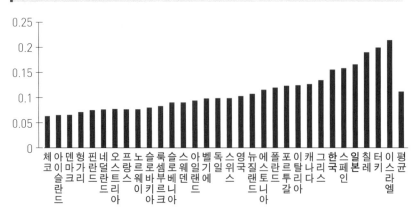

0-6. 상대빈곤율 2009년

주) OECD 데이터베이스 인용 필자 작성

심각해지는 **워킹푸어 문제**

이제까지 전체적인 불평등에 대해 검토해보았다. 하지만 빈곤층이 얼마나 심각한 빈곤에 직면해있느냐는 또 다른 문제이다. 논점을 좀 더 좁혀보도록 하자. 한국에서 빈곤과 불평등 문제를 거론할 때 반드시 화제로 삼는 것이 세 가지 있다. 워킹푸어, 노인 빈곤, 취업난이다. 각각 간략하게 살펴보자.

워킹푸어 문제는 청년층의 문제와 비정규직 문제로 나눠 볼 수 있다. 청년층의 문제는 잠시 후 취업난 문제와 함께 살펴보기로 한다.

현대사회에서 대부분의 사람들은 기업 등에 고용되어 일하지만 그 노동 방식은 각양각색이다. 가장 일반적인 형태는 전일제 고용으로 계약이 안정되어 있는 정규직 노동자이다. 그 밖의 임금노동자로는 비정규직 노동자가 있다. 아르바이트, 파트타임 노동자가 이 유형에 속한다. 비정규직 노동자는 일반적으로 정규직 노동자에 비해 소득이 낮은 경향을 보인다. 워킹푸어는 비정규직 노동과 밀접한 관계가 있으며, 한국에서는 사회학자들의 연구를 통해 빈곤층에 비정규직 노동자가 극단적으로 많다는 사실이 확인되고 있다.

단, 이는 한국의 비정규직 노동자 수가 다른 나라에 비해 현저하게 많다는 의미는 아니다.

비정규직 노동자는 고용계약 기간이 한정되어 있는 계약직 노동자와 노동시간이 짧은, 이른바 파트타임 노동자인 단기노동자, 파견노동자 등이 해당된다. 이 가운데 OECD 고용 데이터로 확인할 수 있는 계약노동 비율과 단기노동 비율을 확인해보면, 2011년 기준으로 한국은 계약노동 비율이 23.8%로 OECD 평균인 11.9%를 크게 웃돌고 있다. 그러나 단기노동 비율은 13.5%로 OECD 평균 16.5%를 밑돈다. 결코 좋은 상황이라고는 할 수 없지만 심각하다고도 할 수 없다. 예전에는 한국의 사회학자들이 한국의 비정규직 노동자 비율이 50%를 넘는다고 주장해왔지만, 이는 통계 데이터가 충분히 정비되지 않은 상태에서 각종 데이터로 추측해서 나온 억측이라고 생각할 수 있다. 실제로는 일본과 그렇게 큰 차이가 나지 않는다.

하지만 빈곤층의 빈곤도는 무척 심각하다. 0-7을 살펴보자. 빈곤 갭Poverty Gap이란, 빈곤층의 소득이 상대빈곤선을 어느 정도 밑도는지를 나타내는 지표이다. 빈곤선에서 빈곤층에 속한 사람들의 소득을 제외한 금액을 합산한 후 평균을 구해 다시 그것을 빈곤선으로 나눈 수치를 말한다. 수치가 클수록 빈곤 정도는 심각하다.

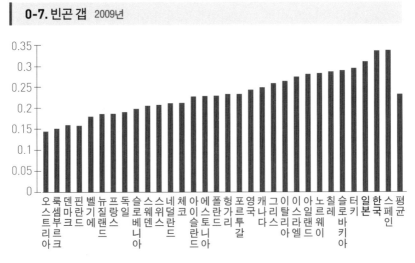

0-7. 빈곤 갭 2009년

주) OECD 데이터베이스 인용·필자 작성

OECD 평균이 0.226인데 반해, 한국은 0.325로 무척 심각하며, 스페인에 이어 밑에서 두 번째에 위치한다. 상대적 빈곤층에 속하는 사람은 그 수가 많을 뿐만 아니라 평균으로 봐도 무척 곤궁한 상태이다. 워킹푸어 문제가 심각하다는 사실은 이로써 확인할 수 있다.

가난한 고령자

고령자는 어떨까? 0-8은 65세 이상 고령자로 한정하여 지니계수, 상대빈곤율, 빈곤 갭 등을 나타낸 것이다. 한국은 모든 항목에서 OECD 국가 중 가장 나쁜 쪽에 속한다.

지니계수는 OECD 평균 0.283에 비해 0.405로서 칠레 다음으로 좋지 않다. 상대빈곤율은 평균 0.119에 비해 0.47, 최하위로서 바로 위인 칠레의 0.22와 큰 격차를 보이고 있다. 빈곤 갭도 마찬가지여서 평균 0.167에 비해 0.435로서 최하위, 바로 위인 터키 0.328과도 현격한 차이를 보인다.

0-8. 고령자의 빈곤 국제비교 2009년

국가명	지니계수 소득이전 전	지니계수 소득이전 후	상대빈곤율	빈곤 갭
슬로바키아	0.803	0.187	0.050	0.114
체코	0.847	0.197	0.032	0.068
헝가리		0.199	0.017	0.162
덴마크	0.651	0.204	0.112	0.065
노르웨이	0.589	0.211	0.066	0.065
핀란드	0.837	0.226	0.103	0.086

룩셈부르크	0.813	0.230	0.033	0.258
네덜란드	0.553	0.236	0.015	0.158
에스토니아	0.808	0.241	0.088	0.063
벨기에	0.828	0.243	0.111	0.116
슬로베니아	0.804	0.262	0.167	0.174
폴란드	0.784	0.263	0.105	0.153
스웨덴	0.643	0.264	0.085	0.100
오스트리아	0.841	0.266	0.096	0.094
아일랜드	0.866	0.271	0.080	0.325
영국	0.624	0.272	0.084	0.151
캐나다	0.555	0.280		
독일	0.754	0.282	0.111	0.166
그리스	0.771	0.283	0.133	0.169
이탈리아	0.785	0.288	0.110	0.120
프랑스	0.762	0.290	0.049	0.096
스페인	0.790	0.293	0.158	0.138
아이슬란드	0.658	0.297	0.029	0.311
스위스	0.538	0.299	0.218	0.189
일본	0.694	0.341	0.194	0.299
포르투갈	0.806	0.343	0.127	0.144
뉴질랜드	0.715	0.367	0.125	0.055
이스라엘	0.608	0.376	0.202	0.167
터키		0.388	0.176	0.328
한국	0.499	0.405	0.470	0.435
칠레	0.517	0.477	0.220	0.258
OECD평균	0.715	0.283	0.119	0.167

주) OECD 데이터베이스 인용 필자 작성

고령자는 현역세대에 비해 소득 불평등이 확대되기 쉽다고들 하지만, 한국에서의 불평등은 매우 심각해서 빈곤층의 숫자뿐만 아니라 빈곤 정도도 눈에 띄게 두드러진다.

이와 같은 빈곤 상태를 반영하는 것인지, 한국의 고령자 중에는 65세를 넘겨서도 계속 일하는 사람이 많다. 2011년의 노동참가율은 29.5%로서 OECD 평균인 12.7%의 2배 이상이다. 한국을 넘어서는 나라는 2009년부터 시작된 유로화 위기로 경제 파탄이 일어난 아이슬란드뿐이다.

한국에서 고령자의 빈곤이 이토록 심각해진 이유 중 한 가지는 사회보장제도 정비가 지연되었기 때문이다. 공적연금제도가 시작된 것이 1988년, 모든 국민이 연금을 받을 수 있게 된 시점이 2000년이다. 한국에서는 원칙적으로 20년간 계속해서 납입하지 않으면 연금을 받을 수 없다. 다시 말해서 연금제도가 처음 시작되었을 때 40세였던 사람은 제도상 수급이 불가능한 상태인 것이다.

더구나 징병제도로 인해 병역의무 2년을 채워야 하므로 애초에 젊은이들의 취업이 늦어지는 데다가, 대기업에 취직하더라도 사십 대 후반이 되면 명예퇴직이 시작되는 고용 관행으로 인해 20년간 연금보험료를 계속 납입할 확률이 더욱 줄어든다.

0-8의 과세나 사회보장급여 등 공적소득을 이전하기 전의 지니계수와 이전한 이후의 지니계수를 비교해보자. 고령자의 지니계수는 공적이전소득의 경우, OECD 평균 0.715에 비해 0.499로서 소득 격차가 가장 작다. 하지만 이전 후에는 밑에서 두 번째인데다가 0.499가 0.405로 줄었을 뿐, 소득의 이전도는 다른 나라에 비해 극단적으로 적다. 소득이전이 이뤄지지 않았다고 판단될 정도로 작은 차이를 보인다.

청년층의 취업난

마지막으로 청년층의 취업난에 대해 검토해보자. 0-9는 OECD 국가의 15세부터 24세까지 청년층의 계약직 고용률, 단기고용률, 고용노동비율, 노동참가율을 비교한 것이다.

비정규직 노동자의 비율을 나타내는 계약직 고용률은 OECD 평균인 24.65%에 비해 27.3%로 약간 높지만 평균치에서 멀리 떨어져 있지는 않다. 단기고용률은 24.4%, OECD 평균인 30.48%보다 상당히 좋은 편이다. 이런 수치만을 보면 청년층의 워킹푸어 문제는 과장되어 있다고 할 수 있다.

하지만 이들 수치가 낮은 데는 청년층이 애당초 노동시장에 나오지 않았다는 사실이 크게 작용한다. 해당연령 인구 중 노동인구의 비율을 나타내는 노동참가율은 OECD 평균인 47.38%를 크게 밑도는 25.52%에 불과하다. 노동시장에 참여하는 것이 반드시 고용과 일치하지는 않으므로 해당연령 인구 중 고용자 인구의 비율을 나타내는 고용노동비율을 살펴보자. 이 역시 OECD 평균 39.69%를 상당히 밑도는 23.05%에 그친다.

0-9. 청년층의 노동참가 15~24세, 2012년 (%)

국가명	계약직 고용률	단기고용률	고용노동비율	노동참가율
호주	6.32	43.66	60.66	68.42
오스트리아	37.16	15.80	54.92	59.90
벨기에	34.30	20.23	25.99	31.98
캐나다	30.47	47.41	55.42	64.56
칠레		23.62	31.70	38.43

체코	22.31	8.34	24.66	30.08
덴마크	22.08	62.25	57.54	67.09
에스토니아	13.83	12.97	32.30	41.22
핀란드	43.44	34.70	42.34	52.20
프랑스	55.08	18.28	29.87	38.32
독일	56.00	19.71	48.19	52.69
그리스	30.07	16.82	16.26	29.25
헝가리	22.88	6.79	18.30	24.75
아이슬란드	32.78	45.82	63.26	74.06
아일랜드	33.80	44.28	29.44	41.98
이스라엘		18.36	26.57	30.04
이탈리아	49.86	23.99	21.39	30.18
일본	26.42	29.96	39.07	42.48
한국	27.30	24.40	23.05	25.52
룩셈부르크	34.52	19.49	20.70	24.87
멕시코		24.37	41.99	46.57
네덜란드	47.75	67.25	63.55	68.87
뉴질랜드		38.57	49.85	60.25
노르웨이	23.68	49.87	51.39	56.24
폴란드	55.18	13.30	24.89	33.53
포르투갈	57.22	18.07	27.15	38.83
슬로바키아	18.61	7.03	20.18	30.21
슬로베니아	74.48	33.13	31.54	37.42
스페인	61.41	34.13	24.07	44.95
스웨덴		36.82	40.81	52.84
스위스	51.54	18.70	62.94	68.18
터키	18.35	12.57	32.05	39.27
영국	13.49	38.40	50.14	62.65
미국		37.75	45.45	54.97
OECD평균	24.65	30.48	39.69	47.38

주) OECD 데이터베이스 인용 필자 작성

다시 말해, 비정규직 노동자의 비율이 낮은 것은 한국의 청년층이 애초에 일을 하지 않는 데서 오는 상대적인 현상으로, 청년층의 취직이 수월하다는 것을 의미하지는 않는다. 오히려 일을 하지 않는다는 사실에 주목할 필요가 있다. 대학진학률이 높고 병역 등의 요인이 영향을 미치기도 하겠지만, 그보다는 취직할 곳이 없기에 일을 포기하는 경우가 많은 것이다.

2013년 대학졸업 예정자가 취직하기를 희망하는 곳은 재벌계 기업에 집중되어 있으며, 그 가운데 1/4이 삼성에 들어가기를 원한다. 그것은 단순히 일류만을 지향하는 것이 아니라 중소기업이 그만큼 사람을 뽑지 않는다는 증거일 것이다〈일본경제신문〉 2013년 10월 8일.

거듭 말하지만 한국은 국제적으로 거시적인 비교 관점에서는 불평등한 사회라 할 수 없다. 하지만 워킹푸어, 고령자, 청년층 등 최근에 거론되고 있는 사람들에 한정 지어 보면 그 빈곤은 상당히 심각한 상황이다.

복지정책의 빈곤

이와 같은 불평등과 빈곤 문제에 한국정부는 충분한 대책을 세워왔을까? 결론부터 먼저 밝히자면, 정부 대책은 양적으로 불충분했다. 애초부터 공적사회지출의 절대적인 액수가 OECD 국가 가운데 최저수준에 머물러 있었다.

0-10은 2005년, 2009년, 2010년의 공적사회지출 대비 GDP 비율을 나타낸 것이다. 한국은 꾸준히 멕시코, 칠레와 최하위를 다투고 있다. 이 상태로는 빈곤층의 생활 수준을 끌어올릴 수도, 고령자의 생활을 보호할

수도 없다.

빈곤은 흔히 가족 중 일하던 사람이 어떤 이유에서 소득을 상실했을 때 발생한다. 소득상실은 산업재해, 질병, 실업, 고령 등으로 그 가능성이 커지므로 이러한 리스크전통적인 사회적 리스크를 보완하기 위해 선진국에는 산재보험, 의료보험, 고용보험, 공적연금이 정비되어 있다. 더구나 이와 같은 보험으로 보완할 수 없는 경우를 대비하여 생활보장 등의 공적부조 제도가 존재한다.

한국에도 이러한 제도가 있지만 전체적으로 지급 수준이 낮다. 고령자의 빈곤과 워킹푸어 문제는 각종 사회보험과 공적부조로 어느 정도 완화시킬 수 있지만 한국에는 그 정책이 충분하지 않다.

0-10. OECD 각국의 공적사회지출 비율 GDP상대비율

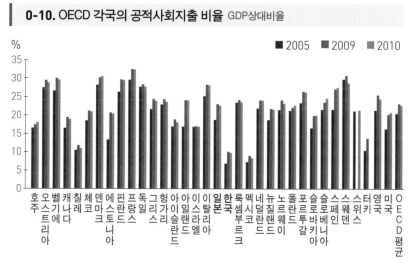

주) OECD 데이터베이스 인용 필자 작성

또한 최근에는 선진국 도처에서 제3차산업 종사자가 취업인구의 반을 넘어서는 등, 경제의 서비스화 현상이 일어나고 있다. 제3차산업은

제2차산업만큼 높은 부가가치를 가져오는 상품이나 서비스를 제공하지 못하므로 노동임금 저하가 발생하기 쉽다. 가족 형태도 다양해져서 한부모가정, 워킹푸어의 생활고, 청년층 노동자의 실업문제가 생겨나고 있다.

최근의 사회변화로 인해 나타나는 '새로운 사회적 리스크'에 대해 정부는 어린이집의 확충, 직업 훈련에 의한 직종전환 등 노동력의 '재상품화'를 실현시키는 각종 사회정책을 강구해야만 한다.

그 중 하나인 적극적 노동시장 정책을 살펴보기로 하자. 노동정책은 실업수당 수급 등 실업자의 소득을 보장하는 '소극적 노동시장 정책'과 직업 훈련이나 직업소개를 통해 실업자의 고용 가능성을 확대하는 '적극적 노동시장 정책'으로 나뉜다. 이 가운데 후자가 '새로운 사회적 리스크'의 대표적인 대응책이지만, 이에 대한 한국의 예산투입액은 극히 한정되어 있어서 OECD 평균의 절반에 그친다.

전통적인 사회적 리스크에 대한 사회보장제도는 어떤 장해로 인해 일할 수 없게 된 사람에게 소득을 대신하는 수입을 제공함으로써 생활을 보장하는 구조이기에 정책을 시행하기만 하면 그만큼 빈곤층으로의 전락을 방지할 수 있다. 그러나 새로운 사회적 리스크에 대응하기 위한 사회정책은 대체소득 지급이 아니라 일하기 쉬운 환경정비와 업무능력 향상을 목표로 한다. 문제를 즉각 해결하는 것이 아니라서 전통적인 사회적 리스크 대책에 비해 정책적 인과관계가 명료하지 못하다. 그렇다고 예산투입도 하지 않고 정책도 시행하지 않는다면 개선의 여지조차 없다. 한국 정부의 정책 때문에 불평등과 빈곤 문제를 해결하지 못하고 있다 해도 변명할 수 없는 현상이 존재한다.

계속되는 불평등 문제

2012년의 대선에서 정책 쟁점이 된 경제민주화는 한국사회를 뒤흔들 만한 불평등 문제에서 기인한 것은 아니었다. 다만 국소적으로 집중해서 발생하는 불평등과 빈곤이 그 배경에 있었던 것만은 분명하다.

하지만 여전히 의문은 남아 있다. 어째서 2012년에 그 문제가 거론되었을까?

빈부 격차 문제는 새삼스러운 일이 아니었다. 1997년 외환위기의 직격탄을 받고 한국경제는 급속하게 악화, 수많은 실업자가 발생했고 봉급생활자 등 중간계층의 몰락과 빈부 격차의 확대가 급격하게 일어났다. 외환위기가 잦아들면서 실업자는 줄었지만 확대된 빈부 격차는 줄지 않았다. 청년층의 취업난, 비정규직 노동자의 급증도 2000년 무렵에는 이미 사회문제화되어 있었다.

만일 빈부 격차 현상이 정치적으로 중요한 사항이었다면 1998년에 시작된 김대중 정권 때부터 정치적인 문제가 되었어도 이상할 것이 없었다. 더구나 1987년 민주화 이전부터 '빈익빈 부익부'라 하여 부유의 상징인 재벌이 지탄받았고 노동자의 빈곤이 종종 문제로 제기되기도 했다.

그렇다면 결국 직접적인 원인은 이명박 정권하에서의 빈부 격차 확대였을까? 이명박 정권은 대통령 자신이 재벌계 기업의 사장을 역임한 데다가 정권의 핵심 인물 중에 부유층이 많았다. 대규모 토목사업의 전개와 FTA 추진, 법인세 인하 등 부유한 계층을 더욱 풍요롭게 해주는 정책을 시행했다. 그러한 정책의 결과로 빈부 격차가 더욱 확대된 것은 아닐까?

간략하게 확인해보자. 0-11은 1990년부터 2012년까지 소득배분의 불평등을 검토하기 위해 지니계수, 상대빈곤율, 중간층비율, 고소득층비율의 변화를 나타낸 것이다. 데이터는 한국 통계청의 수치를 사용했다. 1997년 외환위기 전후의 차이를 명확하게 보기 위해 통계 데이터가 있는 도시거주 2인 이상 세대를 대상으로 한 자료를 보자. 중간층은 중위소득 50%부터 150%의 소득을 가진 자이며 고소득자는 150% 이상의 소득을 가진 자라고 정의한다.

▌0-11. 소득계층의 변동과 지니계수 추이

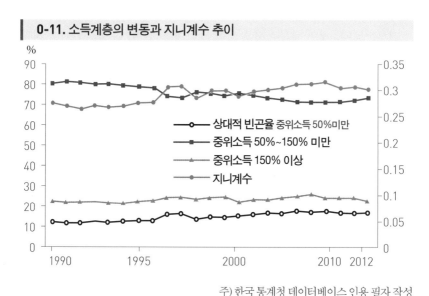

주) 한국 통계청 데이터베이스 인용 필자 작성

네 가지 지표의 수치 변화는 일치하며, 외환위기 이듬해인 1998년에 큰 변화를 보여서 지니계수·상대빈곤율·고소득층은 급상승, 중간층은 급감했다. 2000년에 일시적으로 개선되지만 다시 악화되어 2008년, 2009년에 가장 나쁜 수치를 보인다. 그 후 모든 수치는 개선되어 2012년을 맞이한다.

2008년은 리먼쇼크에 의해 세계적인 규모로 경제가 악화된 시기이다.

이때 가장 나쁜 수치를 보이는 것은 이해할 수 있다. 더 중요한 지점은 모든 수치가 2000년 이후부터 2008년까지 악화를 거듭하다가 그 후에나 개선되어 간다는 사실이다. 이명박 정권하에서 빈부 격차가 확대되었다는 것은 지나친 표현이며, 리먼쇼크에도 불구하고 더 악화되는 것을 막았다고 봐야 할 것이다.

비정규직 노동자 수를 보더라도 마찬가지이다. 0-12는 한국 임금노동자의 구성이 외환위기 전후에 어떻게 변화되었는지를 나타내고 있다. 통계청 데이터는 정규직 노동자를 의미하는 상용노동자, 비정규직 노동자를 의미하는 임시노동자, 일용직 노동자로 나뉘어 있다. 정규직 노동자는 외환위기 이전에 60%에 가까웠으나 위기 이후 50%에도 미치지 못한다. 그 후에 회복하여 2012년에는 다시 60%에 이른다. 비정규직에서 정규직으로 회복되는 경향은 계속 이어져서 이명박 정권 시기에도 비정규직 노동자 비율은 계속 줄어들고 있다.

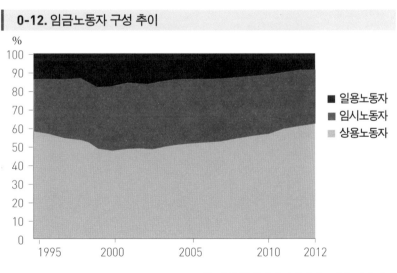

| 0-12. 임금노동자 구성 추이

주) 한국 통계청 데이터베이스 인용 필자 작성

2012년에 경제민주화가 쟁점이 된 배경에는 격차문제의 확대라는 직접적인 경제변화가 영향을 미쳤다는 것은 확실하다. 다만 그것은 직접적인 원인이라기보다는 간접적인 형태였으며, 더 일찍 쟁점화되었어도 이상하지 않았다. 2012년은 격차가 오히려 축소되는 시기였다는 점을 고려할 때, 실태가 변했다기보다는 그 의미에 모종의 변화가 있었다고 봐야 할 것이다.

하지만 최근 십여 년간의 변화에서 무엇보다 중요한 사실은 어째서 김대중과 노무현 정권이 격차의 확대를 막지 않았느냐는 점이다. 두 정권은 진보적인 성격을 지니고 있으며 약자의 고통에 민감했다. 격차 확대도 익히 알고 있었을 것이다. 그들이 아닌, 보수 진영 이명박 정권 때 격차에 제동이 걸렸다는 사실은 실로 역설적이다.

이 책은 개발도상국을 졸업한 후 선진국이 된 한국이 선진국이기에 직면해야 하는 문제에 부딪혀 고뇌하는 모습을 서술해나갈 것이다. 앞으로의 내용은 다음 두 가지에 초점을 둔다.

하나는 정부 등 공적부문의 영역을 축소시키고 민간부문의 역할을 증대시키는 신자유주의 개혁의 진전이다. 특히 상징적인 것은 한국이 세계 주요국과 적극적으로 무역자유화 전략을 전개한 사실이다. 일본이 제자리걸음일 동안 한국은 왜 미국, EU와의 FTA를 적극 추진했으며 어떻게 그것이 가능했을까?

또 한 가지는 신자유주의적인 개혁을 추진한 것이 1998년부터 10년간 이어진 김대중, 노무현의 진보 정권이었다는 사실이다. 일반적으로 진보는 보수와 달리 국민 간의 격차 확산을 우려하며 정부의 개입에 의해 시장기능의 시정을 도모한다. 약자의 고통을 완화시키고 공평하게 모든 사람이 번영을 공유할 수 있는 사회 실현을 바라는 것이다. 그런 진보 정권이 왜 약육강식의 세계를 초래할 신자유주의적 개혁을 추진한 것일까?

이 책에서는 김대중, 노무현, 이명박 정권의 경제정책, 사회보장 정책 전개를 검토함으로써 이와 같은 질문의 대답을 제시해보려 한다.

질문을 보다 구체화하기 위해 이 책이 도전하고자 하는 통설적 견해를 우선 정리해보자.

한국에서 빈부 격차가 심각해진 것은 근본적으로 아시아 외환위기 당시 한국에 긴급융자를 제공한 IMF가 강도 높은 신자유주의적 개혁을 요구했기 때문이다. 정부의 시장개입을 최소화하고 시장원리의 관철을 중시하는 신자유주의적 개혁의 결과, 한국경제는 경쟁이 심화되었고 생산성 향상으로 경제가 부흥했으며 선진국으로 도약했다.

하지만 경쟁은 승자와 패자를 가를 수밖에 없기에 빈부 격차가 발생했다. 김대중 정권은 진보 진영이었지만 IMF의 강요로 어쩔 수 없이 개혁을 단행했고 진보적인 정책을 봉인했다. 그 뒤를 이은 노무현 정권도 마찬가지였다. 이상이 통설적인 견해이다.

이와 같은 견해가 옳다고 해보자. 그렇다면 김대중, 노무현은 그들을 지지했던 사람들에게는 배신자일 수밖에 없다. 그들이 개혁의 결과 자신들의 지지자가 몰락해가는 모습을 넋 놓고 바라보고만 있었다고는 상상하기 어렵다. 신자유주의적인 개혁이 원인이라면 과도한 개혁을 시정하려 하지 않았을까? IMF가 강요했다 해도 그 기간은 IMF에게 빌린 돈을 변제하는 2000년까지 유효했을 뿐, 그 이후에도 IMF와 손을 잡을 필요는 없었다.

또한 불평등이 확대되었다면 사회보장제도를 더욱 확충시키면 될 일이었다. 한국이 공적사회지출에서 칠레나 멕시코와 최하위 경쟁을 해야 할 정도로 재정적으로 고통 받은 것도 아니었으며 국민 부담률도 다른 선진국에 비해 현저히 낮았다. 그렇다면 왜 실천에 나서지 않았을까?

필자는 통설적인 견해를 완전히 잘못되었다고 반박하는 것이 아니다. 하지만 이 견해가 바르다고 주장하기 위해서는 어째서 신자유주의적인 개혁을 시정하지 않았는지, 오히려 FTA를 비롯한 개혁을 추진한 이유는 무엇인지, 사회보장을 확충하지 않은 것은 왜인지라는 의문에 대답할 필요가 있다.

이와 같은 의문에 대답이 될 수 있는 힌트가 바로 경제민주화와 이데올로기 대립이다. 이 두 가지 요소가 이 수수께끼를 풀어줄 씨실과 날실을 이루는 것이다.

이 책은 다음과 같은 구성으로 기술될 것이다.

제1장에서는 김대중 정권의 정책 전개를 경제 개혁, 사회보장 개혁으로 나눠 설명한다. 이 부분에서 김대중 정권은 IMF의 지시대로 신자유주의적 개혁을 단행한 것이 아님을 보여줄 것이다. 한국이 그나마 소득보장이나 사회 서비스를 국민의 권리로서 인정하고 국가가 사회보장제도의 공급자로서 책임을 가진다는 의미에서 '복지국가'화化한 것은 김대중 정권의 개혁에 의한 것이었다. 또한 김대중은 경제자유화와 사회보장 개혁을 하나로 묶어서 생각했으며 그의 마음속에서 이 점은 모순되지 않았다. 사회보장에 대한 제도 개혁은 진전되었지만 양적 확충이 이뤄지지 않은 이유는 진보와 보수의 이데올로기 대립 때문이었다. 두 진영을 타협시킬 수 있는 사회적 협의가 파탄에 이르렀다는 사실은 커다란 의미를 가진다.

제2장, 제3장에서는 노무현 정권의 정책 전개를 검토한다. 이른바 '참여복지'라 명명한 그의 사회보장 정책에서 복지란 노동력을 '재상품화'하고 생산성을 향상시키기 위한 투자였다. 노무현 정권은 복지를 경제성장과 양립시킬 수 있는 것으로 생각하고 이를 추진하려 했다. 하지만 보수 진영의 반대가 잇따랐고 동시에 추진했던 지방분권 개혁과 참여민주주의 제도화의 결과, 오히려 복지수요가 억제되었고 사회보장 확충이 이뤄지지 않는 역설적인 현상이 일어났다. 노무현의 사회보장 정책은 '풀뿌리 보수'에게 포박당한 모양새였다.

제3장에서는 노무현 정권의 한미 FTA 추진과정을 검토하고 진보 정권이 경제자유화를 추진한 이유를 설명한다. 노무현이 구상했던 국가의 모습은 북유럽형 복지국가로서 기업의 경제활동 자유와 사회보장 확충은 함께 갈 수 있는 것이었다. 하지만 그의 구상은 지지자인 진보 진영의

이해를 얻지 못했으며, 미국과의 합의까지는 성공했으나 협정 발효에 이르지는 못했다.

제4장에서는 이명박 정권의 경제사회 정책 전개를 검토한다. 이명박 정권은 앞서 연속된 진보 정권의 안티테제로서 경제정책을 전개하려 했다. 진보 정권하에서 형성된 사회민주주의적인 제도를 미국적이고 자유주의적인 형태로 바꾸려고 했으며, 대운하계획을 앞세워 대규모 공공사업을 단행했고, 국가권력에 의한 물가통제를 검토하는 등 마치 권위주의 시대로 되돌아간 것처럼 개발주의적인 정책을 감행하려 했다. 그러나 여당 안에 존재하는 반주류파, 진보 진영의 반격으로 결과적으로는 노무현 정권의 정책을 이어받게 된다.

제5장에서는 제4장까지의 논의를 정리한 후 2012년 대선에서 보수 진영인 박근혜가 어째서 진보 진영인 노무현 정권의 정책을 계승하는 복지국가 구상을 표방했는지를 설명한다. 제도적으로는 사회민주주의적이지만 양적 충실을 동반하지 못한 한국 복지국가의 존재 방식은, 어떤 의미에서 하나의 정치적인 균형점이기도 했다. 복지가 정당 간의 쟁점이 되고 복지정책을 놓고 서로 싸우는 양상은 한국에서는 처음 있는 일이었다. 이 선거가 한국정부가 빈부 격차를 정면에서 받아들이는 계기가 될 것인지, 다시 말해서 한국이 선진국으로서의 '우울'을 안게 될 것인지 그 관심이 집중되는 지점이다.

오해받은 개혁

• 김대중 정권의 경제와 복지정책 •

CHAPTER 1

| 외환위기와 잇따른 개혁

| 복지국가로의 전환

| 생산적 복지의 좌절

...

　한국의 민주화가 시작된 1987년으로부터 10여 년이 지난 1998년 2월, 김대중 정권은 진보의 큰 기대를 한몸에 받으며 등장했다. 김대중 대통령은 민주화 이전 시대에 독재정권에 저항하며 민주화 운동의 선두에 섰던 지도자로서, 역대 정권에게 종북좌파로 경계시되던 인물이었다. 그의 야당 시절 연설이나 논문에는 사회민주주의적인 주장이 다수 있으며, 역대 정권이 적대시했던 북한에도 융화적인 자세를 보였다. 1997년 대선에서도 그는 서민과 중소기업의 일꾼이 즐겁게 살 수 있는 경제를 실현하겠다고 주장했다.

　하지만 정권이 시작되자 진보의 기대와는 달리, 김대중은 신자유주의적이라고밖에 할 수 없는 경제 개혁을 차례로 단행한다. 김대중 정권부터 한국경제는 크게 변모하기 시작했다. 이전에는 다양한 규제에 의해 외국 기업의 진출을 막고 국내 산업을 보호했으나 김대중 정권 이후에 금융시장을 비롯한 규제가 완화되었고 대외적인 개방이 대거 추진되었다. 그와 함께 급속도로 확대된 것이 빈부 격차였다.

　1997년 말에 한국을 뒤덮은 외환위기는 경제를 불황에 빠트렸고 실업자를 급증시켰다. 그러나 위기는 그 심각함에 비해 빠르게 수습되었고, 2000년에는 위기에서 완전히 벗어났으며 실업률도 개선되었다. 다만 비정규직 노동자는 급증한 상태 그대로였다. 청년층의 취직이 어렵고 상대적으로 빈곤율도 악화되었다. 김대중 정권이 신자유주의적 개혁을 단행한 결과, 노동시장이 미국처럼 변화되어 빈부 격차가 더 커졌다는 생각에 지지자였던 진보 진영의 실망과 비판을 받기에 이른다.

한편, 김대중 정권에 대한 보수 진영의 평가도 높지 않았다. 보수 진영은 김대중 정권을 좌파정권으로 규정했고, 외환위기에서 일찍 탈출한 점은 높이 평가하면서도 그 후 경제 침체의 원인을 불충분한 경제 개혁에서 찾으려 했기 때문이다.

진보에게는 배신당했다는 실망감을 주고, 보수에게는 불충분하다고 평가받은 김대중 정권은 어떤 목적을 가지고 경제정책을 시행했을까? 그리고 그것은 실현되었을까? 만약 불가능했다면 그 저해요인은 무엇이었을까? 그 결과 한국 경제 사회에 어떤 일이 일어났을까? 이와 같은 의문을 풀어가 보자.

외환위기와
잇따른 개혁

지역주의의 **영향**

우선 김대중 정권이 등장한 정치적, 경제적 배경을 설명해보자. 김대중은 한반도 남서부에 위치한 호남지역 출신이다. 이 지역 출신 최초의 대통령으로서, 그 이외의 역대 대통령은 초대 이승만을 제외하고는 남동부의 영남지역 출신이었다.

호남과 영남이라는 두 지역의 대립은 민주화 이후 한국 정치의 기본적인 윤곽을 결정해왔다. 그것은 '지역주의'라 불리며, 약간의 설명을 덧붙이면 다음과 같다.

한국은 대통령제로서 일본과는 달리 국민이 직접선거로 행정부의 수장인 대통령과 입법을 담당하는 국회의원을 선출한다. 1987년 이후 대통령은 5년마다, 국회의원은 4년마다 선출되고 있다.

지방자치단체의 경우, 권위주의 시대에는 의회도 없었고 단체장도 관선이었지만, 1992년에 지방의회가 설치되고 1995년에 단체장 선출제가 실현되어 지방자치단체가 본격적으로 부활했다. 이후에 지방 의회의 의원, 단체장도 전국동시지방선거에서 함께 선출하게 되었다. 같은 선거라 해도 입법부와 행정부, 중앙정부와 지방정부의 쟁점이 다른 것은 당연하고 유권자의 투표행동도 동일할 필요성이 없다. 그럼에도 불구하고 모든 선거를 통해 동일하게 관찰되는 사안은 '지역주의'였다.

'지역주의'란 특정한 지역을 배타적인 지지기반으로 하는 정당이 선거에서 그 지역 출신자의 표를 모으는 구도를 말한다. 호남지역 거주자와 출신자는 호남정당에만 표를 몰아주고 영남지역 거주자와 출신자는 영남정당에게만 투표한다. 한국의 정당 시스템은 이와 같은 지역주의를 상징하는 정당으로 구성되어 왔다.

김대중은 지역주의에 물든 대립구도에서 등장한 정치가였다. 직접적인 관계는 아니라 해도 지역 간 대립의 배후에는 호남지역에 대한 차별 감정도 존재했다.

이와 관련해서 필자의 경험을 잠시 기술해보겠다. 1987년, 민주화 이후 첫 번째 대선이 한창 무르익을 당시 대학생이었던 필자는 학부 수업의 일환으로 한국을 방문했다. 당시 담당 교수, 한국인 교수 두 분과 함께 비교적 큰 카페에서 차를 마신 적이 있다. 모두 정치학자인 까닭에 화제는 자연스레 대선에 이르렀다. 호기심에 선거 결과 예측을 질문했더니 한국인 교수 두 분은 한결같이 입을 꼭 다물었다. 나중에 이유를 들어본즉슨 한국에서는 카페 점원처럼 사회적 지위가 낮은 직업에 호남 출신이 많다는 대답이었다. 그래서 그 자리에서 쉽사리 선거 예측을 입에 담기가 어려웠다는 것이다.

그 반응은 지나치게 민감한 경향이 있었다. 그러나 당시 한국인의 의식 안에는 김대중의 지지기반인 호남지역은 사회적으로 차별받고 있으며,

서울에서도 출신지로 인해 좋은 직업을 갖지 못한다는 생각이 지배적이었다.

즉, 지역 간 대립은 사회적 계층 대립의 색채를 띠고 있었다. 물론 호남 출신이 모두 하급계층에 속하는 것도 아니며, 하층계급이 모두 호남 출신도 아닐 것이다. 그럼에도 한국사회에서 상층부에 속하는 대학교수가 지역에서 계층을 연상하고 그런 염려로 인해 언동을 조심하는 현상이 존재했던 것이다.

김대중 대통령의 탄생

사회 엘리트층은 지역을 기반으로 하는 정당의 수장이었던 김대중에 대한 경계심이 높았다. 민주화 이후 이뤄진 1987년과 1992년 대선에서 그는 호남지역 유권자의 90%를 넘는 표를 받을 정도로 열광적인 지지를 얻었다.

하지만 북한에 대한 김대중의 태도와 사회민주주의적인 경제정책 주장 등에는 역대 정권의 방침과 양립할 수 없는 부분이 있었다. 그런 까닭에 그에게는 공산주의자를 의미하는 '빨갱이'라는 수식어가 붙어 다녔다.

지역주의는 김대중에게 확고한 지지기반을 제공했지만, 동시에 또 다른 한계로서 작용했다. 호남지역 인구는 영남지역의 절반에 불과하며 이 지역의 지지만으로는 정권에 다가갈 수 없었다. 그 이유로 민주화 이후 두 번에 걸친 대선에서 그는 계속 패배했다.

하지만 1997년 대선에서는 이례적인 요인 두 가지가 김대중을 승리로 이끌었다.

하나는 제3의 지역정당인 충청도 정당의 수장, 김종필과의 연대에 성공했던 점이다. 김종필은 김대중과 첨예하게 대립했던 박정희 정권의 2인자로서 보수주의적인 이데올로기의 소유자였기에 두 사람의 연대는 불가능해 보였다. 그러나 대선에 열의를 보였던 김종필도 자신의 정당만으로는 도저히 승산이 없었다. 김대중은 김종필이 주장했던 의원내각제로의 개헌에 찬성함으로써 그의 지지를 끌어냈고 대통령에 당선된 후에는 정권 2인자인 총리 지위를 내주기로 약속했다. 2위와 3위의 연합이 성립된 것이다.

두 사람의 연대로 김대중은 충청지역의 표를 기대할 수 있게 되었고, 영남지역 정당의 후보자와 대등하게 싸워볼 수 있는 여지가 생겼다. 더구나 좌파적 이미지를 희석하고 사회주의에 대한 경계심을 완화시키는 데 성공한다.

또 한 가지는 대선과 거의 동시에 발생한 외환위기이다. 1997년 11월, 한국은 외환보유액이 바닥을 쳤다. 일본처럼 자원에너지를 해외에 의존해야 하는 한국에게 수입에 필요한 외화는 무척 중요한 의미를 가진다. 덧붙여 국제통화로서 지위를 확립하고 있는 일본의 엔과는 달리, 한국통화인 원은 외국과의 거래에 거의 사용되지 않는다. 결국 한국정부는 IMF에 구제금융을 신청한다.

한국의 통화가치는 급락하여 미국 달러 가치의 절반으로 내려앉았다. 수입품 대금지불에도 차질을 빚는 등 대외채무 불이행을 눈앞에 두고 있었다. 그로 인해 위기극복을 위한 정부의 대응능력이 뜻밖의 중요한 선거 쟁점으로 떠오르기 시작했다. 김대중은 포항제철현재 포스코의 창업자이자 충청지역 정당의 2인자인 박태준과의 제휴를 강조하면서 외환위기 대응능력이 높다는 점을 피력했다. 그 점이 결과적으로 김대중에게 유리하게 작용했다. 당시 유권자들이 자주 거론했던 말은 이런 위기야말로 그의 지도력을 기대할 때라는 평가였다.

아시아 외환위기

1997년 외환위기의 본질은 금융위기였다. 특히 국내 요인으로서 다음 세 가지가 거론되었다.

첫 번째는 은행을 비롯한 금융기관이 막대한 대외채무를 껴안고 있어서 변제불능 상태에 빠진 점이다.

두 번째는 금융기관에서 자금을 빌려 갔던 기업 대부분이 경영파탄을 맞았다는 사실이다. 설비투자를 위해 빌려준 자금을 기업으로부터 회수할 수 없는 상태가 되었고 금융기관이 대량의 불량채권을 떠맡게 되었다.

세 번째는 금융기관과 기업 간 거래의 불투명성이다. 한국의 금융시장은 참여장벽이 높아서 외자 참여가 힘들 뿐 아니라 경영정보 공개가 불충분해서 적절한 경영을 하고 있는지 알기 어려웠다. 구제금융을 실시한 IMF도 이상의 세 가지를 경제 개혁으로 시정하도록 요구했다.

대선에 당선된 1997년 12월 18일부터 실질적으로 경제정책의 주도권을 쥐게 된 김대중은 비상경제대책위원회를 지휘하면서 외환위기 탈출을 위해 경제정책 조정을 시행했다. 그러나 당시 한국정부에게는 정책 선택의 여지가 거의 남아 있지 않았다. 금융정책은 IMF와의 협의하에 기본적으로는 IMF 방침을 따르는 형태로 결정되어 있었기 때문이다.

비록 정책 선택의 여지가 없었다 하나, 여기에서 중요한 문제는 IMF의 정책이 단기적으로 이해관계자는 물론, 그 밖의 국민에게서도 인기를 얻을 수 없는 것이었다는 사실이다.

IMF가 제시하는 정책은 주로 긴축재정, 고금리를 축으로 한 거시경제 정책, 그리고 경영이 악화된 금융기관 퇴출과 경영책임자의 사퇴, 엄격한 금융감독 제도의 정비 등이었다. 이와 같은 정책이 실업자 급증과 신용경색을 불러일으킬 것은 불 보듯 뻔한 일이었으며, 국민으로부터 지지받을 수 없음은 당연했다. 그런 까닭에 IMF 프로그램 집행에는 이를 실현할 수 있는 정치적 기반이 필요했다. 하지만 새로운 여당은 의회에서는 소수당이었으며 그 제도적인 기반이 부족했다.

┃노사정위원회라는 시도

김대중이 정치적 지지기반의 양성과 안정적인 정책 집행을 위해 구상한 것은 코포라티즘협동조합주의적인 사회협의체 설치를 통한 문제 해결이었다. 코포라티즘이란 노동자 대표와 사용자 대표, 정부 대표가 경제정책을 협의하는 장을 마련하여 삼자가 협조하여 합의점을 도출하고 그 결과를 정책으로 시행하는 의사결정 메커니즘을 말한다. 김대중은 이러한 구도를 만들어냄으로써 경제적인 문제를 해결하려 했다.

한국에서는 12월의 대선 당선자가 공식적으로 대통령이 되는 것은 이듬해 2월이며, 집무가 시작되는 것은 2개월 후의 일이다. 하지만 경제위기에 빠져 있는 상황에서 2월을 기다릴 수 있는 상황이 아니었다. 김대중은 대통령 당선자의 자문기관으로서 1998년 1월 15일에 제1차 노사정위원회를 설치했다. 이 위원회가 그야말로 코포라티즘적인 협의체였다. 위원회는 사적인 기구였지만 일본의 재무장관에 해당하는 재정경제원장관을 비롯한 행정 수장과 김대중 측근을 포함한 정당지도자, 사용자대표, 노동조합대표를 포함했다. 이는 노동 문제를 넘어선 구조조정 문제까지도 포괄하는 경제 문제의 전반적인 해결을 그 목적으로 했다.

이곳에서 이뤄지는 합의에 법적 구속력은 없었지만 노사정 삼자의 대표가 포함되어 있었기에 사실상 정치적인 구속력을 가지고 있었다. 김대중은 경제위기가 국민에게 끼칠 '고통의 분담'을 호소했다.

그 당시 무엇보다 중요했던 것은 노동조합의 참여였다. 한국의 노동조합에는 크게 두 개의 중앙조직이 있다. 하나는 한국노동조합총연맹한국노총이며, 또 하나는 전국민주노동조합총연맹민주노총이다. 노동조합은 김대중에게 중요한 지지기반이었다. 한국노총은 대선 당시 김대중을 지지했다. 민주노총은 다른 후보를 내세워 선거활동을 진행했지만 이전에는 협조적인 관계였고 김대중 정권이 역대 정권보다는 노동자 편이란 사실을 인식하고 있었다.

이처럼 한 식구라 할 수 있었던 노동자에게 가장 큰 고통을 안겨준 것은 IMF 프로그램이었다. IMF는 노동시장의 유연성 확보를 요구했다. 또한 외환위기로 경영난에 빠진 금융기관을 재건하기 위해서는 금융기관의 잉여인원을 해고할 필요가 있었다. 이 모든 사항에는 노동조합의 동의가 중요했다.

노동조합도 노동시장의 유연성 문제가 하나의 현안이 되리라는 사실을 인지하고 있었다. 노동조합에게 중요한 사안은 단기적으로는 노동자를 사용자 형편에 따라 해고하는 정리해고제 도입을 피하는 것이었고, 장기적으로는 노동조합의 정책형성 과정 참여와 노동기본권 강화에 있었다. 물론 경제위기 속에서 정리해고제 도입을 완전히 피할 수는 없으리란 것을 알고는 있었겠지만, 그 사안을 중심적인 과제로 삼을 것이 뻔한 노사정위원회에 참가하는 데는 주저할 수밖에 없었다.

그러나 한국노총은 1998년 1월 19일, 불량금융기관에 한해 정리해고를 허용한다는 조건하에 노사정위원회 참가를 표명했다. 그 이후 교섭은 진전되었고 노사정위원회가 발족하기에 이른다.

경제발전을 둘러싼 죄수의 딜레마

노사정위원회에 의한 정책 조정은 노동자와 사용자 간에 구속력이 있는 협약을 체결케 함으로써 이해대립을 완화, 양쪽 모두에게 윈윈 관계를 구축하려는 것이었다.

일반적으로 노동자와 사용자는 노동시장을 둘러싸고 대립하는 관계에 있다. 노동자는 고용 보장과 임금 인상 등 고용조건의 개선을 바라는 데 반해 사용자는 거꾸로 생산 상황에 따라 자유롭게 고용을 조정할 수 있는 노동시장의 유연화를 바람직하다고 여긴다. 또 한 가지, 노동조건에서 중요한 사안은 사회보장이다. 노동자는 질병, 고령, 실업 등 소득을 상실했을 경우에 대비하여 사회보장이 확충되기를 바라지만, 사용자는 그에 필요한 부담을 회피한다. 양자의 대립관계는 자본주의 사회에서 보편적으로 일어나는 일이며, 그 당시 한국에서도 양자는 첨예하게 대립했다.

IMF가 경제위기 처방전으로 제시한 프로그램은 노사 양쪽에 단기적으로는 고통을 초래하겠지만, 장기적으로는 위기를 타개할 수 있는 개혁 종합세트였다. 1997년 12월, IMF와의 제3차 합의내용이 제시하는 바를 보면, IMF는 해고조건 완화와 파견노동제 도입 등 노동시장의 유연성 확보를 요구했다. 이는 노동자에게는 바람직하지 않지만 사용자에게는 편리한 정책이었다. 하지만 다른 한편으로는 사회안전망 정비 및 그 일환으로서 노동기본권 확립이라는, 노동자에게는 바람직하지만 사용자에게는 편치 않은 정책도 함께 요구했다.

이 두 가지가 함께 실현된다면 사용자는 과잉 노동력을 정리함으로써 업적을 개선할 수 있는 한편, 노동자도 설령 고용을 박탈당한다 해도 소득 보장이 가능하고 성장산업으로 전직할 수 있기에 노사 모두에게 바람직한 결과를 초래하게 된다.

하지만 사용자에게는 후자의 실현이 사회보장 부담 증가를 의미하므로 피해야 할 사안이었고, 노동자에게 전자의 실현은 해고와 노동조건 악화에 직면하게 되므로 그 역시 피해야 할 사안이었다. 그런 까닭에 사용자는 사회보장 개혁에 반대하고 노동자는 노동시장 개혁에 반대함으로써 두 가지 정책 모두 실현되지 못하고 결과적으로 한국경제가 위기에서 벗어나기 어려워지게 된다. 이것이 경제위기를 둘러싼 '죄수의 딜레마' 상황이다. 노사정위원회는 정부가 양쪽 정책 실현의 보증인이 되어 노사 모두의 상황을 개선시키는 종합적인 개혁을 약속함으로써 '죄수의 딜레마' 상황에서 탈피하고 경제위기를 극복하려는 틀을 짜낸 것이다.

노사정위원회는 실제로 포괄적인 경제 개혁 합의를 '사회협약'으로 가닥을 모으는 데 성공했다. 즉 구조조정, 정리해고제의 부분적인 도입을 가능케 하는 노동시장의 유연성 확충 등 사용자에게 중요한 개혁과 동시에 고용보험 적용 범위 확대, 각종 사회보험 운영에 노사대표 참가, 의료보험 일원화, 국민연금제도 실현 등 노동자에게 중요한 사회보장제도 확충을 일괄 합의한 것이다.

노사가 협조해서 외환위기라는 국가적 난국에 대응하는 모습은 이른바 '네덜란드병'이라 불리는, 장기간 경제침체에 빠진 네덜란드가 1982년에 단행한 노사정 합의와세나 협정와 비슷한 것이었다. 사회적 연대의 중시, 정부개입에 의한 빈곤, 실업문제 해결이라는 점에서도 사회민주주의적인 색채를 강하게 보여주었다.

노사정위원회에서의 사회협약은 금융 개혁과 사회보장제도 개혁을 폭넓게 추진하도록 했다. 사회보장제도 개혁은 다음 항목에서 설명하기로 하고 여기에서는 금융 개혁을 간략하게 살펴보자.

초기 금융 개혁

금융 개혁의 급선무는 외환위기의 직접적인 계기가 되었던, 경영 파탄을 맞은 금융기관을 처리하는 일이었다.

해외 투자자가 한국에 불신감을 가졌던 가장 큰 이유는 정부가 금융기관의 불건전성을 은폐하고 금융기관이 무너지지 않도록 지원해준다는 의혹에 있었다. 금융기관의 파탄이 한국통화 폭락으로 이어졌던 것은 정부와 은행이 하나로 간주되었던 요인이 컸다. 실제로 금융기관과 정부는 강하고도 불투명하게 연계되어 있었다.

불신감을 없애기 위해서는 금융기관의 경영정보를 공개하고 문제가 있는 금융기관은 정리할 필요가 있었다. 하지만 금융기관의 처리는 실업 사태, 대출을 해준 기업의 연쇄 도산을 불러일으킨다. 그렇기 때문에라도 노동조합의 지지를 받을 필요가 있었다. 노사정위원회에서 합의를 도출한 정부는 과감하게 은행 정리에 나설 수 있었다.

처음으로 정리가 이뤄진 곳은 두 군데로, 제일은행, 서울은행에 대한 처분이었다. IMF는 폐쇄에 의한 조기처리를 염두에 두고 있었다. 이에 반해 정부는 해외에 매각하면 대외신용도 회복과 정부 부담 경감, 금융산업 경쟁 추진에 도움이 될 것이라고 판단했다. 특히 한국은 해외로부터 기업과 정부가 유착한다는 비판을 받아왔기 때문에 은행의 해외 매각 선언으로 금융 개혁에 대한 정부의 확고한 의사를 표명할 수 있다.

1998년 1월, 중앙은행인 한국은행은 두 은행을 불량 금융기관으로 결정하고 감자 명령을 의결, 정부와 예금보험공사에 출자를 요청했다. 그해 2월에 두 은행은 6월 말까지 자기자본비율 8%를 달성한다는 경영정상화계획을 은행감독원에 제출했고 승인을 받았다. 그 해 3월에는 조기에 해외매각 방침이 결정되었다.

외환위기의 원흉이라 여겨졌던 제2금융권인 종합금융회사의 처리도 신속히 이뤄졌다. 한국정부는 1997년 12월에 긴급조치로서 예탁금 일제 인출로 대혼란에 빠진 종합금융회사 9개사를 연말까지 영업정지하도록 했다. 이어서 모든 종합금융회사에 대해 연말까지 '경영정상화계획'을 제출시켰고 1999년 6월까지 자기자본비율이 8%에 도달하는지, 그 여부를 심사하기로 했다. 그 결과 1998년 2월, 종합금융회사 열 군데의 인가를 취소했다.

그 당시 종합금융회사의 검사 감독은 재정경제원이 맡았는데, 30개나 되는 종합금융회사의 경영상태를 심사할 수 있는 능력이 없었다. 한국은행의 산하기관으로서 모든 은행을 감시, 감독했던 은행감독원의 도움을 빌렸다고는 하지만, 재정경제원이 단기간에 그것도 정확하게 심사할 수는 없었기에 신속성을 우선했던 것이다. 결국 얼마간의 위험성을 동반한 절차였으며 힘든 정리작업이었지만 예상과는 달리 노동조합의 저항은 거의 발생하지 않았다.

사회협약의 상실

하지만 1998년 2월 임시국회를 계기로 노동조합은 노사정위원회로부터 거리를 두기 시작한다. 노동기본권 강화와 사회보장제도 개혁 등 정부가 약속한 성과를 얻을 수 없었고 정리해고만을 강요받았기 때문이었다. 노사정위원회는 기능을 상실하기 시작했다.

2월에 노사정위원회는 개혁의 큰 틀이 되는 '경제위기 극복을 위한 사회협약'을 합의했다. 하지만 국회가 합의를 그대로 받아들이지 않고 노동자에게 불리한 방향으로 노동관계법 개정을 단행했다. 분개한 민주노총은 이를 비난했고 이어서 민주노총 대의원대회는 '사회협약' 자체를 부정했다. 노동조합은 애당초 김대중이 주장했던 '고통 분담'이 이뤄지지 않았으며 노동자에게만 고통을 준다고 힐난했다.

3월, 김대중 정권은 노사정위원회를 정부의 한 기관으로 만들었다. 그러나 새로운 노사정위원회 발족은 노동자 측의 반발과 비협조에 의해 6월까지 미뤄졌다. 또한 위원회는 성격이 변화되어 정부, 정당 참여자의 대표성이 저하되었기 때문에 설립 시와 같은 실질적인 의미의 정책 조정 기능을 갖고 있지 않았다. 노사정위원회가 사회협약기구로서의 기능을 상실한 이후 김대중 정권은 금융구조조정을 거의 시행할 수 없게 되었으며 경제정책도 혼란을 거듭하게 된다.

이후 노동조합은 정부가 추진하는 구조 개혁에 협력하지 않게 되었다. 그런 사실이 표면화된 것이 제1차구조조정이었다. 1998년 6월, 기업과 은행의 구조조정을 적극적으로 추진할 것을 재확인한 정부는 제1차구조조정에 나섰다. 정부는 외환위기에 빠져 IMF의 구조조정 프로그램을 승인한 다른 나라들과 마찬가지로 구조조정을 주도하는 기관을 만든다. 그

것이 금융감독위원회였다.

4월에 발족된 이 위원회는 불량 은행의 합병을 유도하여 몇 군데의 우량은행을 중심으로 은행산업 재편을 추진할 계획이었다. 그러나 이와 같은 방침은 중순 이후에 불량 은행의 조정으로 전환되었다. 외국인 투자자의 신뢰를 회복하기 위해서는 신속한 문제 처리와 눈에 보이는 성과가 필요했으며 그러기 위해서는 가장 적합한 방법을 선택해야만 했다.

정부는 P&A Purchase & Assumption, 자산부채이전방식이라 하는, 불량 은행의 자산과 부채를 우량 은행으로 이전하는 방식으로 불량 은행을 정리하는 방침을 확정한다. 구체적으로는 1997년 말 현재 자기자본비율 8% 이하인 은행에 대해 4월 30일까지 자본확충계획을 제출하고 승인을 받지 못한 은행에 대해서는 퇴출명령 등의 조치를 취하도록 했다. 정부는 6월 29일, 자기자본비율 8% 미만의 은행 열두 곳에 대한 경영평과결과를 공식적으로 발표했다. 대동, 동남, 동화, 경기, 충청의 다섯 곳은 퇴출, 그 밖의 은행은 조건부로 승인을 결정했다. 조건부 승인 은행은 7월 말까지 경영정상화 계획서를 제출하도록 하고 심사를 거쳐 8월 말에 퇴출 여부를 재검토하기로 했다. 8% 이상인 은행에 대해서는 경영진단을 실시하여 미승인의 경우에는 9월 말까지 경영진 교체, 감자 등 경영개선 명령을 내리기로 했다.

이제까지 '대마불사大馬不死, 큰 말은 죽지 않는다'라며 망하지 않을 것이라 믿었던 은행이 한국사상 처음으로 퇴출되었다. 그 충격은 무척 컸다.

노동조합의 반발

노동조합은 제1차 구조조정에 전면적으로 반발했다.

다섯 개 은행을 퇴출하기 이전부터 전국금융노동자연맹금융노련과 민주금융노동자연맹민주금융노련은 반발하기 시작했다. 민주금융노련은 5월 시점에 이미 정부에 의한 은행통폐합에 강한 반대 의사를 표명했다. 금융노련은 은행 퇴출 직전인 6월 27일, 서울역 광장에서 '강제적 구조조정 저지와 생존권 사수를 위한 금융노동자대회'를 열고 정부의 강제적인 금융산업 구조조정을 즉각 중단하도록 요구했다. 이와 함께 한국노총과 민주노총 모두 은행정리가 임박했다는 사실을 인식하고 퇴출은행 직원의 고용승계 요구에 나섰다.

6월 29일 은행 퇴출 발표로 금융노련과 민주금융노련은 본격적으로 저항하기 시작했다. 퇴출 결정 철회를 요구했고 이행하지 않을 시에는 7월 15일부터 총파업에 돌입할 것이라 선언했다. 노동조합은 현재와 같이 취약한 금융시스템과 은행의 경영부진은 모두 정부가 은행경영에 깊이 관여해온, 이른바 '관치금융'에서 비롯되었는데도 은행원에게만 책임을 전가한다고 주장했다.

특히 퇴출 대상이 된 은행의 노동조합은 강경했다. 은행 퇴출조치 직후 퇴출은행 직원은 대부분 업무에 복귀하지 않았다. 퇴출은행 노동조합의 요구는 주로 고용승계였다. 구체적으로는 100% 고용승계 보장, 2개월 급여에 상당하는 퇴직위로금 지급, 생계비 보조 명목의 특별위로금 지급 등으로 인수 은행이 제시한 2, 3개월간 계약직 고용안은 받아들이지 않는다는 입장이었다.

퇴출은행의 업무마비에 따라 금융감독위원장은 긴급담화를 통해 업무

복귀를 독려했고 복귀하지 않는 경우에는 형사처벌까지 고려한다는 강경한 입장을 보였다. 그 후에 일부 은행의 노동조합원이 본격적인 시위에 돌입하는 등 저항은 좀처럼 끝나지 않았다.

7월 중순부터 노동계의 반발과 파업이 더욱 강해졌고 한국노총, 민주노총은 노사정위원회 참가를 거부했다. 정부는 파업 자제를 요구했고 노동계를 달래는 태도를 취했다. 7월 15일로 예정된 총파업을 눈앞에 두고 정부는 파업을 철회하고 참여와 대화로 문제를 풀어나갈 것을 요구하는 관계 장관 담화문을 발표한다. 노사정위원회 위원장도 양 노총 지도부를 방문하여 위원회에 복귀해줄 것을 호소했다.

이와 같은 노동계의 반발은 결과적으로 구조조정의 진전을 지연시키는 데 큰 효과를 발휘했다. 구조조정 자체는 여론의 지지를 얻었다. 더불어 구조조정은 IMF 방침도 따르면서 외국인 투자자에게도 호의적인 시그널을 보내는 것이었다. 하지만 노동조합의 이해 없이 강행하기에는 상당한 무리가 따르는 것 역시 사실이었다.

7월부터 예정되었던 제2금융권의 구조조정은 1개월 지연되어 8월에 시작되었다. 제2금융권도 은행의 퇴출방식과 같은 P&A 방식으로 이뤄졌지만 회사 규모가 작고 그 수도 많지 않았기 때문에 은행 퇴출 때와 같은 혼란은 보이지 않았다.

| 정체된 금융구조 개혁

그 후 은행의 정리는 처음에 예정되었던 퇴출 형태가 아니라 정부의 주도로 은행끼리의 합병으로 일관했고 급진적인 인원 감축도 없었다.

8월 24일에 산업은행과 한일은행이 합병을 의결했고, 9월에는 우량 은행인 하나은행과 보람은행, 국민은행과 장기신용은행이 합병을 발표했다.

그 밖에 조건부로 존치 승인을 받았던 은행은 정부의 요구로 9월 말까지 조직 및 인원 감축, 10월 말까지 외자유치 및 다른 은행과의 합병을 약속한다. 하지만 노사교섭은 순조롭게 진행되지 않았고 인원 감축은 진전을 보이지 못했다.

9월 말에 은행은 정부의 압력으로 1997년 연말을 기준으로 40~50%의 인원 감축 방침을 결정했지만 은행의 노동조합은 20~30% 감축을 주장, 요구가 관철되지 않으면 총파업하겠다고 표명한다. 9월 29일에 은행 노사대표는 감원 비율 32%에 합의, 총파업은 피했지만 불충분한 구조조정으로 끝나게 된다.

김대중 정권이 추진한 경제 개혁은 진보에게는 신자유주의적이라고 비난받았고, 보수로부터는 철저하지 못한 개혁이라고 비판받는다. 그 이유는 노사정위원회에 의한 사회협약과 동 위원회의 기능정지로 협약이 파탄에 이르는 정치 과정에서 찾아볼 수 있다.

진보 입장에서 노사정위원회는 경제 개혁의 정당성 부여만을 위해 이용된 것이었다. 노동자의 이익을 위한 개혁은 뒤로 미뤄지고 정리해고제의 도입 등 부담만을 강요했다는 점은 신자유주의적이라고 비판받을 수밖에 없는 결과였다.

보수 입장에서는 애당초 이뤄졌어야 할 구조조정이 노동조합의 저항으로 불충분하게 끝난 것은 김대중 정권이 노동조합을 지지기반으로 하는 좌파정권이기 때문이며, 철저하지 못했다고 비판했다.

복지국가로의 전환

생산적 복지란 무엇일까?

이제 사회보장 개혁에 대해 살펴보자.

김대중 정권은 제1차 노사정위원회를 통해 노동자에게 사회보장 개혁을 약속했다. 그것은 단순한 안전망 정비를 넘어서 여타 선진국과 같은 복지국가를 건설하는 것이었다. 노사정위원회에 의한 사회협약은 결렬되었지만 김대중은 이 약속을 파기한 것이 아니었으며, 한국을 '복지국가'라 할 수 있을 정도로 사회보장제도를 정비해간다.

이러한 정책은 어떤 이념에 기초하며, 어느 정도의 제도 개혁이 이뤄졌는지를 살펴보도록 하자. 또한 일련의 개혁으로 김대중은 대통령 재임 중 또는 퇴임 후에 자신의 지지세력이었던 진보로부터 비판받게 된다. 그 이유는 무엇일지도 논해본다.

외환위기로 시작된 경제적 고통과 그곳에서 벗어나기 위해 채택된 IMF 주도의 신자유주의적 개혁은 국민을 곤란에 빠트렸다. 특히 그 폐해는 사회적 약자에게 돌아갔다. 저학력자, 여성, 비정규직 노동자, 기능직, 파트타임 근로자가 여기에 속한다. 그들은 직장을 잃었고 빈곤에 빠졌을 뿐 아니라 그로 인해 이혼, 자살이 늘어나고 가족의 해체, 노숙자 급증으로 이어졌다.

한국경제는 10년에 한 번꼴로 급속도로 경기 후퇴에 빠졌었다. 그럴 때마다 사람들의 고통을 구제해준 것은 가족이었다. 그런 가족을 외환위기가 강타한 것이다. 결국 실업자, 저소득자를 구제하는 긴급대책과 국가에 의한 안전망 구축이 초미의 과제가 되었다. 김대중 정권은 이와 같은 과제를 해결하기 위해 사회보장제도 개혁을 추진했다. 이념적으로 표방한 것은 '생산적 복지'라는 개념이었다.

새로운 개념은 기존의 한국 복지정책의 방향성을 근본적으로 바꾸었다. 그 점을 그 전前 정권인 김영삼 정권과 비교하여 확인해보도록 하자.

한국이 본격적으로 복지국가를 의식하기 시작한 것은 1993년에 발족된 김영삼 정권부터였다. 이 정권은 산업 고도화, 도시화 진행의 결과, 복지의 확충이 필요하지만 머지않은 장래에 저출산 고령화가 진행될 것이므로 그 당시 제도 그대로는 사회보장 시스템이 위기에 빠지리라는 사실을 인지하고 있었다. 그래서 1995년에 대통령직속 세계화추진위원회를 설치하고 한국형 복지사회 모델을 제안했다.

김영삼 정권의 제안은 세 가지 원칙으로 이뤄진다.

첫 번째는 정부의 역할을 빈곤층 구제에 한정하는 선별주의이다. 이는 복지를 국민의 권리로 인식하는 보편주의 사고방식과는 정반대에 있다.

두 번째로 복지 서비스의 제공자로서 가족이나 지역적 연대를 중시한다. 상대적으로 국가의 역할을 협소하게 파악하게 된다.

세 번째로 빈곤 예방이다. 정책의 역점을 빈곤구제보다는 빈곤층으로 전락할 위험성이 높은 사람들을 예방하는 데 중점을 둔다.

이와 같은 방식은 빈곤층 대책에 한정되며 실제로 복지 서비스 공급을 가족에 의존해온 기존 사회보장의 연장선에 있다. 정부의 역할을 한정함으로써 장래에 복지 부담을 경감하려는 것이었다.

노동과 복지의 연대

이에 대해 김대중 정권은 다음과 같이 대치한다. 선별주의에 대해서는 보편주의, 가족주의에 대해서는 국가 책임을 강조하고 빈곤예방에 대해서는 '생산적 복지'로 맞섰다. 보편주의와 국가의 책임 강조는 복지를 국민의 권리로서 인식하고 국가가 서비스 공급을 책임질 것임을 명시한 것이었다. 그렇다면 '생산적 복지'란 무엇일까?

이 개념을 통해서 김대중 정부가 강조한 것은 노동과 복지의 연대였다.

노동과 복지의 연대는 20세기 말 이후, 미국과 유럽 선진국에서 모색된 복지국가 재편의 핵심에 해당되는 부분이다. 1970년대 석유위기를 거쳐 성장불황에 빠진 선진국은 종래의 사회보장 정책이 필요로 하는 거액의 재정 부담으로 고생하다가 금액을 경감할 수 있는 대책을 내놓았다.

노동과 복지의 연대는 실업자 등에게 단순히 복지 서비스를 공급하는 것이 아니라 복지를 통해 장래에 노동시장으로 복귀하여 복지 서비스의 대상자에서 벗어나는 것을 의미하며, 이는 복지부담의 경감으로 이어질 수 있다. 그러나 노동과 복지의 연대라 표현하더라도 그 방향성은 나라에 따라 크게 다르다.

미국처럼 개인의 책임을 중시하는 자유주의적인 복지국가 체제를 취하는 나라에서는 노동시장으로 복귀하려 노력하지 않으면 복지 서비스를 공급하지 않는 '워크페어workfare' 라는 방향성을 유지한다.

한편 북유럽처럼 사회적 연대를 중시하는 사회민주주의적인 복지국가들은 복지 다운사이징축소이 아니라, 노동자의 재교육이나 전직 지원 등 노동시장 복귀를 위해 정부가 적극적으로 지원하고 복지의 연대를 추구하는 '액티베이션activation, 활성화' 의 방향으로 가고 있다.

노동과 복지의 연대를 표방하는 이상, 김대중이 말한 생산적 복지가 김영삼 정권이 목표로 한 가족주의적인 복지정책과 다르다는 사실은 명백했다. 문제는 방향성이었다. 자유주의인가, 사회민주주의인가? 그 구체적인 제도 변화를 확인하고 개혁의 방향성을 검토해보자.

실업, 빈곤에 대한 긴급대책

김대중 정권이 우선적으로 손을 댄 것은 실업, 빈곤에 대한 긴급대책이었다. 김대중 정권은 외환위기로 인한 심각한 경제적 빈곤 속에서 발족된 정권이기에 즉각적인 대응이 필요했다.

그 첫 번째로 정권은 고용보험제도의 적용 범위를 확대했다. 고용보험제도는 실업자에게 일정 기간 실업급여를 제공함으로써 다음 취직자리를 확보할 때까지 수입을 보장하는 것이다. 한국에서는 1995년에 도입되었으나 1997년 말까지 그 대상은 30명 이상의 사업장이었다. 이를 모든 사업장에 대해 임시직, 파트타이머를 포함하여 적용하기로 했다. 일용직 고용자를 제외한 모든 사람이 대상이 된 것이다. 수급자격을 얻기 위한 납입기간을 12개월에서 6개월로 단축하고 수급기간도 30~120일에서 60~150일로 늘렸다.

그와 동시에 1998년 3월에는 직업 훈련, 공공근로사업을 실시함으로써 고용기회를 확대하고 시한적 생활보호제도 도입, 생활보호제도의 임시 확충을 단행했다. 그 결과 종합실업대책은 정부예산의 10%에 달하는 규모에 이르렀다. 특히 그 절반 이상을 공공근로사업과 생활보호에 투여했다.

하지만 이는 임시 조치였으며 항구적인 사회보장제도 구축이 아니었다. 결국 김대중 정권은 1998년 11월에 '제1차 사회보장 장기발전계획'을 발표했고 제도 개혁을 추진한다. 특히나 당시에는 사회보장제도간의 연계가 불충분했다. 즉 실업자 전체의 60% 이상이 고용보험제도와 생활보호제도 어느 쪽의 적용도 받지 못하는 등, 제도가 못 미치는 '사각지대'가 존재했으며 이에 대한 대응이 필요했다.

근본부터 개혁된 사회보장에 대한 사고방식

김대중 정권 기간에 사회보장제도가 어떻게 개혁되었는지 주요한 사안을 몇 가지 예로 들어보자.

한국의 사회보장제도는 1970년대부터 1980년대에 걸쳐 관료주도 하에 일본 제도를 참고로 만들어졌다. 일본의 제도는 노동자가 소속된 회사나 직종 단위로 시행되는 사회보험을 기본으로 하며, 회사나 직종 간 연금, 의료보험 구조가 크게 다르다. 이와 같은 구조는 비교복지 정치연구 영역에서 보수주의적인 복지국가 모델로 평가된다. 김대중 정권의 개혁은 전체적으로 일본적이고 보수주의적인 기존 구조를 크게 변화시키려는 것이었다.

첫 번째로 공적부조에 대해 살펴보자. 김대중 정권 이전의 공적부조는 생활보호제도라고 불렸다. 대상은 18세 이하 또는 65세 이상의, 인구학적으로 일할 수 없다고 여겨지는 계층으로서 노동 가능한 연령층에 속하는 사람들은 배제하고 지급되었다. 선정기준은 부양의무자의 유무와 소득 및 재산 상황이다. 빈곤은 개인적 사정이라는 사고방식으로, 공적부조는 일할 능력이 없는 사람에 대한 지원이라는 구빈법적 성격이 강했다.

이에 비해 김대중 정권하인 1999년에 제정, 2000년부터 시행된 '국민기초생활보장제도'는 생활보장의 대상을 단순히 생활 필요상 수급이 필요한 자로 정하고 연령에 의한 구분, 취업 여부, 노동가능성 유무를 조건으로 삼지 않았다. 그 이유는 건강하고 문화적인 최저한의 생활을 보장하는 것이 국가의 의무이며 국민의 권리이기 때문이었다. 단, 노동능력이 있는 자는 정부가 제공하는 자활사업 참가를 조건으로 수급이 이뤄졌다.

공적부조제도의 변화는 한국이 사회보장제도에 대한 사고방식을 근본부터 바꾸었음을 시사한다. 사회보장의 사고방식에는 진정 원조가 필요한 사람에 한정하여 서비스를 제공해야 한다는 선별주의와 사회적 권리로서 전 국민에게 서비스를 제공해야 한다는 보편주의가 있는데, 이 변화는 선별주의에서 보편주의로 중점이 이동했음을 보여주는 것이었다.

그러나 제도와 실태의 괴리는 여전히 심각했다. 빈곤의 정의 중 하나로 절대적 빈곤이라는 것이 있다. 그것은 필요최소한의 생활 수준을 유지하기 위한 식량, 생필품을 구입할 수 있는 소득절대빈곤선을 가지는지로 빈곤을 정의하는 것이다. 한국에서는 절대빈곤선을 최저생계비라고 하는데, 2005년에 그 이하에 속한 빈곤층은 약 510만 명이었다. 그 가운데 기초생활보장 대상자는 약 138만 명으로 빈곤층의 27%만이 보장받았다.

제도의 사각지대는 해소되지 않았던 것이다.

모든 국민에게 의료보험 혜택을

두 번째로 의료보험을 살펴보자. 한국 의료보험의 구조는 일본과 마찬가지로 사회보험 방식이다. 즉 보험자인 일반 국민이 의료보험 관리 기관인 국민건강보험공단에 보험료를 납부하고, 그것을 기반으로 관리자가 병원 등 의료 서비스 공급자에게 서비스료를 제공하는 방식이다. 총량 지불방식으로 보험자가 일정 금액을 부담한다. 이와 같은 구조는 의료 서비스의 과잉 수요를 낳게 되며 재정 적자를 불러일으키기 쉽다는 특징이 있다. 일본과 마찬가지로 한국도 의료보험 재정 적자로 고통 받고 있다. 김대중 정권에서도 사회보험 방식은 답습되었다.

하지만 김대중 정권은 조합주의를 부정했다. 종래의 의료보험제도하에서는 일본과 마찬가지로 직종별, 회사별, 지역별로 의료조합을 운영하는 조합방식으로서 조합 간의 수급 내용에도 차이가 있었다. 복지국가론의 문맥으로는 계층성이 높다고 표현한다. 이에 대해 김대중 정권은 모든 의료조합을 전 국민 단일조직으로 통합했다.

구체적으로는 공무원, 교직원 의료보건관리공단과 227개 지역의료보험조합, 이어서 139개의 직장의료보험조합을 통합하여 전국 단일의 의료보험조합인 국민건강보험공단을 만들었다. 이로써 한국은 이전에 존재했던 조합 간의 격차를 없애고 수급 내용도 균등해지게 된다.

바꾸어 말하면, 어떤 직업을 가진다 해도 보험료 부담은 소득 대비 동일한 비율이며, 치료 내용이 같으면 본인 부담률은 같은 금액이 되었다. 계층성이 희석된 것이다.

하지만 기존 의료조합 간의 재정 통합은 지연되었다. 국민건강보험 보험료는 소득에 비례해서 납입해야 했다. 그러나 일본과 마찬가지로 월급 생활자는 거의 백 프로 소득이 파악되는 데 비해, 농민이나 자영업자는 소득 파악이 어렵다. 그 상태대로 재정을 통합하면 자영업자 등은 보험료 납부를 줄여보겠다는 심리가 작용하여 실제보다 소득을 낮게 신고하게 된다. 결국 이것은 실질적으로 월급 생활자의 부담 증가를 의미한다. 그런 까닭에 조합은 통합되었지만 재정은 '근로자직장가입자', 공무원, 교직원이 들어간 '직장가입자'와 농민이나 자영업자 등의 '지역가입자'로 나뉘었다. 2001년에 앞의 두 개를 통합했지만 후자의 통합은 2003년 6월에나 이뤄졌다.

더구나 의료보험은 또 한 가지 커다란 문제를 안고 있었다. 그것은 수급 수준이 낮다는, 다시 말해서 본인 부담액이 크다는 점이다. 평균적으로 치료비 50%를 본인이 부담하는 구조는 여전히 손을 못 대고 있는 실정이다.

국민연금과 사회민주주의 모델

세 번째로 국민연금을 살펴보자. 1998년에 국민연금법이 개정되어 모든 국민을 대상으로 국민연금이 확대되었다. 한국에서 국민연금은 공무원, 군인 등 일부 직장을 제외한 전 국민이 가입대상으로, 처음부터 일원적이었다. 그런 의미에서 제도가 시작되던 시점부터 사회민주주의적인 제도로 구상되었다고 할 수 있다. 수급 수준도 높아서 현역 세대의 보너스 포함 임금수령액에 대한 연금액 비율을 의미하는 소득대체율은 평균 70%였다.

그러나 국민연금 가입자는 처음에 월급생활자, 근로자에 한정되어 있었다. 1995년에는 농어촌거주자가 가입되는데 천만 명에 이르는 도시 자영업자는 제외되었다. 1998년 개정은 도시 자영업자도 가입시키기 위한 것이었다.

한국의 연금제도에는 세 가지 특징이 있었다.

첫 번째로 수급 체계는 연금수급액을 미리 확정시켜놓는 확정수급방식이다. 최근에는 많은 선진국이 1인당 일률 수급의 기초연금 부분과 소득비례연금 부분을 나눠 관리하지만, 한국에서는 두 가지를 일원적으로 관리하며 40년간 납부하면 소득대체율로 평균 약 70%를 수급 받을 수 있다. 국민연금 실현 과정에서 소득대체율은 평균 60%로 내려갔지만 여전히 높은 수준을 유지하고 있다.

두 번째로 높은 소득재분배 효과이다. 저소득자일수록 소득대체율이 커지는 제도로 설계되어 있다.

세 번째로 재원 운영은 부분적 적립방식을 취하고 있다. 이는 현역세대가 지불한 돈을 고령자에게 지급하는 부과방식도 아니고, 현역세대 때 지불한 돈을 적립하여 노후에 받는 완전 적립방식도 아니다. 즉 특정시점까지는 대규모의 기금이 적립되지만 본격적인 수급이 시작되면 급속하게 재정이 악화되는 구조로서 적립금 고갈 후에는 부과방식으로 전환된다. 이와 같은 구조는 장래를 내다본 설계라고는 할 수 없으며 어느 시점에서는 개혁이 필요했다.

연금 분야에서 중요한 사실은 자유주의적인 제도 설계로 전환하지 않았다는 점이다. 1997년 외환위기를 전후로 한국 내외에서는 향후 재정

파탄을 우려하여 연금제도를 근본적으로 변경해야 한다는 논의가 있었다. 다시 말해서 연금을 기초연금 부분과 소득비례 부분으로 나눠서, 기초연금 부분은 공적으로 부담하지만 소득비례 부분은 민영화 등을 통해 나라의 연금재정에서 분리하여 부가연금으로 만들자는 것이었다. 즉 다층형muliti-pillar이라 불리는 영국의 연금제도와 같은 구조로의 전환이었다. 하지만 김대중 정권은 이제까지의 형태를 그대로 유지하면서 이를 전 국민으로 확대했다.

마지막으로 노동정책과의 관계를 살펴보자. 이전의 한국의 사회보장제도는 노동정책과 연관성을 가지지 않았다. 그러나 김대중 정권 이후에는 두 가지를 관련시키려는 자세가 뚜렷하게 나타났다. 그것이 '생산적 복지'의 핵심이다. 즉 복지와 노동을 연대시켜서 복지의 수급조건으로서 노동 참여를 의무화하는 등, 적극적인 노동시장 정책을 전개했다.

이상과 같이 민주화 이후 사회보장제도 개혁은 보수주의 모델에서 돌아서서 사회민주주의 모델을 지향하는 방향성을 보였다. 보수주의적인 계층성을 낮추고 보편주의로의 전환을 추진하면서 복지와 노동정책의 연대를 진전시켰던 것이다.

그러나 적극적인 노동시장 정책은 종합실업대책으로 끝났고, 후속 조치가 이뤄지지 못한 채 힘을 잃어갔다. 의료보험 수급 수준은 낮은 수준을 유지했다. 사회보장제도로 보호받지 못하는 대량의 빈곤층이 존재했고, 가족에 의한 복지 서비스 제공에 의존하는 상황은 여전히 지속되고 있었다.

생산적 복지의 좌절

| 위축된 사회민주주의

앞서 검토한 것처럼 김대중 정권하에서의 사회보장제도 개혁은 사회민주주의를 지향한 것이었다. 그러나 수급 수준은 낮았고 보호받지 못하는 사람들을 복지정책으로 구제하지 못했다.

사회민주주의적인 방향으로 개혁은 했지만 낮은 수급 수준, 이른바 '위축된 사회민주주의'라 할 수 있는 상황은 어떻게 일어났을까? 공적부조제도, 의료보험제도, 국민연금제도 세 가지의 개혁 과정을 각각 살펴봄으로써 그 이유를 찾아보자.

단, 세 가지 개혁은 그 방향성에서 차이가 있다. 공적부조와 의료보험은 제도로서는 보다 사회민주주의적인 방향을 지향했으나 그것이 수급 확대로는 이어지지 않고 '위축'되어 버렸다. 이에 반해 국민연금은 원래 가지고 있던 사회민주주의적인 성격을 자유주의적인 것으로 변경하지 않았다. 바꿔 말하면 전자는 사회민주주의의 방향성이 억제되었고, 후자는 자유주의의 방향성이 억제되었다는 점이 중요하다. 방향성이 다른 개혁을 살펴봄으로써 자유주의도 아니고 사회민주주의도 아닌, '위축된' 사회민주주의가 정치 세력 간 균형점이 되었다는 사실을 보여주고자 한다.

공적부조를 둘러싼 정치 과정

먼저 공적부조제도를 둘러싼 정치 과정을 김영순과 권순미2008의 정리에 따라 설명해보자.

구빈법적인 생활보호제도 개혁은 '참여연대'라는 시민단체가 중심이 되어 펼친 운동이 그 출발점이 되었다. 한국에서는 특정 분야에 한하지 않고 민주화를 진전시키기 위해 다양한 정책을 추진하며 정책제안 활동을 하는 시민단체의 활동이 활발하다. 그 가운데 참여연대와 경실련경제정의실천시민연합의 영향력이 가장 크다.

참여연대는 1994년에 창립되었다. 그 시작부터 단체 안에 사회복지위원회를 설치, 나라가 국민에게 최저한의 생활을 보장해야 한다는 내셔널 미니멈 확보 운동을 전개했다. 외환위기는 이와 같은 활동을 한 걸음 더 진전시키는 계기가 되었다. 참여연대의 사회복지위원회는 1998년 3월에 공청회 '긴급제안 : 고실업사회의 사회적 대안'을 개최하여 ① 국민복지기본선 설립 ② 실업부조제도 도입 ③ 실업자 개개인에 대한 고용 및 복지 서비스를 위한 관리 체제 확보를 정부에 제안했다.

참여연대의 제안에 자극을 받아 여당인 새정치국민회의에서 기초생활보장법 초안을 작성한다. 이를 기반으로 참여연대는 법제정 운동을 시작했다. 1998년 6월, 참여연대는 민주노총, 경실련, 한국여성단체연합 등의 시민단체와 연대하여 '국민기초생활보장법 제정과 저소득 실업자 생활보호방안'을 주제로 정책 공청회를 개최, 7월에는 26개의 사회단체와 연대하여 한나라당 김홍신 의원의 소개로 국회에 '국민기초생활보장법 제정 입법'을 청원, 법제정 요구대회를 개최했다.

시민단체가 만들어낸 이와 같은 흐름은 점차 속도를 높여갔고 1998년 8월, 여당인 국민회의가 시민단체의 입법청원안을 토대로 국민기초생활보장법안을 당론으로 확정, 발의했다. 12월 임시국회 보건복지위원회 법안심사소위원회가 정부와의 합의안을 받아들이고 위원회 안건으로 의결했다. 이로써 순조롭게 진행되는 것처럼 보였다.

행정 관료의 저항

그러나 이 흐름을 행정 관료가 막아섰다. 이 법안에 대해 보건복지부가 미적지근한 태도를 보인 데다가 예산 편성을 관할하는 당시 기획예산처가 막대한 예산이 소요된다는 이유로 강하게 반대했다. 이로 인해 상부조직인 보건복지위원회에 회부할 수 없게 되었고 법안심사소위원회에 그대로 방치되었다.

자유주의적인 입장에 서 있는 기획예산처는 원리적으로 이 법안에 반대해왔다. 그 이유는 첫 번째, 이 법안은 복지에 대한 개인의 책임 강조라는 세계적인 흐름에 역행하며 두 번째, 사회복지는 한번 실시하면 축소하기 어려운 데다가 세 번째, 일할 수 있는 사람에게까지 공적부조를 지급하면 노동 의욕을 저하시키므로 직업 훈련과 고용 제공에 역점을 둬야 한다는 것이었다.

이와 같은 주장은 보수적인 언론매체와 자유주의적인 학자들에게 지지를 받았다.

결국 참여연대는 대중 운동 전략을 들고 나왔다. 참여연대는 노동단체, 지역운동단체, 여성단체, 민주노총, 민변민주사회를 위한 변호사모임 등 28개 단체에 호소하여 단체 간 연합조직인 '국민기초생활보장법 제정추진 연대회의' 이하 연대회의를 결성한다. 3월에는 국회 내에서 공청회 개최 등 이벤트를 개최, 대중의 힘을 배경으로 원외활동을 시행했다. 대통령에게 가까운 인맥을 물색, 인사 감찰업무를 담당하는 김성재 청와대 민정수석비서관과의 연대를 확보하는 한편, 야당 한나라당에서도 이해를 같이하는 의원들과 교섭했다.

하지만 기초생활보장제도에 대해서는 기획예산처뿐만 아니라 다른 정부부처도 신중한 입장을 내보였다. 노동부는 소득보장의 성격을 갖는 보장법 제정보다는 공공근로사업이나 취업 알선 등 고용 유지에 집중적으로 예산을 투입해야 한다고 보았고, 주무부처인 보건복지부도 연대회의의 방침에 찬성은 하지만 보호 업무를 직접 수행해야 하는 사회복지 전문요원의 확충과 소득 재산 파악을 위한 전산망 정비 등 해결해야 할 과제가 우선이라며 이번 국회에서의 제정에는 관심을 보이지 않았다.

기세를 전환시킨 김대중의 울산 연설

행정 관료의 저항과 그를 지지하는 언론매체를 비롯한 보수의 반발 속에서 국민기초생활보장법안은 허공에 떴고, 의결되지 못했다. 이와 같은 교착상황을 타개한 것이 1999년 6월, 대통령이 울산에서 "중산층과 저소득 서민층이 안심하고 살 수 있는 국민생활보장기본법을 제정할 것"이라 발언한 일이었다.

이로써 정부 내부의 저항이 잦아들었고 7월 이후에 진전을 보여, 결국 국회의원 131명의 발의로 국회에 제출, 8월에는 임시국회를 통과했다.

선별주의에서 보편주의로 그 중심축을 이동한 공적부조제도의 개혁은 시민단체가 중심이 되어 행동했고, 여야당 모두 법안에 반대하지 않았으며, 사회민주주의적인 정책을 지향하는 대통령이 결단을 내림으로써 실현되었던 것이다.

시행 과정에서의 저항

그러나 보편주의로의 방향성은 시행령, 시행규칙 제정 단계에서 다시 제자리로 돌아오게 된다. 관계 관청이 개혁에 대한 저항을 포기하지 않았던 것이다. 그 저항의 초점은 수급대상자 선정기준이었다.

기획예산처는 원리적으로 법안에 반대했었다. 이전의 생활보호법은 최저생계비 이하의 소득이 있는 절대적 빈곤층에 대한 생활보호였다. 기획예산처는 절대적 빈곤층에 대한 수급은 개의치 않으나, 아직 그 계층은 아니지만 그럴 가능성이 큰, 최저생계비보다 약간 소득이 높은 계층차상위계층에 대한 수급은 재정 부담을 확대시킨다는 이유로 반대했다. 그들은 법안 적용이 확대되는 것을 막기 위해 노력했다.

노동부도 대통령의 결정에 따르기는 하겠지만 기본적으로 노동을 장려하는 입장에는 변함이 없었으며, 근로 능력에 관계없이 기초생활보장을 우선시하는 보건복지부 및 국민기초생활보장법 제정추진연대회의와 대립했다. 보건복지부도 기본적으로는 연대회의의 방침에 찬성했지만 한 발 빠져 있는 자세를 취했으며, 기획예산처, 행정자치부, 노동부를 비롯한 정부부처 대표와 전문가, 노동계, 시민사회대표를 모은 국민기초생활보장 추진단을 결성하여 논쟁 해결을 위한 자리를 마련하는 데 그쳤다.

그런 까닭에 기획예산처의 주장대로 그 선정기준은 생활보호제도 이상의 엄격한 잣대가 설정되었다. 생활보호법에서는 소득과 재산, 부양의무자의 유무가 선정기준이었지만, 기초생활보장법에서는 이에 덧붙여 토지, 주거, 자동차 소유 여부도 추가되었다. 또한 부양의무자의 소득이 최저생계비 120% 이상인 경우 부양 능력을 인정하기로 하고 수급 대상을 축소했다. 수급 내용 중 새롭게 설치된 주거 보장 부분은 시행을 유보했다.

의료보험 개혁에 이르기까지

이어서 의료보험 개혁의 정치 과정을 김연명2002 조영래2008 의 연구에 의거하여 살펴보자.

의료보험 개혁을 둘러싼 최대 쟁점은 직장, 직종마다 설치된 의료보험조합을 통합하여 전 국민이 가입하는 통합주의를 택할 것인지, 기존의 조합주의를 유지할 것인지였다. 김대중 정권은 앞서 기술한 바와 같이 모든 것을 통합하기로 한다.

통합주의인가, 조합주의인가라는 의료보험조합을 둘러싼 논쟁의 시작은 전두환 정권 때로 거슬러 올라간다. 쿠데타로 정권을 잡은 전두환의 신군부는 1980년에 생활보호제도의 일부인 의료보호와 의료보험의 대폭 확대를 선언하고, 보건복지부에 그것을 구체화할 것을 명령했다.

1985년 제12대 국회의원 총선에서는 여당인 민주정의당의 선거공약으로 1987년까지 전 국민의 국민의료보험 가입을 실시할 것이라 선언했다.

그 배경에는 당시의 의료보험 방식이 존재한다. 의료보험은 박정희 시대에 대도시 노동자 대책으로 출발했으며, 직종 단위, 직장 단위로 의료보험조합을 결성했다. 500인 이상의 사업장이 그 대상이었다. 그로 인해 중소, 영세기업 노동자, 농어촌민, 자영업자는 대상이 되지 못했다.

전두환 정권은 이런 상황을 시정하여 전 국민이 의료보험에 가입할 수 있도록 서서히 대상 범위를 확대했다. 1981년에는 종업원 100명 이상 사업장, 1983년에는 16명 이상으로, 그리고 1984년에는 피부양자의 범위를 직계존속과 비속에서 형제, 배우자의 부모로 확대했다.

농어촌, 지방주민에 대해서는 1981년부터 시험적으로 특정 지역에 지역의료보험을 실시한 후, 순차적으로 지역을 확대시켜 갔다. 1988년에 노태우 정권은 이와 같은 방침을 이어받아, 농어촌 지역 전 주민, 1989년에는 도시 자영업자를 포함한 전 국민으로 확대해갔다.

조합주의 대 통합주의

이와 같은 체제하에서는 보험조합마다 재정에 차이가 발생했고, 향후에는 국고보조가 이뤄져야만 했다. 보건복지부는 그런 상황을 피하기 위해 통합 문제를 논의하기 시작했다. 의료보험 통합 논쟁의 시작이었다.

전두환 정권하에서 보험 범위를 확대해야 했던 보건복지부에서는 의료보험 운영에 관한 논쟁이 일어났다. 종래의 조합주의를 유지한 채 확대할지, 모든 조합을 통합하여 전 국민을 대상으로 하는 조직에 운영을 맡기는 통합주의로 갈지 갈림길에 놓여 있었다. 통합주의를 지향하는 관료들은 대기업만을 대상으로 하는 종래의 조합주의에 문제가 있음을 인식하고 있었다. 비교적 규모가 작은 조합에서는 이미 재정 적자 문제가 일어났기 때문이다. 결국 3천 명 미만 조합에 대한 대규모적인 통폐합을 위해 움직이기 시작했다.

1980년 11월, 보건복지부는 의료보험조합을 통합하는 '의료보험통합 일원화' 방침을 결정했다. 그러나 청와대 비서진, 더구나 보건복지부에서 파견된 공무원들에 의해 거부된다. 1982년에도 똑같은 사태가 반복된다.

당시 보건복지부 안에서는 의료보험에 대한 재정 지출을 기피하고 의료보험의 재정적 자율을 유지하는 데 의견 일치를 보였다. 통합주의를 지지하는 공무원들은 정부의 재정 투입을 최소화하면서 의료보험을 확대할 수 있다고 주장했다. 수백 개로 분리된 현 상황에서는 그만큼 더 많은 관리비용이 들어가며, 각 조합이 재정 적자에 빠지기 쉬운 데다가 조합 간 격차가 확대되어 결과적으로 나라의 지원이 필요하게 된다는 것이다.

그와는 달리 조합주의를 지지하는 공무원들은 노동자, 자영업자, 농민을 하나의 조합에 가입시켜서 보험료를 부가하는 것은 무리라고 여겼다. 통합하더라도 여전히 보험료 징수에 어려움이 따를 것이며 오히려 정부의 책임과 부담이 커질 것이라며 통합에 반대했다.

양측이 대립하는 가운데, 통합을 주장했던 보건복지부 핵심 인물이 갑자기 부정부패를 이유로 면직당했다. 바로 '보건복지부 파동'이다. 이후 보건복지부 공무원들은 통합주의를 주장하지 않았다. 그 후 1990년대 후반까지 보건복지부의 주장은 조합주의로 통일되었고, 더욱 강력하게 통합주의를 반대하는 입장이 되었다.

통합을 둘러싼 논쟁

이윽고 노태우 정권에 이르러 다시 통합 논쟁이 재연된다.

쟁점은 농어촌 의료보험 확대였다. 의료보험 적용 확대로 농어민의 불만이 터져 나온 것이다. 그 이유는 도시 월급생활자와 비교하여 농어민의 보험료 부담이 높았고, 거주지역 의료 인프라가 열악한 데다, 의료 서비스를 거주지 근교로 한정시켜 의료시설 이용이 제한되었기 때문이다. 그 결과 전국 각지에서 보험증 반환, 보험료 고지서 소각 등의 시위가 일어났다.

결국 보건의료단체가 문제에 개입하기 시작했다. 농민단체와 함께 의료보험 통합일원화, 의료보험 국고지원 50% 확대, 공적부조대상 세대의 의료보호 확대 시행을 주장한다. 1988년 6월에는 전국 48개 단체가 참가한 '전국의료보험대책위원회'를 결성했다. 1987년 민주화 이후, 사회문제에 참가하는 사람들이 관료, 정치가의 영역을 넘어서게 된 것이었다.

통합파와 조합파는 관리 방식을 둘러싸고 첨예하게 대립했다. 정당, 의사, 농민조직, 노동조합이 통합파에 속했다. 정당은 농민의 표를 의식했고 선거 때마다 통합주의를 주장했다. 기본적으로 의사에게는 통합주의가 이익상 불리했다. 수요자인 조합이 일원화되면 치료비 교섭이 불리해지고 이익이 떨어지게 되기 때문이다. 하지만 당시는 의료조합 재정 악화로 인해 의료비 지급이 지연되고 있던 터라, 그들에게 통합은 보다 유리한 선택지였다. 농민의 통합에 대한 지지는 앞서 기술한 바이고, 노동조합 중에는 특히 재정이 나빴던 지역의료보험 노동조합이 통합을 지지했다.

이에 비해 통합 반대파는 보건복지부, 의료보험연합회, 전국경제인연합회전경련, 한국경영자총협회경총 등의 경제단체, 보수적인 언론매체,

보험학, 경제학, 경영학 분야의 일부 전문가들이었다. 통합은 경제단체에 심각한 문제를 불러일으킬 것이라는 우려가 있었다. 통합하면 기업은 기존의 조합 적립금에 대한 통제권을 잃게 된다. 기업 적립금을 운영자금으로 변통해왔던 상황에서 통제권 상실은 사활이 걸린 문제이기도 했다.

양측은 1989년 국민의료보험법안에서 심하게 충돌했다. 2월에 야당인 평화민주당과 통일민주당이 제출한 이 법안은 농민의 반발을 의식한 여당도 찬성하여 만장일치로 국회를 통과했다. 하지만 노태우 대통령은 미디어의 반대와 직장의료보험조합의 반발에 힘입어 거부권을 행사, 법안은 폐기되었다.

마침내 실현된 의료보험 통합

의료보험 통합의 제1막은 전두환 정권, 제2막은 노태우 정권이었다면 제3막인 김대중 정권하에서 그 실현을 맞게 된다. 김영삼 정권 말기인 1997년 12월, 1차 의료보험 통합안인 '국민의료보험법'이 제정되었다. 이 법률은 공무원 및 사립학교교직원 의료보험공단과 지역의료보험의 통합을 목적으로 한다. 대선이 끝나고 김대중이 차기 대통령으로 확정된 상황에서 이뤄진 결정이었기에 실질적으로는 김대중 정권의 업적이라 할 수 있다. 그 후 김대중은 의료보험 통합을 대통령직인수위 100대 과제 중 하나로 설정했고, 노사정위원회가 의료보험 통합에 합의함으로써 법률제정에 착수한다.

하지만 다시 통합 반대파와 찬성파가 격렬한 대립을 하게 된다. 단, 그 구도에는 약간의 변화가 있었다.

통합 반대파는 경제단체 외에 의료보험연합회와 한국노총, 그리고 이전에는 찬성파였던 의사들이 가담했다. 경제단체의 반대 이유는 적립금 문제 이외에도 통합에 의해 발생하는 사회보험 적용 범위의 확대였다. 완전하게 소득이 파악되지 않는 자영업자까지 같은 조합에 들어가면 실질적으로 그 비용을 대기업 근로자와 기업이 부담하게 된다. 또 하나의 이유는 공적의료보험이 확대되면 민간의료보험이 진출할 기회가 적어진다는 주장이었다.

특히 강력히 반대했던 곳은 의료보험노동조합과 한국노총이었다. 의료보험노동조합은 경제위기 상황 속에서 조합이 통합되면 인원 감축이 이뤄져서 조합원 중 실업자가 생길 것을 우려했다. 한국노총은 2조 5천억 원에 달하는 적립금 손실, 자영업자 소득을 제대로 파악하지 못해 보험료가 급격히 오를 가능성 등을 두려워했다. 그런 까닭에 원래 노동조합의 적대 세력이었던 보수 정당인 한나라당과 손잡게 되었다.

의사가 반대파로 돌아선 데는 동시에 추진된 의약분업 문제가 얽혀 있다. 의사는 원래 통합에 소극적인 찬성을 보였지만 정부가 의약분업정책을 내세우자 태도가 급변했다. 당시 한국에서는 의사가 환자를 진찰, 약제를 처방하는 것뿐만 아니라 투여도 할 수 있었다. 그러나 의약분업이 시행되면 의사는 처방전만 발행하고 조제 및 투여는 약사에게 맡기는 역할분담이 이뤄진다. 결국 의사가 약에 대한 통제권을 잃게 되므로, 의사 측은 필사적으로 반대했다. 김대중 정권이 통합 문제와 의약분업을 함께 묶어서 처리하려 했기에 의사는 통합 문제에 대해서도 반대로 돌아섰다.

통합 찬성파는 농민단체, 약사, 시민단체 그리고 민주노총이었다. 농민단체가 찬성인 것은 앞서도 기술했고, 약사가 찬성한 이유는 의사와는 완전히 반대 입장에서 그 쟁점이 의약분업과 함께 다뤄졌기 때문이었다. 그들은 기본적으로 자기 이익에 따라 움직인 것이라 할 수 있다. 하지만 제3막에서의 변화는 제2막에서처럼 이익집단의 정치적 영역에서만 그 논쟁이 전개되지 않았다는 점이다.

강조되는 사회적 연대

민주노총은 한국 노동세력 제2의 중앙조직으로서 노동조합원의 이익을 생각하는 측면에서는 한국노총과 행동을 같이해도 될 터였다. 하지만 그보다는 의료보험 통합이 가지는 사회적 연대의 효과를 중시하는 입장에서 찬성한 것이다. 즉 의료조합이 분리된 상태로는 전 국민이 의료정책 방식을 논의할 수 없으므로, 통합은 국민 전체가 연대할 수 있는 토대를 만들어준다고 여긴 것이다.

시민단체의 지지 역시 같은 맥락에서 이뤄졌다. 시민단체로는 참여연대, 경실련, 건강연대 등이 1994년 4월에 의료보험연대회의를 결성했고 통합 추진에 적극적으로 나섰다. 그들은 의료보험조합 방식 자체는 이익이 안 될지라도, 통합을 통해 진료비 본인부담액을 낮추고 수급 확대로 이어갈 것이라고 주장했다.

결국 격심한 논쟁의 결과를 제압하고 승리한 것은 통합파였으며, 1999년에 국민건강보험법이 성립되었고 의료보험조합은 하나로 통합되었다. 농민의 강한 반발과 시민단체의 호소로 유권자에게 널리 지지받음으로써 정당을 움직인 것이다.

그러나 통합파 대 조합파의 싸움은 아직 끝나지 않았다. 2001년에 의료보험 재정에 거액의 적자가 발생했고, 통합 반대파의 강한 반격으로

2002년으로 예정되었던 지역조합, 공무원조합, 직장조합의 재정 통합이 2003년 6월로 연기되었다.

이것은 다음을 함의한다. 당시 김대중 정권은 교체 시기에 있었기에 한나라당이 정권을 잡으면 통합파는 영향력을 행사할 수 없게 되며 조합파가 반격할 여지가 생긴다. 그리고 당시 2001-2002년 정치 상황은 한나라당에 유리했으므로 차기 대통령은 당대표 이회창이 선출될 가능성이 컸다는 것이다.

연금개선인가, 전국민연금인가

마지막으로 국민연금 개혁에 대해 김영면 2002, 양재진 2008 에 따라 살펴보자.

김대중 정권하에서 연금을 둘러싼 논의의 쟁점은 전국민연금인가 연금개혁인가였다. 김대중 정권 발족 당시, 국민연금은 노동자와 농어촌주민을 포함했지만 천만이 넘는 도시 자영업자는 혜택을 받지 못했다. 그들이 연금에 가입할 필요성은 그 누구나 인정하는 바였다. 하지만 시기에 대해서는 다른 의견이 많았다.

현행 연금체계를 장기적으로 유지할 수 없는바, 머지않아 근본적인 개혁을 해야 한다면 개혁 후에 자영업자를 받아야 한다는 의견이 있었기 때문이다. 자영업자는 근로자에 비해 소득파악이 어려운 점을 고려하여 일단은 개혁에 착수해야 한다는 것이었다.

다만 이때 거론되는 개혁이 자유주의적이라는 점이 논의를 복잡하게 만든다. 앞서 살펴본 것처럼 한국의 연금체계는 사회민주주의적이며 소득대체율이 높은 제도이다. 이를 기초연금 부분과 소득비례 부분으로 나눈 2층식으로 만들어 소득비례 부분을 민영화하는 것이 개혁의 내용이었다. 그런 까닭에 연금개혁에서도 사회민주주의적인 현상 유지, 전국민연금을 주장하는 진보와 자유주의적인 개혁을 지지하는 보수로 갈라져서 의료보험 개혁 당시와 유사한 대립이 발생했다.

전국민연금인가, 개혁인가의 대립은 김영삼 정권 시기로 거슬러 올라간다. 김영삼은 1995년에 '삶의 질 세계화'를 선언했고, 세계화추진위원회 밑에 국민복지기획단을 구성, 사회복지 정책 전반을 검토했다.

국민복지기획단은 1996년 2월에 '삶의 질 세계화를 위한 국민복지 기본구상'을 대통령에게 제출, 연금개혁 기본방침을 제시했다. 대통령은 이를 받아들였고 6월에 청와대 사회복지수석 비서관실을 중심으로 공적연금의 장기발전방안을 준비했다. 청와대는 현 상태로는 2030년에 연금기금이 고갈되리라 예측했고, 연금재정의 지속가능성을 높이는 구조 개혁이 필요하다고 주장했다. 이에 대해 주무부처인 보건복지부는 제도는 현행 그대로 유지하되 적용 범위를 확대하자고 주장했다.

이 논쟁은 1997년 6월에 대통령 직속으로 국민연금제도개선기획단이 설치됨으로써 결론에 이르렀다. 보수적인 김영삼 정권하에서는 개혁을 우선시하는 것이 자연스러운 결론이었다. 결국 기획단은 2층식 구조로 전환하는 개혁안을 채택했다. 평균 40% 정도의 소득대체율을 목표로 기초연금 부분은 부과방식의 공적연금으로 유지하되, 소득비례연금은 서서히 공적연금의 틀에서 제외시켜서 민영화한다는 구상을 세웠다. 다시 말해서 국가의 책임을 기초연금 부분으로 한정한 것이었다.

전국민연금 선택

그러나 대선에서 김대중이 차기 대통령으로 결정됨에 따라 논의는 원점으로 돌아갔다. 김대중은 대통령에 취임할 때까지 정권인수 작업을 담당하는 대통령인수위원회에서 연금 문제를 재검토하도록 했다. 이 자리에서 보건복지부는 국민연금제도개선기획단의 2층식 구조 개혁에 대해 명확한 반대 입장을 전달했다.

반대 이유는 두 가지였다. 첫 번째로 기획단의 안은 수급 수준의 급격한 하락을 전제로 하며 이는 국민을 설득하기가 어렵다. 두 번째로 2층식 구조는 기술적, 행정적으로 어려울 뿐 아니라 소득재분배 기능이 축소되어 상대적으로 고소득자에게 유리한 제도가 될 것이다. 그런 까닭에 2층식 구조는 전국민연금을 달성한 후에 장기적인 과제로 검토해야 한다는 것이었다.

1998년 1월 10일, 대통령인수위원회는 1998년 안에 도시지역 연금확대를 추진하고 제도 개혁은 하지 않는다는 보건복지부의 제안을 받아들였다.

1998년에 예정되어 있던 연금의 도시지역 확대는 법률개정안의 국회 통과가 지연되었기에 1999년 4월에 시행되었다. 시행에 앞서 연금 기금의 운영방안이 변경되었다. 시민단체, 노동조합의 의견을 받아 재정경제원에 의한 공공부문의 강제예탁제도가 폐지되었고, 기금운영위원회 위원장도 재정경제원 장관에서 보건복지부 장관으로 바뀌었다. 연금가입자의 기금운영위원회 참가 범위가 확대되었고 위원 수도 15명에서 20명으로 늘어나 민주적인 방향으로 개선되었다. 이 시점에 연금제도의 구조 개혁은 더 이상 거론되지 않게 되었으나, 소득대체율을 70%에서 60%로 축소하고 수급 개시 연령을 60세에서 65세로 올리는 등 재정안정화를 위한 부분적인 개정도 이뤄졌다.

세계은행의 개입

자유주의적인 연금제도로 개혁하라는 외부로부터의 압력도 있었다. 1998년 3월에 한국정부는 세계은행에서 20억 달러의 구조조정 차관을 받았으며, 당시 세계은행은 노동시장 구조조정과 동시에 사회안전망 정비 차원에서 공적연금제도 개혁을 구조조정 협약에 포함시켰다. 여기에는 두 가지 핵심 사항이 있었는데, 하나는 국민연금 재정운영 실패를 방지하는 것이었고, 또 하나는 국민연금을 포함한 공적연금제도를 세계은행이 주장하는 자유주의적인 다층구조로 변경하는 것이었다.

후자와 관련하여 세계은행은 1999년 11월까지 연금제도 개혁안을 작성하도록 요구했다. 정부는 1998년 12월에 공적 사적연금제도 개선실무위원회를 발족시켰다. 그러나 정부가 적극적이지 않다는 점을 간파한 세계은행은 자유주의적인 연금제도를 시행하고 있는 국가에 위원회의 위원들을 파견, 시찰하게 하고 강연을 개최했을 뿐 아니라 세계은행 한국연금 개혁담당팀을 위원회에 참가시켰고 세계은행안을 발표하게 하는 등 강력하게 개입했다.

세계은행은 국민연금 보험료와 수급 수준을 내린 기초연금화, 퇴직금을 확대한 완전적립식 사적연금 도입에 의한 다층구조의 연금체계를 제안했다. 이를 받아들여 공적 사적연금제도 개선실무위원회는 회의를 거듭하여 2000년 5월에 활동을 마치며 대통령에게 복수의 개혁안을 제출했다. 이는 세계은행이 제시한 자유주의적인 개혁안을 받아들인다는 의미가 아니었다. 복수의 개혁안을 제시했다는 것 자체가 세계은행안에 대한 사실상 거부를 뜻하는 것이었다.

그러나 한국 국내가 정부의 방침 하나로 단결하는 구조도 아니었고, 진보와 보수의 대립이 수그러든 것도 아니었다. 노동계는 2층식 구조에 반대하는 데는 의견을 같이했지만, 도시자영업자로의 확대에는 분열된 의견을 보였다.

한국노총은 도시자영업자가 소득을 낮게 신고하므로 근로자가 경제적 손실을 본다며 반대했고, 자영업자의 연금은 분리하자고 주장했다. 그와는 달리 민주노총은 연금제도는 사회적 연대의 철학에 바탕을 두므로 분리는 제도의 붕괴로 이어질 것이라며 반대했고 그 대신 자영업자의 소득파악을 철저하게 해줄 것을 주장했다. 사회적 연대의 중시라는 점에서는 시민단체도 마찬가지였고 의료보험 개혁 때의 논리로 연금 확대에 찬성, 2층식 구조에는 반대했다.

이와 같은 구도는 1999년 초에 발생한 '국민연금 파동'에서 다시 재현되었다. 정부는 4월 시행에 앞서 도시자영업자의 소득파악과 보험료 통지서 발행 작업을 시작했는데 이 작업이 극도로 혼란을 일으키자 도시자영업자들의 불만이 폭발했다. 이를 계기로 야당, 한국노총, 경제계, 여당의 일부까지 자영업자로의 적용 확대를 연기하자는 의견에 동조했다. 그러나 시민단체와 민주노총이 강하게 반대하여 예정대로 시행되었다.

김대중 정권도 연금개혁안을 검토한 적이 있었다. 2002년 3월에 국민연금발전위원회를 설치, 연금의 장기 재정추계 및 재정 안정화 방안, 연금제도 사각지대 해소 등의 제도 내실화 방안, 수급 구조 개선 등 수급 합리화 방안을 모색하게 했다. 그러나 이는 정책적 우선순위에서 밀려나 있었던 것이다.

완성되지 못한 사회보장 개혁

앞으로 저출산 고령화가 진행될 것이고 그에 따라 사회보장 체제가 파탄에 이를 것이라는 사실은 이미 김영삼 정권 때에 예측된 바 있다. 1998년에 발족한 김대중 정권에서도 당연히 대책을 강구해야만 할 과제였던 것이다. 더구나 김대중 대통령은 진보적인 정치이념의 소유자였다. 그런 연유로 진보 진영은 사회보장 체제의 정비와 확충을 기대했지만, 김대중 정권은 이에 실패했고 오히려 신자유주의적인 개혁을 추진했다는 평가를 받는다.

진보 정권하에서 신자유주의가 추진되는, 일견 모순적인 상황이 일어난 것은 왜일까? 이 질문에 대한 일반적인 답변은 외적 요인과 관련된 것이다. 즉 정권 발족 직전에 한국경제를 엄습한 외환위기에 대응하기 위해 신자유주의적인 개혁을 추진할 수밖에 없었다는 것이다. 특히 IMF로부터 긴급융자를 받았을 때, IMF와 약속한 경제구조 개혁 실시가 정부의 정책 선택지를 제한했다고 주장한다.

외환위기가 한국경제의 진로에 중요한 영향을 미친 것은 틀림없는 사실이다. 특히 IMF와 약속한 신자유주의적인 경제 개혁이 중요했던 것도 분명하다. 그러나 김대중 정권은 IMF의 충실한 하인이 아니었을 뿐 아니라, 같은 시기에 외환위기에 빠진 다른 아시아 국가들과는 달리 한국을 복지국가로 만드는 개혁도 단행했다. 문제는 그것이 신자유주의적이라고 비판받을 정도로 낮은 수준에 그쳤다는 점이다.

개혁을 저해한 요인

이번 장에서는 김대중 정권이 목표로 한 경제정책의 목표는 무엇이었는지, 그것을 실현했는지, 또한 실현을 저해한 요소는 무엇이었는지를 살펴보았다. 그 해답을 정리해보자. 첫 번째로 김대중 정권의 목표는 단순한 신자유주의적 개혁이 아니었다. 경제자유화를 추진하고 시장경쟁을 활발하게 하는 한편, 약자를 사회보장 정책으로 보호함과 동시에 다시 일할 수 있도록 하는 것이 목표였다. 그 결과 신자유주의적인 개혁이 추진되었을 뿐 아니라 사회보장제도가 정비되었고 제도적으로는 복지국가가 되었던 것이다.

두 번째로, 그러나 이와 같은 신자유주의적인 개혁도, 복지국가를 위한 움직임도 불충분한 정도에 그쳤다. 사회보장 수준은 낮은 상태에 머무르게 되었다.

세 번째로, 그렇다면 실현을 저해한 요인은 무엇이었을까? 그것은 개혁이 다 완성되지는 않았지만 어느 정도 실현은 되었다는 점과 표리의 관계에 있다. 즉 노사정위원회라고 하는, 코포라티즘corporatism적인 의사결정구도에서 그 중요성을 찾아볼 수 있다. 한국이 신자유주의적인 개혁을 단행한 이유를 IMF의 요구에서 찾는 것만으로는 불충분하다. 인도네시아의 수하르토 정권이 그러했듯이, 내부 정치상의 이유로 국가가 요구를 받아들일 수 없는 경우도 존재한다. 대규모적인 구조조정은 국민에게 고통을 강요하는 만큼 국민적 합의를 얻어야 할 필요가 있다. 김대중 정권이 채택한 노사정위원회는 그런 점에서 중요했으며, 그 논의의 장에서 체결된 사회협약이 있었기에 금융 개혁이 가능했다. 노사정위원회가 기능할 수 없게 된 이후 정부는 노동계의 불만을 억누를 수 없게 되었고, 개혁은 더 이상 진전되지 못했다.

사회보장 개혁도 마찬가지였다. 노사정위원회는 사회협약의 일환으로서 사회보장제도를 개혁할 것을 합의했다. 김대중 정권하에서 그 합의는 상당 부분 실현되었다. 한국은 불완전하나마 복지국가로 나아갔으며, 더구나 그 형태가 사회민주주의적인 제도 개혁이었던 이유는 사회협약의 합의가 크게 작용했기 때문이다. 이는 높이 평가해야만 하는 부분이다.

개혁을 저해한 요인 중 하나는, 한국 정치에서의 진보와 보수의 대립이 격심하다는 점에서 찾을 수 있다. 노사정위원회가 너무 빨리 해체됨으로써 제도 형성과정을 둘러싼 진보와 보수의 격렬한 대립이 여실히 드러나버린 것이다. 이 대립은 기초생활보장제도, 의료보험조합 일원화, 전국민연금의 실현이 이뤄진 후에도 계속 이어졌고, 결국 보수 진영의 반격이 일어나게 된다.

김대중 정권하에서 복지국가를 위한 움직임은 경제 개혁과 마찬가지로 '미완의 개혁'으로 끝나버렸다. 하지만 이는 지나치게 엄격한 잣대를 들어 김대중 정권을 평가한 것이라 할 수 있다. 제도의 변화는 단절적이지 않으며 오히려 연속적인 측면이 강하다. 그러므로 다음 5년의 책임을 지게 되는 노무현의 역할이 중요했다.

진보 정권의 역설

• 노무현 정권의 복지정책 •

CHAPTER 2

| 노무현 정권의 탄생
| 참여복지 : 성장과 복지라는 두 마리 토끼
| 참여민주주의의 역설
| 굴절된 복지정치

···

한국은 김대중 정권하에서 복지국가를 이루었다. 김대중 정권은 사회보장제도를 변경했고 선별주의의 축소, 계층성 저하, 노동정책과의 연대를 추진하면서 사회민주주의 색채가 강한 복지국가를 지향했다. 이와 같은 노선을 이어받은 것이 2003년부터 시작된 진보 진영의 노무현 정권이었다.

하지만 노무현 정권은 이전 정권에서는 충분히 인지하지 못했던 두 가지 새로운 복지 차원의 압력과 맞닥뜨리게 된다.

한 가지는 저출산 고령화의 진전이다. 한국의 저출산 고령화는 현시점에서는 일본처럼 두드러지게 심각한 문제는 아니다. 그러나 2001년에 통계청이 발표한 미래 인구 추정치에서 한국의 고령화는 일본을 넘어설 정도의 속도로 진행될 것이라 여겨졌다. 2000년의 합계특수출생률Total Fertility : 15세에서 49세 여성의 연령별 출생률 합계, 한 사람의 여성이 일생 동안 출산하는 자녀 수의 평균치이 1.50을 밑돌게 된 이후, 2005년에는 1.08명으로 떨어지는 등 충격적인 사실이 현실화됨에 따라 사회보장체계의 재구축이 긴급한 과제가 되었다.

또 하나는 프롤로그에서 해설한 바와 같이 '새로운 사회적 리스크'에 대한 대응이었다.

한국에서도 21세기에 들어 새로운 사회적 리스크로 고통 받는 사람들이 조명받기 시작했고, 노무현 정권에서도 그에 대한 대응이 필요했다.

새로운 리스크는 다음과 같은 형태로 인식되었다.

첫 번째로 '사각지대' 문제이다. 예를 들면 공적부조와 사회보험의 연대가 불충분한 탓에 제도권 안에서 누락되어 복지 서비스를 못 받는 사람이 많았다. 김대중 정권은 제도를 정비하고 '사각지대'를 없애려 노력했지만, 산업구조나 노동시장 변화에서 발생한 문제를 극복할 수는 없었다. 특히 공적부조의 혜택을 받는 빈곤층까지 떨어지지는 않았지만 곤궁한 생활에 쫓기는, 차상위층에서 문제는 더욱 두드러졌다.

두 번째로 격차사회 문제이다. 한국에서는 1990년대까지의 경제발전 과정에서 예전의 일본과 마찬가지로 두터운 중산층이 서서히 출현하기 시작했다. 하지만 1997년 외환위기를 계기로 그 규모가 축소되었고, 중산층에서 빈곤층으로 전락하는 사람들이 연이어 나타났다. 결국 사회 내부의 격차가 눈에 띄게 두드러지기 시작한 것이다. 특히 저학력층, 청년층, 여성이 워킹푸어로 전락하는 경우가 많아지면서 이에 대한 대책이 시급한 과제가 되었다.

노무현 정권은 새롭게 직면한 이러한 문제들에 어떻게 도전했을까?

이번 장에서는 우선 노무현 정권 탄생의 경위를 기술한 후, 노무현 정권 시대에 복지정책이 어떻게 전개되었는지 그 과정을 설명할 것이다. 한국에서 노무현 정권은 진보의 입장이면서도 신자유주의적인 개혁을 추진했다는 비판을 받고 있는데, 그는 중산층의 몰락과 빈부 격차의 확대, 고착화를 저지하려고 했으며, '참여복지'라 하는 복지정책을 단행했다. 그러나 동시에 추진한 참여민주주의의 제도화가 복지국가의 내실을 방해하는 아이러니한 현상을 낳았고 김대중 정권 때에 싹을 틔운 사회민주주의의 방향성은 '위축'된 채 답보상태에 머무르게 된다. 그 과정을 살펴보기로 하자.

노무현 정권의 탄생

이단아 노무현의 등장

노무현 대통령은 기존 정치질서를 파괴하라는 운명을 지닌 정치가였다.

전임 대통령 김대중은 박정희 정권 이후 정권에 위험한 존재로 인식되었으며 그런 의미에서는 비주류라 할 수 있었다. 그러나 한편으로는 선거 때마다 호남지역의 90%가 넘는 표를 끌어모을 정도로 절대적 지지 기반을 확보하고 있기도 했다. 즉 김대중은 지역주의라는 한국의 정치구조에 의지하고 있는 인물이었다.

그와는 달리 노무현은 지역주의 타파를 최대의 정치적 테마로 삼으며 2002년 대선에 도전했다. 지역주의는 후보자가 어느 지역 출신인지를 중요한 요소로 받아들이며 유권자는 정치가를 정책으로 선택하지 않음을 의미하므로, 이는 한국에서도 전근대적이며 비정상적이라고 여겨진다. 그런 까닭에 그전에도 대통령후보자마다 지역주의 타파를 호소했으나, 노무현의 자세는 다른 정치가와는 확연히 달랐다.

정치가로서의 노무현은 완전히 아웃사이더였다. 대부분의 정치가는 대졸이며 대학원을 졸업한 사람도 적지 않은데, 그는 고졸이었으며 대학에 진학하지 않고 검정고시를 거쳐 사법고시에 합격했다. 권위주의 시대였던 1980년대에 인권변호사로서 활약했고 권력과 맞서 싸우면서 자신의 이력을 쌓아갔다.

그와 친분을 맺었던 사람들은 이른바 386세대로서, 나이는 그보다 열 살가량 어리며 전두환 정권기에 학생신분으로 민주화 운동에 참가했던 이들이었다. 그들은 반권력적인 색채가 짙었다. 출신이나 이후의 경력을 보아도 분명 엘리트가 아니었던 노무현의 정치적 주장은 기존 정치가가 외치는 지역주의 타파와는 질적으로 다른 것이었다.

노무현은 지역주의 타파의 진정한 목적을 '지배세력 교체'라 표방했다. 한국은 엘리트주의적인 사회이다. 예를 들면 경제는 소수의 재벌에 의해 장악되며, 서울대, 연세대, 고려대 등 극히 일부 명문 대학에 진학하는 것이 그 후의 사회적 지위를 좌우한다고 믿는다. 그래서 일본과는 비교할 수도 없을 만큼 극심한 입시경쟁이 펼쳐진다.

노무현은 이와 같은 사회논리를 깨트리자고 주장했으며, 그 일환으로서 지역주의 타파를 외쳤다. 구체적인 정책으로 수도 이전을 제시했다. 한국사회의 지배층은 서울에 거주하므로 수도를 옮기면 지배세력의 교체를 명시적인 형태로 실현할 수 있으리라는 생각이었다.

예비선거 실시

상식적으로는 이런 생각을 가진 노무현이 정치가로서 성공하지 못해야 했으나, 2002년의 대선 상황은 그것을 가능하게 만들었다.

당시 여당인 민주당은 호남 기반 정당으로, 기존의 지역주의를 기반으로 한 선거전략으로는 한나라당에 대한 승산이 전혀 없었다. 김대중도 호남 외에는 지역적 지지기반이 협소한 탓에 선거에서 고전했고, 1997년 대선에서는 충청도 기반 정당인 자유민주연합자민련과의 연대로 승리를 거머쥐었던 터였다.

그러나 자민련은 2000년 국회의원선거 패배를 기점으로 쇠퇴를 거듭했고, 2002년 대선에 이르자 기대할 수 없는 존재가 되었다. 결국 자민련은 민주당과의 연대를 끊고 독자노선을 걷게 된다.

2002년 대선에서는 한나라당 대표 이회창이 유력한 후보자였다.

민주당은 이대로는 불리하다는 생각에 당원 이외의 일반 유권자도 참여할 수 있는 국민경선을 통해 대통령후보 선출을 위임함으로써 국면 타개를 노렸다. 국민경선은 미국 대선에서 공화당, 민주당이 실시하는 예비선거를 본뜬 것이었다. 민주당 후보자들은 미국의 후보자가 각 주를 돌아다니듯 전국의 광역지자체를 순회하며 선거인에게 지지를 호소했다. 대통령후보 선출 과정을 개방하는 이 같은 방식에 사람들은 열광했다. 그 과정에서 많은 지지를 얻은 후보는 정당 내부의 기반이 두터운 유력후보가 아닌, 바로 노무현이었다. 그는 당 내부에서 다수의 지지를 얻었던 이인제를 물리치고 승리했다.

노무현이 사로잡은, 지역주의를 벗어난 지지자는 2030세대의 청장년층이었다. 특히 중요한 역할을 한 단체는 '노사모' 노무현을 사랑하는 사람들의 모임'이라는 팬클럽이었다. '노사모'는 2000년 총선 당시 한나라당의 성역이었던 부산에서 노무현이 출마하여 낙선한 이후 인터넷상에서 만들어진 모임이다. 그들의 목적은 지역주의 타파를 위해 노무현을 지지하는 것이었다.

발족 당시에는 회원이 500명 정도였지만, 그 후 급격히 확대되어 대선 당시에는 8만 명을 넘어섰다. 〈오마이뉴스〉와 같은 인터넷 신문도 한몫을 했다. 당시 한국에는 이미 인터넷 신문이 많이 보급되어 있었고, 예를 들어 〈오마이뉴스〉는 하루 접속 수가 백만을 넘어서는 경우도 많았다. 진보적인 색채가 강했던 인터넷 신문은 적극적으로 한나라당 후보 이회창의 문제점을 다루었고, 잇따라 친노무현, 반이회창 정보를 제공했다.

진보에 의한 새로운 정치

노무현은 미디어를 활용하여 유권자 중에서도 특히 청장년층에게 긍정적인 이미지를 구축하는 데 성공했다. 그의 긍정적인 이미지는 크게 두 가지 요소로 이뤄져 있다.

하나는 엘리트가 아니라는 이미지를 적극적으로 형성한 것이다. 한국에서는 선거법에 따라 선거기간 중 개별방문 금지는 물론이고, 가두연설이나 유세활동도 제한된다. 그로 인해 유권자에게 좋은 이미지를 심어주기 위해서는 무엇보다 매스미디어를 통한 이미지 형성이 중요하다. 노무현 진영은 텔레비전 광고를 이용해 서민적이며, 일반서민과 고통을 분담할 수 있다는 이미지를 정착시키는 데 성공했다.

이미지 형성의 관점에서 보면 미디어 간의 차이가 극명하게 나타났다.

〈조선일보〉, 〈동아일보〉와 같은 대형 신문사는 노무현을 불안정하고 정책에 일관성이 없는 포퓰리스트로 묘사한 반면, 인터넷 신문에서는 친숙하며 상식과 원칙에 충실한 인물로 그려냈다. 결과적으로는 인터넷 신문의 전략이 승리한 형국이 되었다. 노무현 진영이 주창한 "낡은 정치를 버리고 새로운 정치를 시작하자"는 슬로건이 널리 퍼져 나갔고, 상대 후보인 이회창은 '낡은 정치'의 상징으로 파악되기에 이르렀다.

그 와중에 신당 '국민통합21' 대표 정몽준과의 후보 단일화는 새로운 정치와 관련된 노무현의 이미지를 강화하는 데 일조한다. 정몽준은 재벌가 현대의 창업주인 정주영의 아들이었다. 대한축구협회 회장으로 국제축구연맹 부회장, 2002년 축구월드컵 한국조직위원회 공동위원장으로서 2002년 FIFA 한일월드컵을 공동개최하는 데 역할을 했다. 한국의 4강 진출에 공헌한 중심 인물로 지명도가 높았고 젊은이들에게 인기가 있었다.

그는 신당을 결성, 대선을 대비했으나 지지층이 겹치는 노무현과 일원화하지 않으면 이회창을 이길 수 없었다. 그래서 선거 직전인 11월에 노무현과 함께 TV토론을 열고 그 직후의 여론조사에서 지지율이 높은 쪽으로 일원화하기로 결정했다. 그 결과 노무현이 승리를 거머쥐게 되었다. 그 직전까지 노무현은 소속 정당의 수장, 김대중 대통령 아들의 부정의혹 문제로 인해 지지율이 지지부진한 상태였다. 노무현은 후보자 일원화로 일시에 열세를 만회했고 이회창을 넘어서는 지지율을 얻었다. 일원화는 청장년층의 지지를 얻는 데 결정적인 역할을 한 것이었다.

진보의 승리

노무현이 긍정적인 이미지를 구축하는 데는 진보에 대한 긍정적인 평가도 한몫했다. 한국에서는 민주화 이후에도 북한과 미국 각각에 대해 어떻게 대응할 것인가라는 문제가 가장 중요한 쟁점 중 하나였다. 한국전쟁에서 북한과 싸웠던 경험으로 북한을 적대시하고 미국과의 우호관계를 중시하는 보수와, 같은 민족인 북한에게는 관용적이지만 한국의 주권을 침략한 존재로서 미국을 엄격히 대하는 진보 사이에는 극도의 긴장관계가 형성되어 있었다. 그러나 진보 진영이 주장하는 친북, 반미의 자세는 자칫 한 발만 잘못 내디디더도 반체제 운동이 되어버리므로 이따금 진보 진영은 탄압당했고 유권자에게 긍정적인 이미지를 구축하지는 못했다.

이와 같은 상황이 김대중의 북한 방문을 계기로 변화하기 시작했다. 북한은 보수 진영이 선전하는 정도로 나쁜 나라가 아니라는 안도감이 생겨나고 있었다. 이에 박차를 가한 것은 2002년 주한미군 장갑차에 의해 여중생이 희생당한 사건을 무죄판결한 일이었다. 주한미군의 범죄행위는 한국 재판소 관할 밖의 일이었기에 미국이 이를 판결했고, 이는 미국의 횡포로 비쳤다. 연일 전국 각지에서 미국에 항의하는 촛불집회가 열렸다. 반미운동의 고조는 선거에 큰 영향을 미쳤고 미국과 거리를 두고 있는 진보진영 후보 노무현에게 유리하게 작용했다.

노무현은 김대중이 표방한 북한 융화정책인 햇볕정책의 지속과 전쟁이 났을 때 한국군의 지휘권을 주한미군이 갖는 '전시작전권'을 한국군이 돌려받음으로써 미국과 더 많은 거리를 둘 것을 주장했다. 이는 크나큰 지지를 받았다. 예전 같으면 상상하기도 힘든, 반미라도 뭐가 나쁘냐는 외침을 유권자가 들어준 것이다.

2-1. 제16대 대선 세대별 득표율

	노무현	이회창
20대	59.0	34.9
30대	59.3	34.2
40대	48.1	47.9
50대	40.1	57.9
60대 이상	34.9	63.5

주) 2012년 12월 19일에 시행된 MBC 여론조사 인용. 단위는 %

2002년 12월 19일 선거 결과, 노무현은 유효투표수 48.9%를 얻어 46.6%를 얻은 이회창을 누르고 당선되었다. 2-1에서 제시하는 바와 같이 이는 젊은 세대의 지지를 받아 당선된 것이며, 진보의 승리였다.

참여복지
: 성장과 복지라는
두 마리 토끼

| 핵심 개념으로서의 참여복지

이번 장의 시작 부분에서 기술한 것처럼 노무현 정권은 복지 측면에서 저출산 고령화의 진행, 새로운 사회적 리스크의 출현이라는 두 가지의 압력에 직면해 있었다. 앞에서 살펴본 것처럼 노무현은 '지배세력 교체'를 주장하며 1997년 외환위기 이후 더욱 확대된 빈부 격차에 적극적으로 대처하겠다는 의사를 표명함으로써 대통령에 당선되었다.

그러나 1인당 국민소득이 여전히 높지 않은 상태였기에 경제규모 자체의 확대를 가져다줄 성장 역시 중요했다. 경제성장과 양립하는 형태로 복지국가를 발전시킬 필요가 있었던 것이다. 그래서 노무현 정권이 내세운 것이 '참여복지'라는 경제, 사회정책에 관한 핵심 개념이었다.

2003년 보건복지백서에 의하면 참여복지는 전 국민을 대상으로 국가 책임하에 최저수준의 복지 서비스를 제공하고 복지정책 수립, 집행, 평가 과정에 국민이 실질적으로 참여하는 새로운 복지이념으로서, '복지의 보편성' '국가책임' '국민참여'를 중심으로 한다. 단순한 복지공급의 확대가 아니라는 점에서 김대중 정권의 생산적 복지를 계승하지만, 국민의 참여를 강조한다는 점에서 차별화를 꾀하고 있다. 그러나 참여복지의 개념은 추상적이고 구체성이 떨어지기에 다양한 해석의 여지가 있다. '참여복지'가 구체적으로 무엇을 말하는지 명확하게 하기 위해, 정권 기간 중 제시된 네 번의 복지정책 종합계획을 안상훈2010 등을 참고로 간략하게 검토하면서 그 특징을 도출해보기로 하자.

첫 번째는 2004년 1월에 공표된 '참여복지 5개년계획2004~2008'이다. 이것은 사회보장기본법에 기초하여 김대중 정권기의 제1차 사회보장장기발전계획1999~2003을 계승, 제도의 내실을 기한 것이었다. 특히 중점을 둔 것은 복지제도의 '사각지대' 해소이다. 안전망을 확충하고 저출산 고령화 등 사회·경제적 변화에 대응한 복지인프라 구축, 전 국민에 대한 보편적 복지 서비스 제공, 상대적 빈곤 완화 등을 목표로 했다.

두 번째는 2004년 11월에 공표된 '일을 통한 빈곤탈출 지원정책'이다. 역점을 둔 사안은 격차사회대책이다. 한국에서는 불안정 취업자 및 실직과 취업을 반복하는 계층, 이른바 워킹푸어가 증가한 결과, 실업률은 낮고 안정되었지만 빈곤율이 상승하고 있었다. 그래서 워킹푸어 실태 및 증가요인과 그들을 보호하기 위한 안전망의 한계를 진단, 강화하기 위한 기본방향과 중요정책을 수립하려 한 것이다. 정책 내용은 두 가지의 특징을 가진다. 하나는 워킹푸어의 상태를 완화하기 위해 기본적 복지의료, 교육, 주거지원는 근로 능력에 관계없이 저소득층으로 확대하는 것, 또 하나는 노동장려 정책워크페어으로서 복지를 통한 근로자의 소득보장과 노동과의 연대를 강화하려 한 것이다.

세 번째는 2005년 9월에 공표된 '희망한국21—함께하는 복지'이다.

사회적 격차가 심각해짐에 따라 사회안전망 정비, 차상위계층의 빈곤층 전락 방지, 사회보험의 사각지대 해소, 사회복지 서비스를 수요자에게 공급하는 구조개선 등으로 복지와 경제의 선순환이 가능한 사회복지제도 체계를 구축하려 했다. 중요한 점은 사회투자 정책 개념이 등장한 것이다. 복지의 확충은 인적 자본과 사회 자본에 대한 투자를 의미하며, 그 확대는 노동능력 향상으로 이어지기에 경제활동 참가기회를 확대시키게 된다. 복지정책을 통해 빈곤을 예방하고 노동기회를 제공함으로써 경제성장과 사회복지를 동시에 추구하는 정책을 단행하려 한 것이다.

그리고 네 번째는 2006년 8월에 제시한 '국가비전2030'이다. 복지가 사회투자라는 사고를 더욱 진전시켜서 사회투자 정책을 통한 북유럽형 복지국가를 지향한다고 선언했다.

사회투자국가론

이상의 플랜에서 알 수 있는 참여복지의 특징은 세 가지이다. 하나는 김대중 정권이 추진한 사회안전망의 내실화이며 또 한 가지는 복지 서비스의 분권화, 마지막 한 가지는 사회투자 국가론이다.

복지 서비스의 분권화와 사회투자 국가론에 대해 조금 더 설명을 덧붙여보자.

김대중 정권까지 복지 서비스의 주된 공급주체는 중앙정부였다. 물론 중앙정부가 복지에 책임을 지는 것은 중요한 사안이다. 그러나 복지 서비스가 진정 필요한 수요를 파악할 수 있는 곳은 중앙정부가 아니라, 서비스를 필요로 하는 사람들 근처에 있는 지방자치단체나 민간NGO 등이다. 그런 까닭에 노무현은 공급 방식을 보다 분권화하여 복지를 진정 필요로 하는 사람들에게 확실하게 공급할 수 있는 체제를 만들고자 했다. 그 실현을 위해 복지정책의 국민 참여를 요구하게 된 것이다.

사회투자 국가론에 관한 기본적인 사고방식은 정권 발족 초기부터 존재했다. 그러나 이를 보다 명확하게 표명한 것은 정권 후반에 이르러서이다. 사회투자란 국민이 노동시장에 참가할 권리와 기회를 보장하기 위해 인적 자본과 사회 서비스에 지출하는 것을 말한다. 이를 통해 고용 증대, 노동자의 생산성 향상을 도모하여 국가 전체의 잠재적인 경제성장률 상승을 이루려 하는 것이다.

사회투자국가론은 영국의 사회학자 앤서니 기든스Anthony Giddens 의 '제3의 길'에 의거한 것이다.

글로벌화가 진전됨에 따라 세계적인 규모로 경제경쟁이 전개되는 상황에서 신자유주의적 주장이 널리 퍼져 있다. 이제까지 경제활동을 속박했던 규제를 완화하고 세금 등 공적 부담을 경감함으로써 경제 활력을 북돋아야 한다는 것이다. 이에 반해 '제3의 길'은 신자유주의와는 다른 방법으로 경제 활성화를 이룩할 수 있다고 한다. 그것은 신자유주의가 주장하는 전면적인 탈규제와 복지지출의 축소가 아니라, 복지지출의 상당 부분을 인적자원 투자로 전환하는 방식이다. 제3의 길은 종전의 사회민주주의제1의 길와 신자유주의제2의 길를 극복하는 정치적 · 사회경제적인 방책이다.

노무현 정권은 고용창출로 이어지는 적극적인 복지를 통해 경제정책과 사회정책을 통합하고 복지국가의 발전과 경제성장 두 가지 모두를 달성하고자 했던 것이다.

날로 **심각**해지는 **워킹푸어** 문제

그러나 참여복지에서 내건 구체적인 복지 프로그램은 실제로 빈곤 문제, 빈부 격차 문제를 해결하기에는 신통치 않은 성과밖에 보여주지 못했다. 분야별로 제도 변화와 정책효과를 주로 백두주2011의 연구에 의거하여 살펴보자.

첫 번째로 공적부조에 관해 보자. 공적부조는 사람들이 빈곤에 빠지지 않도록 국가가 제공하는 마지막 사회안전망이다. 여기에는 수급 대상자 파악이나 조건 등으로 실제로 빈곤에 빠진 사람이 구제받지 못하는 '사각지대' 문제, 수급자가 노동시장에 복귀해도 빈곤에서 빠져나오지 못하는 워킹푸어 문제가 존재한다. 그래서 노무현 정권은 수급 대상 확대와 수급 수준 인상에 의해 '사각지대'를 될 수 있으면 축소하려는 대책을 강구했다.

구체적으로는 2004년 3월, 국민기초생활보장법 개정이듬해 7월 시행으로 부양의무자의 범위를 직계혈족과 그 배우자, 생계를 함께하는 2촌 이내의 혈족에서 1촌 직계혈족과 그 배우자, 생계를 함께하는 2촌 이내의 혈족으로 축소하고 수급 대상을 확대했다. 또한 2005년 12월에는 긴급복지지원법을 제정하고 2006년 3월부터 일시적인 위기상황으로 긴급지원이 필요한 저소득층에게 생계지원, 주거지원, 사회복지시설 이용지원, 민간기관이나 단체와의 연대 등을 실시했다.

그러나 빈곤층의 수급 누락은 개선되지 않았다. 수급자는 138만 명인데, 빈곤층에 속하지만 수급 대상에서 제외되는 사람이 177만 명에 이르렀다.

이와 더불어 빈곤층의 정의도 재검토할 필요성이 생겼다. 김대중 정권하에서는 수급 대상 기준이 최저생계비의 120% 이하 소득이었다. 이를 노무현 정권에서는 130%로 확대했다.

경제 발전에 따라 절대적인 빈곤과 빈부의 차이를 의미하는 상대적인 빈곤에 차이가 발생했으며, 절대적인 빈곤층만을 대상으로 한다면 격차 축소로는 이어지지 않게 된다. 최저생계비는 1999년에는 평균소비지출의 56.4%였지만 전체적으로 소득이 상승한 결과, 2004년에는 43.6%로 감소했다.

노무현 정권은 워킹푸어 대책으로 자활사업 확대를 위한 다양한 조치를 전개했고 일을 통한 빈곤탈출을 최우선 과제로 삼았다. 즉 2004년에는 자활사업 참가에 의해 얻은 근로소득을 징세대상에서 제외하는 조치를 취했고, 공적부조 대상자를 절대빈곤층에서 차상위계층까지 확대함으로써 일할 수 있는 사람들의 근로시장 복귀를 촉진시키려 했다.

그러나 자활사업 참가자는 적었고, 노무현 재임 중에 노동시장 복귀라는 본래의 의도는 달성되었다고 할 수 없다. 2007년에는 약 6만 명이 자활사업에 참여했다. 이 숫자는 2002년에 비해 37% 증가했지만, 300만 명이 넘는 전체 빈곤층으로 보면 소수에 불과했다.

자활사업 참가자의 기초생활보장제도 탈수급률은 2007년에 6.3%이며, 자활사업이 본격화되지 않은 2002년에 6.9%인 점을 고려해보면 거의 효과가 없었다고 할 수 있다.

| 인하된 국민연금

다음으로 사회보험에 대해 살펴보자. 공적부조와 마찬가지로, 사회보험제도의 큰 틀은 김대중 시대에 크게 변화되었다. 노무현 정권에서는 사각지대 해소라는 제도의 실질화와 보장수준의 인상을 도모했다. 그러나 실제로는 모두 불충분한 효과에 그치고 만다. 이제는 국민연금, 의료보험을 살펴보기로 하자.

이전 정권부터 국민연금에서의 과제였던 직장가입자와 지역가입자의 재정 통합은 2003년에 시행되었다. 노무현 정권은 워킹푸어에 빠질 확률이 높은 5인 미만 임의적용 사업장 근로자와 월 80시간 이상 일하는 시간제 근로자를 지역가입자에서 직장가입자로 전환했다. 일본과 마찬가지로 지역가입자는 보험료 전액이 자기부담이지만, 직장가입자는 노사가 각각 절반을 지불한다. 이와 같은 조치로 노동자의 부담이 경감되었다.

하지만 전국민연금 체제가 이뤄졌음에도, 지역가입자 중에는 보험료 미납자가 많아서 2007년에 가입자 전체의 28%, 지역가입자의 56.3%에 달했다. 즉 가입자 전체의 1/4이 사실상 무연금상태에 빠져 있었다.

덧붙여서 노무현 정권은 2007년에 국민연금 수급을 3/1 정도 삭감했고, 보험료율을 9%로 억제하는 한편 2028년까지 40년 가입자 평균소득 기준으로 소득대체율을 60%에서 40%로 끌어내리는 개혁을 시행했다. 이는 보건복지부가 저출산 고령화를 바탕으로 이대로는 연금재정이 악화되어 2040년에는 국민연금이 고갈될 것이라 예측, 보고한 데서 발단되었다. 이 보고서는 '국민연금 고갈 쇼크'라 불릴 정도로 충격적이었으며 여론과 정부를 일시에 개혁에 나서도록 했다. 하지만 대폭적인 수급 절하로 인해 발생하는 노후자금 감소에 대해서는 보완책이 단행되지 않았다.

한편 연금제도 발족 지연에 대한 보상 조치는 부분적으로 이뤄졌다. 전국민연금 달성이 1998년으로 늦춰졌기 때문에 제도적으로 연금수급자격을 충족하지 못하는 고령자가 발생하며, 앞으로 그 수가 극적으로 불어

나리라 예상되었다.

이른바 제도의 부작위성에 대응하기 위해, 한국정부는 1997년에 노인복지법을 개정하고 경로연금이라 하여 65세 이상의 생활보호자와 저소득고령자에게 매월 2만 6천 원에서 5만 원을 지급했다. 이는 연령상 국민연금에 가입할 수 없는 저소득자에 대한 보상조치였다.

노무현 정권은 이와 같은 구조를 2007년에 변경했다. 2008년부터 기초노령연금이라 하여 무거출 연금을 설치한 것이다. 구체적으로는 소득 하위 60%에 속하는 고령자2009년부터는 70%로 확대에 대해 기초노령연금을 본인소득과 반비례하여 지급하는 것이었다.

그러나 최고수급액은 당시 국민 1인당 평균신고소득액의 5% 이하로 설정되었다. 금액으로 보면 2008년 시점에 8만 5천 원이 최고금액이었다. 예전과 비교하면 대폭 늘어났지만, 용돈 정도밖에 되지 않는 금액이었다.

내려가지 않는 의료비 자기부담금

노무현 정권은 의료보험에서 두 가지 공약을 내걸었다. 하나는 환자의 본인부담금이 6개월간 300만 원을 넘지 않도록 하는, 본인부담 상한제의 설치이다. 또 하나는 보험에 의한 의료비 처리율을 80%까지 끌어올리는, 달리 표현하면 환자의 자기부담금을 20%까지 끌어내리겠다는 것이었다. 전자는 2004년 7월에 실시되었으나, 후자는 개선은 되었지만 목표치에는 도달하지 못했다.

즉 보험에 의한 처리율은 1997년 시점에 48%였던 것이 2002년에

52.4%가 되었고 2005년에는 62.8%로 증가했고 그 후 답보상태에 머물렀다. 상세한 내용은 나중에 기술하겠지만, 임기 말인 2007년에 64.6%에 그쳤다.

그 대신 성장한 것이 민간의료보험이었다. 시장규모는 2003년에 6조 3,453억 원이었던 것이 2007년에 11조 1,878억 원으로 76.3% 증가했다. 게다가 전 국민이 의료보험 수혜자임에도 불구하고 사실상 사각지대가 존재했다. 2007년 기준으로 약 390만 명에 달하는 보험료 미납자는 보험 적용이 되지 않았고, 그들은 의료비 전액을 자기부담해야 했다. 그 수는 2005년에 비해 33.6%나 증가한 규모였다.

고용보험과 새로운 제도 EITC

그렇다면 고용보험은 어땠을까? 노무현 정권은 2004년 1월에 일용직 근로자도 보험적용 대상으로 지정했고, 제도적으로는 거의 모든 노동자를 포함시키게 된다. 더구나 고용보험은 직업 훈련, 고용보조, 고용창출 대책을 포괄하고 있었다. 이는 기존의 실업급여뿐만이 아닌, 실업자가 노동시장으로 복귀하기 위한 프로그램인, 적극적 노동시장 정책을 반영한 제도였다. 그러나 전 노동자 대비 고용보험 적용 대상자 비율은 2007년 56.3%에 그쳤다. 1997년 32%, 2002년 49.8%보다는 증가했지만 여전히 절반 정도의 노동자가 그 대상에서 벗어나 있었다.

마지막으로 노무현 정권이 새롭게 도입한 근로장려세제EITC에 대해 살펴보자.

노무현 정권은 사회보험 적용대상 조건을 충족시키지 못하고 공적부조

대상자가 될 가능성이 큰 워킹푸어 대책의 결정타로, 2006년에 EITC 도입을 결정했다. 실제로 시행된 것은 2008년이다. EITC는 일정금액 이하의 저소득 근로자 세대에 대해 국가가 근로소득에 의해 산정된 근로장려금을 지급하여 일할 의욕을 불러일으킴으로써 실질소득 증가를 후원하는 제도이다.

EITC는 노동장려 정책의 일종으로서 미국에서 제도를 마련, 실시하고 있다. 한국에서는 공적부조를 수급하는, 노동가능자의 94.5%가 비정규직이며 차상위계층도 비정규직 비율이 87.2%로 높기 때문에 워킹푸어의 본질은 취업형태의 불안정성에 있다고 여겨진다. 그런 까닭에 EITC 도입으로 저소득층이 비정규직에서 탈피하여 공적부조 대상자에서 벗어나도록 유도할 수 있으리라 기대를 모았다.

하지만 효과는 기대에 못 미쳤다. 최대 수급액이 연간 120만 원으로 대단히 낮았으며 저소득자의 근로의욕을 이끌어낼 수 없었기 때문이다. 또한 공적부조 수급자로서의 혜택이 EITC의 혜택보다 커서 공적부조 수급자가 EITC로 옮겨가는 사례도 적었다.

더욱이 2008년에 차상위계층 110만 세대 가운데 EITC가 지급된 것은 59.1만 세대에 그쳤고, 나머지 반은 제도의 사각지대에 놓였다. 다시 말해서 EITC가 근로빈곤층의 안전망으로서의 역할을 다 했는지 의문시되는 결과에 그친 것이다.

참여민주주의의
역설

잠잠해진 압력단체 활동

앞서 살펴본 것처럼 새롭게 등장한 복지 압력에 대해 노무현 정권은 '참여복지'를 핵심개념으로 내세웠다. 김대중 정권에 의해 구축된 기초 위에 복지국가 방침을 실현하는 목표를 세웠고, 종합계획을 만들었다.

북유럽형 사회민주주의국가를 지향하여 복지는 투자이기도 하며 노동 생산성 향상으로 경제의 질을 높일 수 있다는 사고는 세계경제 속에서 한국의 포지션을 고려해볼 때 무모한 시도는 아니었다. 그러나 이는 제도의 내실화라는 점에서 불충분한 결과로 끝이 났다. 이유가 무엇일까?

이 의문에 대해 대부분의 연구자는 노무현 정권이 실제로는 신자유주의를 추구한 정권이었기 때문이라고 대답한다. 노무현은 분명 '지배세력의 교체'를 내걸고 빈부 격차 축소를 원했다. 그러나 정권에 참여한 경제 전문가 대부분은 신고전파 경제학을 배운 사람이었으며, 노무현 대통령은 실질적인 경제정책 운영을 그들에게 위임했다. 신자유주의를 신봉하는 그들이 사회민주주의적인 개혁을 내실화시킬 수는 없었다는 것이다.

그러나 제1장에서 살펴본 것처럼 개혁의 성패는 정권 내부의 움직임만으로는 결정되지 않는다. 김대중 정권의 진보적인 개혁은 노동조합이나 시민단체 등이 영향력을 발휘했던 점이 크게 작용해 추진될 수 있었다. 마찬가지로 보면 노무현 정권도 정권 내부의 상황만이 아닌, 외부에서 정치적인 과정이 어떻게 전개되었는지를 살펴볼 필요가 있다.

바로 이 점에서 노무현 정부과 김대중 정부의 차이가 드러난다. 복지정책 분야에서는 정권에 대한 외부의 압력이 극단적으로 줄어들었다는 사실이다. 시민단체의 활동이 활발하지 않았다는 말이 아니다. 그들은 정당법 개정과 같은 분야에서 활약하고 있었다.

주목해야 할 점은 참여민주주의와 복지정치의 관계이다. 김대중, 노무현으로 이어진 진보 정권은 시민의 목소리를 정책 결정 과정에 열심히 반영했고 그것의 제도화를 도모했다. 다양한 복지제도의 심의회에 시민대표를 참가시켰고, 더 나아가 노무현 정권은 지방분권 추진과 지방에서 시민의 정치참여를 고양하기 위한 제도를 설치한다. 하지만 이러한 참여민주주의의 확대 속에 거꾸로 복지 서비스의 내실화와 실질화를 억제할 가능성이 존재했던 것이다.

시민의 의료보험 운영 참여

이수연2011의 연구에 의거하여 의료보험 개혁의 정치적 과정을 살펴봄으로써 그 가능성을 검증해보자. 의료보험의 중요한 논점 중 하나는 보험자인 국민이 어느 정도의 본인부담금을 낼 것이며, 보험이 어느 정도의 의료비를 책임질 것인가에 있다. 김대중 정권이 출현하기 전까지 이같은 결정은 행정공무원의 주도로 이뤄졌다.

다시 말해 2000년까지는 제1단계에서 한국생산성본부, 한국인구보건연구원, 연세대학교 인구 및 보험개발연구소, 삼일회계법인, 한국개발연구원, 한국의료관리연구원에서 병원경영 수치 분석을 실시, 의사의 진료보수와 약값 등의 인상률을 검토하면, 이를 바탕으로 보건복지부가 경제관련 정부기관과의 합의하에 보험료율과 환자의 자기부담률을 결정했다. 즉 보건복지부 장관이 재정경제부 장관과 사전에 협조하여 의료보험심의위원회 심의를 거쳐 결정하는 것이었다.

그러나 1987년 민주화 이후 일반국민이 건강보험 정책 결정 과정에서 목소리를 높이고 비공식적으로 영향력을 행사하기 시작했다. 1988년 전국민의료보험 실시 이후, 농어민의 보험증 반납 운동, 보험료 납부 거부 운동 등 이전에는 사례가 없었던 국민의 저항 운동이 나타났고, 국민이 조직화하여 요구를 전달하기에 이른다. 그 결과, 예를 들면 농어촌 대상 지역의료보험이 1989년 1월에 시행되면서 주민의 정치적 압력으로 조합재정에 대한 국고보조 비율이 처음 계획했던 35%에서 50%로 올라가는 현상이 일어나게 되었다.

김대중 정권은 이를 제도화했다. 1999년 국민건강보험법 제정 당시, 보건복지부 내부에 최고정책심의기구인 건강보험심의조정위원회가 설치되었다. 또한 보험재정운영을 위한 재정운영위원회도 설치되었다.

전자는 보험자, 가입자 대표농어민, 노조대표, 시민단체 등 8명, 의약계 대표 6명, 공익 대표 6명으로 구성되었다. 후자는 노조 대표 5명, 사용자 대표 5명, 농어민 도시자영업자 시민단체 추천 10명, 관련 공무원 및 공익 대표 10명으로 구성되었고, 건강보험 재정안정을 위한 보험료 조정 등

재정 전반에 관한 사항을 결정하는 업무를 수행했다. 의사를 비롯한 의료 서비스 공급자와 일반국민이 정책형성에 공식적으로 참여하여 협의하는 구조로 변화된 것이다.

이와 같은 변화는 보험료와 의료수가의 결정 과정을 극적으로 바꾸었다. 일례로 2000년 재정운영위원회에서의 결정을 살펴보자.

보험료는 재정운영위원회 결정 내용을 참작하여 대통령령으로 결정하도록 변경되었기에 정부는 건강보험료 9% 인상안을 위원회에 제출했다. 이때 한국노총과 경총이 반발하여 인상계획이 유보되었다. 그들의 주장은 의료 서비스 공급자의 수입을 결정하는 의료수가 인하를 통해 의사들도 수입이 감소되는 형태로 부담을 분담한다면 인상에 응하겠다는 것이었다. 즉 보험자인 국민과 의료공급자, 정부 간 협의로 보험료가 정해지게 되었다. 그간 관료 주도로 결정되던 사안이 참여민주주의가 진전되면서 변화를 맞이하게 된 것이다.

의료보험 개혁의 역설

흔히 참여민주주의에서는 복지에 대한 압력이 정책 결정 과정에 직접 반영되기 때문에, 일반적으로는 저소득층에 대한 재분배가 커지고 복지국가의 실질화에 기여할 것이라고 생각한다. 그러나 앞의 사례와 같이 재정 수지를 고려하여 결정을 내리는 상황이 되면, 반드시 복지국가의 실질화를 위한다고만은 볼 수 없다. 수급을 늘리기 위해서는 부담도 늘어나야만 한다. 서비스 수요자인 국민도 부담과 수급의 균형을 고려해야 하기 때문이다. 그런 경향이 두드러지게 나타난 것이 2001년 건강보험재정 위기에 대한 대응이었다.

2001년에 건강보험재정이 큰 적자를 보자, 김대중 정권은 이듬해인 2002년에 건강보험재정건전화 특별법을 제정하여 일반 재정으로 재정을 보전하기로 했다. 그 과정에서 신속한 결정을 위해, 공단재정운영위원회가 아닌 보건복지부 산하에 새롭게 설치한 건강보험재정심의위원회 의결을 거쳐 대통령령으로 보험료율을 결정하게 된다.

의료보수와 약값을 결정하는 의료수가는 공단과 의약계 대표 간의 계약으로서, 재정운영위원회에서 심의, 의결하는 것은 기존과 동일하지만, 계약이 성립되지 않을 경우에는 건강보험정책심의위원회에서 심의, 의결하여 보건복지부 장관이 결정하는 것으로 변경했다. 언뜻 보면 재정 재건이라는 위기 상황에서 국가가 주도적으로 부담과 서비스의 균형을 결정하는 측면이 강해졌다고 할 수 있다. 하지만 건강보험정책심의위원회에는 노동자를 포함한 가입자 대표가 1/3을 차지했으며, 나머지는 의사 등 의료 서비스 공급자 1/3, 공익위원 1/3로 구성되어 있었다. 결정과정에 일반 국민 참여가 보장되어 있었다고 할 수 있다.

이와 같은 메커니즘이 효과를 발휘함으로써, 노무현 정권이 목표했던 진료비 보험 부담률 80%에 못 미치는 숫자에 머무르게 되었다. 2005년에는 의료 서비스 공급자와 일반국민인 보험자는 정부의 건강보험 부담률 강화를 전제로 의료수가, 보험료 인상에 동의한다. 정부는 부담률이 80%가 되도록 노력해야 하며, 그 실현을 위해 공급자도 최대한 노력해야 한다는 전제조건이 붙었다.

이를 기반으로 정부는 6월에 '보장성 확대를 위한 로드맵'을 책정했고, 수급률 향상을 추진하기로 했다. 이 로드맵은 수급 대상 확대와 환자 본인 부담 인하 등을 통해 2004년 수급률 61.5%를 2005년 65%, 2006

년 68%, 2007년 70%, 2008년 71.5%로 서서히 끌어올릴 것을 목표로 했다.

하지만 건강보험정책심의위원회에서는 의료보험재정의 적자 문제도 다뤄야 하므로 부담과 수급 관계를 의식하지 않을 수 없었다. 그런 까닭에 건강보험재정이 적자인 경우에는 보험료율 인상이 선행되었고, 흑자로 돌아서면 부담률을 동시에 인상하게 되었다. 그 결과 2005년 부담률 62.8%, 2006년 64.3%, 2007년 64.6%, 2008년에는 62.2%로 정체되었고 정부의 목표는 달성되지 못했다.

노동조합, 시민단체는 활발한 활동을 전개했다. 참여의 길은 전보다 더 넓어졌고 활용도 가능했다. 그러나 참여활동에 의해 노동조합과 시민단체는 스스로의 주장뿐만 아니라 보험재정 상황도 고려해야만 했기에 복지 확대를 억제하게 되는 역설적인 상황이 발생한 것이다.

│ 지방분권의 역설

지방분권에서도 이와 똑같은 국면이 일어났다.

노무현 정권은 지역주의 타파라는 슬로건 하에 행정의 중앙집권구조를 바꾸기 위한 지방분권추진 로드맵을 작성했다. 정권참여자들은 기존의 지방통치구조가 극히 왜곡되어 있다고 인식했다. 지방자치단체 업무 가운데 국가사무가 73%를 차지했고, 지방의 고유한 업무는 24%에 불과했다. 세수항목도 국세 80%, 지방세 20%로 국가재정과 지방재정의 불균형이 심각했고 불완전한 자치제도로 인해 지자체의 능력과 주민참여 부족이 심각한 상황이라고 판단했다.

결국 노무현 정권은 이전 정권에서 도입된 주민에 의한 조례개폐청구권제도, 주민감사청구제도에 이어 주민투표법2004년, 주민소송제2006년, 주민소환제2007년를 차례로 시행했다. 주민참여를 더욱 확대한 것이다. 지방으로의 사업 이전도 박차를 가해, 2005년에는 533건의 국고보조금 사업 가운데 149건의 사업을 지방에 넘겨주었고, 그에 필요한 재원도 분권교부세로서 지방으로 이전했다. 그 가운데 복지 분야 사업은 67건, 소용예산 1조 329억 원 가운데 분권교부세와 일반재정비로 1조 137억 원이 충당되었다.

지방자치단체에서도 의료보험 사례처럼 주민참여 구도가 마련되어 갔다. 2003년 7월에는 사회복지사업법이 개정되었고, 2005년 7월부터 지역사회복지협의회가 설치되었다. 지역의 복지단체, NGO 등이 지역사회복지사업에 관한 중요사항과 지역사회 복지계획을 심의했고 지역 내 보건복지 서비스를 연대시키는 기능을 가지게 되었다.

지방분권 개혁에 의해 현장에서 멀리 떨어져 있는 중앙정부가 복지 서비스 내용을 결정하는 것이 아니라, 실제로 복지수요가 발생하는 지방자치단체가 결정할 수 있게 되었다. 제도가 변함으로써 의사결정에 새롭게 참여할 수 있게 된 복지단체나 NGO는 현장의 소리를 듣고 서비스를 내실화하기 위해 노력한다. 이를 반영하여 지방자치단체는 복지를 내실화한다. 결국 한국의 복지예산도 증대할 것이다.

노무현은 밑으로부터의 복지증대를 기대한 것이었다.

늘어나지 않는 **복지재정**

　하지만 노무현 정권 기간 동안, 복지예산도 지방예산도 늘어나지 않았다. 2-2는 노무현 정권하에서 지방자치단체가 사용할 수 있는 재원 규모와 신장률을 관련 경제지표와 함께 제시한 것이다. 앞에서 기술한 바와 같이, 노무현 정권기는 지방분권 개혁을 단행하고 재원을 이양했다. 그러나 지방재정 규모는 연평균 10% 신장에 멈추었다. 이 기간의 평균 경제성장률은 4%, 국가의 부채 규모를 나타내는 GDP대비 국가채무비율은 높아도 30%에 머물러 있으며, 경제·재정 모두 건전성을 유지하고 있었다. 종래의 빈약한 복지체제와 복지의 주역이 지방으로 옮겨간 사실을 고려하면, 지방재정은 더욱 커져야만 했다. 특히 세금, 각종 보험 등 공적지출을 위해 국민이 부담하는 국민부담률은 20%에 그쳐 선진국으로서는 극히 낮은 수준이었다.

2-2. 노무현 정권기 지방재정

	지자체가용 재원	증가율	경제성장률	정부재정규모 GDP대비	국민부담률 GDP대비	국가채무비율 GDP대비
2002	77.9	-	7.2	18.9	23.2	18.6
2003	86.3	10.7	2.8	21.4	24.0	21.6
2004	88.4	2.4	4.6	21.0	23.3	24.6
2005	95.5	8.0	4.0	21.7	24.0	28.7
2006	106.9	11.9	5.2	22.7	25.0	31.1
2007	116.8	9.3	5.1	21.5	26.5	30.7
2008	130.5	11.7	2.3	23.3	26.5	30.1

[자료] 재경회 예우회 2011 《한국의 재정 60년 : 건전재정의 길》 매일경제신문사.
지자체 가용재원 단위는 조 원, 그 이외에는 %

복지예산 자체는 중앙과 지방을 합쳐서 연평균 약 20% 증가하고 있다. 그러나 지방재정에서 사회보장 지출은 분권화에 의한 재정 이양에도 불구하고, 2003년부터 2007년까지 평균 15%에 못 미친다. 지방재정에서 사회보장 지출이 차지하는 비율은 2007년에도 15.4%로서, 역점을 두고 있는 수치라고는 할 수 없다. 20%라는 숫자 자체도 김대중 정권기와 변함이 없으며 고령화 진행을 생각할 때, 자연증가의 범위 안에 머무른다고 봐야 할 것이다. 즉 지방분권화에 의해 기대되었던, 지방자치단체가 현장의 소리를 들음으로써 복지가 충실해진다는 구상은 현실에서는 나타나지 않았다.

지방분권화와 참여민주주의 진전에 따른 복지정책 형성, 집행 과정의 변모는 의료보험 개혁과 같은 역설적인 현상을 초래했다고는 할 수 없다. 의료보험과는 달리 지자체가 실시하는 사회복지사업은 일반재정에서 지출되는 것이므로 복지 서비스의 부담과 수급의 상관관계가 애매해진다. 그런 까닭에 지역주민의 목소리를 반영한다면 복지 서비스 확대로 이어지기 쉬운 상황이었을 것이었다.

지방분권화의 역설은 분권화라는 제도 변화 그 자체에 의해 설명하기에는 불충분하므로 또 다른 의문이 생겨난다. 분권화와 참여민주주의 추진에 의해 지방의 복지정치에 참여하게 된 단체는 어째서 복지 서비스를 확대하지 않았을까?

굴절된
복지정치

복지 축소를 멈춘 존재

 지방분권 개혁에도 불구하고 복지 내실화의 주역이 될 복지단체와 NGO가 내실화에 매달리지 않았다는 그 기묘함은 분권화의 역설에만 그치지 않는다. 한국의 복지정치에서 이상한 점은 시민단체나 노동단체는 정치 과정에 참여하는데, 복지단체는 그다지 눈에 띄지 않는다는 사실이다. 이는 비교복지정치 차원에서 여타 국가들과는 매우 다른 상황이다.

 일반적으로 복지정책은 풍요로운 사람에게서 가난한 사람으로 소득을 이전하는 재분배적 측면이 강하다. 그러므로 복지정책을 둘러싼 정치적 대립은 부유층 대 빈곤층, 또는 자본가 대 노동자라는 계급 대립 구도로 묘사되는 경우가 많다. 그런 점에서 복지정치 무대에는 복지 서비스를 추진하는 세력으로서 노동조합, 사회민주주의 정당, 시민단체가 등장한다.

 그러나 복지국가화가 진전되면, 복지 서비스 제공 자체에서 이익을 얻는 단체가 등장하게 된다. 복지는 방대한 자금의 흐름과 작업량을 필요로 하는 과정으로서, 복지를 국민의 권리로서 보장하는 복지국가라면 국가 재정의 반 이상을 복지재정이 차지하는 것이 일반적이다. 그런 까닭에 복지국가의 진전은 복지단체나 NGO 등을 필요로 하며, 그들이 발언권을 가지게 된다. 일반적으로 그들은 복지 서비스의 확대에 따라 이익을 갖게 되므로 서비스 축소에 반대하게 된다.

미국의 정치학자로 비교복지국가론의 견인차 역할을 한 사람 중 하나인 폴 피어슨Paul Pierson에 의하면, 이 같은 단체의 존재가 20세기 말에 찾아온 복지국가 축소의 시대에도 복지규모를 축소하지 못하게 했다고 한다. 제2차세계대전 후 선진국은 모두 복지국가화되었다. 하지만 1970년대에 고도성장기가 끝나자, 복지국가는 한결같이 재정 적자에 고통스러워했고 제대로 기능하지 못했다. 거기에 신자유주의라는 새로운 경제정책적 사고가 보급되었고 복지정책을 축소하려 했다. 그 시기에 복지국가화를 추진해온 노동조합이 쇠퇴했고 사회민주주의 세력도 힘을 잃어 갔다. 그러나 실제로 선진국에서 복지정책은 축소되지 않았다. 축소에 반대하는 복지단체가 존재했기 때문이다.

한국의 이상한 복지정치

한국의 경우, 노동조합이나 시민단체와는 대조적으로 복지단체가 정치에 등장할 기회는 드물다. 왜 한국에서는 복지단체가 목소리를 높이지 않는 걸까? 그에 대한 답으로 크게 두 가지를 생각할 수 있다. 하나는 애초에 복지를 추진하는 단체가 별로 없다는 것이다. 또 하나는 존재하지만 복지 확대에 적극적이지 않다는 점이다.

여기서는 일본의 정치학자인 쓰지나카 유타카辻中豊 등이 시행한 〈단체에 관한 기초조사한국〉K-JIGS2라는 설문조사를 활용하여 계량적으로 접근해보기로 한다. 쓰지나카 등은 일본을 포함한 세계 주요국에서 이익집단, 시민사회를 대상으로 단체세계의 구조를 분석하기 위한 설문조사를 실시하고 있다. 한국에서는 노무현 정권 종료 직후인 2008년에 한국통신의 전화번호부를 바탕으로 전국 사회단체 중 무작위 추출된 단체를 대상으로 실시했다. 표본 수는 1,008개이다. 이 설문은 사회단체의 성격, 관심, 정치 영향력 등 여러 분야에 걸친 질문으로 이뤄졌으며 풍부한 정보를 담고 있다.

여기에서 말하는 '단체' 란 가족 등 전통적인 공동체, 관료기구 등의 국가조직, 민간영리기업을 제외한, 사람들이 조직한 단체 전체를 지칭한다. 이 조사에서 대상이 된 것은 동호회, 스포츠클럽 등 취미 단체부터 경제계 등의 업계단체, 시민단체까지 포함되어 있으며 넓게는 시민사회에 속하는 모든 단체를 망라한다. 단체의 종류와 수, 성격을 분석함으로써 한국의 시민사회, 이익단체의 구조를 이해할 수 있다.

복지정책에 대한 관심

복지정치에 관한 한국의 단체구조를 분석해보자. 그 핵심은 단체가 복지정책에 어느 정도 관심을 가지고 있는가, 복지정책에 관한 관심 차이는 정치 · 경제에 대한 단체의 사고방식과 어떻게 관계되어 있는가, 정책 결정에 있어 영향력 차이는 보이는가에 대해서이다.

첫 번째로 한국의 복지단체는 복지정책에 관심을 가지고 있는가를 살펴보자. 〈단체에 관한 기초조사〉에서는 단체가 어떤 정책에 관심을 가지는지 세 가지를 거론하게 했고, 그 가운데 가장 관심을 두는 정책이 무엇인지를 답하게 했다. 그에 의하면 복지에 관심을 가지는 단체는 55.5%, 과반수의 단체가 복지에 관심이 있다는 사실을 알 수 있다. 복지에 가장 관심을 가진다고 답한 단체는 35.5%로서, 다른 정책 영역에 관심을 가지는 단체에 비해 현저히 많았다. 이로써 단체의 세계에서는 복지가 중요한 테마라는 사실을 알 수 있다.

하지만 관심을 두는 방식에는 차이가 있으므로 단체를 그룹화했다. 복지에 관심을 가지는 정도는 크게 세 가지로 나눌 수 있다. 높은 순서대로 복지정책에 가장 관심이 있는 단체, 최우선은 아니지만 관심이 있는 단체, 관심이 없는 단체로 나눌 수 있다.

첫 번째 단체 중 전국 규모로 활동하는 단체와 지자체를 무대로 활동하는 단체 사이에는 정책에 대한 관심 방식이나 전국적 영향력의 차이가 있음은 이미 알려져 있다. 그래서 첫 번째 단체 가운데 전국 규모로 활동하는 단체를 '전국적 핵심 관심 단체', 지자체에서 활동하는 단체를 '핵심 관심 단체'라 명명하고 나머지 그룹을 각각 '비핵심 관심 단체', '무관심 단체'라 부르기로 한다. 〈단체에 관한 기초조사〉는 단체 분류도 질문했기에 어떤 단체가 관심을 가지며 또는 그렇지 않은지를 동시에 살펴보기로 하자.

2-3을 보면 복지정책에 관심이 있는 단체는 복지단체, 종교단체, 시민단체, 행정 관련 단체에 편중되어 있으며, 그 밖의 단체는 그다지 관심을 보이지 않는다. 특히 눈길을 끄는 것은 노동단체의 관심이 약하다는 사실이다. 노동세력은 오스트리아 출신 경제학자인 칼 폴라니 Karl Polanyi가 말하는 '시장경제 안정조치로서의 복지국가' 혜택을 가장 많이 받은 집단임에도 불구하고 무관심 단체가 60%로 상당히 많다.

		복지관심별 분류 %			
		전국적 핵심 관심 단체	핵심 관심 단체	비핵심 관심 단체	무관심 단체
단체 분류	농림수산업단체	0.0	6.2	16.7	77.1
	경제 · 산업단체	2.1	0.0	8.3	89.6
	노동단체	0.0	0.0	40.0	60.0
	교육단체	0.0	3.8	19.2	76.9
	행정 관련 단체	0.0	16.7	25.0	58.3
	복지단체	9.1	69.4	12.0	9.5
	전문가단체	0.0	5.6	16.7	77.8
	정치단체	0.0	0.0	50.0	50.0
	시민단체	4.7	14.0	24.3	57.0
	학술 · 문화단체	0.0	5.0	15.0	80.0
	취미 · 스포츠단체	3.2	16.1	16.1	64.5
	종교단체	4.0	32.0	26.7	37.3
	매스미디어 단체	0.0	0.0	0.0	100.0
	퇴직자단체	0.0	13.0	17.4	69.6
	지역단체	4.7	11.6	11.6	72.1
	기타	4.5	32.1	17.9	45.5
	전체	4.5	31.0	18.2	46.3

복지정책에 관심을 두는 단체 구성은 관심 수준에 따라 다르다. 전국적 핵심 관심 단체와 핵심 관심 단체에서는 복지단체, 종교단체의 비율이 높지만, 비핵심 관심 단체에서는 노동단체, 행정 관련 단체, 시민단체의 비율이 높아진다.

앞에서 복지단체가 복지정치에 목소리를 내지 않는 이유로서, 본래 그 수가 적다는 답변을 상정해보았지만 이는 데이터 상으로는 맞는 답이 아니다. 한국에는 복지단체가 많으며 복지정책에 관심을 가지는 단체도 많다. 지방에서 활동하는 단체도 많으므로 분권화에 의해 단체의 목소리가 반영되기 힘들어졌다고도 할 수 없다.

이데올로기의 중요성

　두 번째로 복지정책 관심 정도에 따라 분류된 각각의 그룹이 정부 정책, 특히 정치와 경제에 있어 어떤 정책을 선호하는지를 살펴보자.

　일반적으로 복지정책에는 거액의 자금이 필요하며, 정부의 경제개입을 허용하지 않는 한 성립되지 않는다. 그러므로 복지에 대한 관심이 높을수록 큰 정부에 긍정적이리라 예상된다. 즉 전국적 핵심 관심 단체와 핵심 관심 단체가 큰 정부에게 더 긍정적이고, 비핵심 관심 단체와 무관심 단체는 보다 부정적인 경향을 보이리라 예측된다.

　〈단체에 관한 기초조사〉에서는 단체의 의견을 열 개의 항목으로 질문한다. 즉 ① 평가기준으로서의 정책 효율성 ② 주요과제는 소득 격차의 시정 ③ 정부의 경제에 대한 관여 축소 ④ 비효율 부분의 과잉보호 ⑤ 주요과제는 지역 간 격차의 시정 ⑥ 경제성장보다 환경보호를 위한 정치 ⑦ 국민의 정치 참여 확대 ⑧ 안전을 위한 자유 제한 ⑨ 지자체로 권한 위양 ⑩ 기업의 사회공헌 등 이상의 열 개 항목에 대해 찬성에서 반대까지 5점 척도로 질문했다.

　이러한 질문에 대한 단체의 회답은 다양했지만, 어떤 일정한 공통성을 관찰할 수 있었다. 예를 들면 ② 주요과제는 소득 격차의 시정, ⑤ 주요과제는 지역 간 격차의 시정 사이에는 상관관계가 있었다. 즉 ②에서 찬성이라고 대답한 단체는 ⑤에 대해서도 찬성이라고 대답하는 경향을 볼 수 있다. 아마도 이 두 가지 질문에 대한 회신 양상을 결정짓는, 보다 근원적인 요인이 존재할 것이다. 다른 질문 사이에도 유사한 관계를 생각해볼 수 있다. 결국 질문에 대한 단체의 대답에 영향을 주는 요인인자이 존재할 것이다. 이를 인자분석이라고 하는, 질문 간의 상관관계를 이용하여 인자를 모색하는 방법으로 도출해보았다.

그 결과가 2-4이다. 인자는 세 가지로 추출되었다. 제1인자는 소득 격차의 시정, 지역 간 격차의 시정, 국민의 정치 참여 확대, 기업의 사회공헌과의 사이에서 계수상관가 크므로 주로 경제정책에 대한 진보·보수에 관한 인자라고 해석할 수 있다. 제2인자는 정책의 효율성, 자유의 제한에 관한 의견 간에 계수가 크지만, 무엇을 지향하는지 해석이 어렵다. 제3인자는 그다지 두드러진 특징이 없으며 시장으로의 정부 개입, 경제가 취약한 부분에 대한 보호에 관한 의견 사이에 계수가 약간 큰 정도에 그쳤다.

| 2-4. 정책 판단 사고방식에 관한 인자분석 결과

	인자		
	1	2	3
평가기준으로서의 정책효율성	0.274	0.530	0.077
주요과제는 소득 격차의 시정	0.630	0.129	-0.022
정부의 경제에 대한 관여 축소	0.084	0.124	0.492
비효율 부분의 과잉보호	-0.003	0.007	0.472
주요과제는 지역 간 격차의 시정	0.669	0.122	-0.007
경제성장보다 환경보호를 위한 정치	0.320	-0.286	0.275
국민의 정치 참여 확대	0.568	0.049	0.145
안전을 위한 자유 제한	0.091	0.597	0.072
지자체로의 권한 위양	0.404	0.346	0.302
기업의 사회 공헌	0.547	0.208	0.107

주) 인자추출법 : 주인자(principal factor analysis)분석법
주) 회전법 Kaiser의 정규화가 있는 베리멕스법

앞서 기술한 바와 같이, 복지정책에 대한 판단은 정부가 경제에 개입하는 것을 어떻게 생각하는지와 밀접하게 연관된다. 진보·보수에 관한 제1인자가 추출되었다는 것은 이러한 이론적인 예측과 부합된다. 그러면 이제 복지정책으로의 관심도와 인자 사이에 관련이 있는지를 살펴보기로 하자.

복지에 관심이 있을수록 보수적이다?

인자가 단체의 회답에 미치는 영향은 단체에 따라 다르다. 이번 분석에 따르면 제1인자인 진보·보수 요인에 강하게 영향을 받는 단체가 있는가 하면, 그렇지 않은 단체도 있다. 인자분석에서는 각 단체가 어느 정도로 그 인자의 영향을 받는지를 나타내는 지표로서 단체마다의 인자득점을 계산하고 있다. 인자득점의 절댓값이 큰 단체일수록 그 인자의 영향을 강하게 받는다고 할 수 있다. 영향은 플러스 마이너스 양 방향으로 존재한다. 예를 들어 제1인자를 보면, 각 단체가 진보적일수록 플러스로 큰 수치가 되고, 보수적일수록 마이너스로 큰 수치가 된다.

그래서 복지정책에 대한 관심도로 이뤄진 분류를 이용해 그룹별 인자득점을 평균해보았다. 그 결과가 2-5이다. 흥미로운 점은 그 위치이다. 가장 진보적인 그룹은 복지에 관심은 있지만 여러 정책 분야 가운데서도 관심을 크게 보이지 않는 비핵심 관심 단체이고, 다음으로 전국적 핵심 관심 단체, 핵심 관심 단체, 무관심 단체의 순서였다. 비핵심 관심 단체가 두드러지게 진보적이고, 복지정책에 큰 관심을 가지는 단체는 예상외로 보수적이었다.

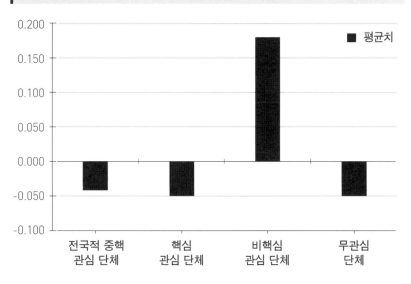

다른 단체와의 대립·협조

다른 단체, 정부조직 등과의 대립·협조 관계에서 정책에 대한 관심 차이를 살펴보자. 대립·협조 관계에는 여러 측면이 있는데, 중요한 점은 이익을 둘러싼 대립이다. 그들이 유지·촉진하고 싶은 이익과 다른 조직의 이해가 다르면 대립하고, 그렇지 않으면 협조할 것이다.

〈단체에 관한 기초조사〉에서는 전체 27개의 단체와 조직에 대해 자신들이 협조적인가 대립적인가를 물어보았다. 그 가운데 외국단체 등을 제외하고 국내 정책에 관련이 깊은 23개의 단체, 조직과의 관계를 살펴보자. 대립-협조 관계가 무엇에 의해 만들어지는지를 앞의 사례와 동일한 인자분석에 의해 살펴본바, 2-6과 같이 세 개의 인자가 추출되었다. 각

인자와 관련이 깊은 항목을 표로 제시했다.

2-6. 단체, 조직과의 대립-협조 관계 인자분석

	인자		
	1	2	3
농림수산업단체	0.413	0.444	0.164
경제 · 업계단체	0.573	0.405	0.169
노동단체	0.243	0.667	0.092
교육단체	0.225	0.642	0.233
행정관련단체	0.317	0.372	0.521
복지단체	0.058	0.447	0.518
전문가단체	0.305	0.666	0.215
시민단체	0.123	0.774	0.167
여성단체	0.264	0.697	0.164
학술 · 문화단체	0.379	0.664	0.162
취미 · 스포츠단체	0.381	0.611	0.186
종교단체	0.204	0.494	0.114
자치회	0.243	0.560	0.350
청와대	0.849	0.200	0.239
중앙정부	0.840	0.195	0.195
여당	0.803	0.204	0.274
야당	0.634	0.343	0.179
광역시 · 도	0.562	0.180	0.554
시군구	0.339	0.159	0.805
재판소 헌법재판소 등	0.692	0.447	0.101
경찰	0.654	0.353	0.234
대기업	0.671	0.378	0.122
매스미디어	0.486	0.569	0.095

주) 인자추출법 : 주인자분석 principal factor analysis 법
주) 회전법 Kaiser의 정규화가 있는 베리멕스법

제1인자는 청와대 등 정부기관이나 법원, 경찰, 대기업 등과의 계수가 크므로, 현행 정치경제체제를 긍정적으로 보고 있는가 부정적으로 보고 있는가프로시스템-안티시스템를 나타낸 것으로 보인다. 제2인자는 시민단체, 노동단체 등 일반적으로 진보적이라고 하는 단체와 협조적인가 아닌가를 나타낸 것으로 진보-보수의 축일 것이다. 제3인자는 광역시, 도 또는 시도군구 등 지방행정조직과의 협조성을 나타내고 있으며, 지방행정과의 관계를 나타낸 것이다. 일반적으로 한국의 단체는 이와 같은 세 개의 축으로 협조적인지 대립적인지가 결정된다고 판단할 수 있다.

각각의 인자는 복지에 대한 관심별로 분류한 그룹과 관계가 있을까? 앞서와 동일한 인자득점의 평균치를 비교한바, 제1인자에 대해서는 그룹 간의 차이가 보이지 않았다. 한편 제2인자와 제3인자에서는 명확히 차이가 존재한다. 그 두 가지의 인자에 관한 각 단체의 인자득점을 그룹별로 평균한 것이 2-7이다.

제2인자인 진보 · 보수의 축에서는 핵심 관심 단체는 수치가 마이너스이고, 거꾸로 비핵심 관심 단체에서는 플러스이다. 이는 핵심 관심 단체가 보수적인 단체와 협조적이고, 비핵심 관심 단체가 진보적인 단체와 협조적이라는 사실을 나타낸다. 제3인자인 지방행정 축에서도 양자는 대조적이다. 핵심 관심 단체는 지방행정조직 등과 협조적인 데 비해, 비핵심 관심 단체는 무관심 단체와 마찬가지로 대립적이다.

이상을 정리해보면, 한국의 단체 세계에는 복지정치에 있어 상식적인 원리와는 상당히 다른 구도가 존재한다는 것을 알 수 있다. 즉 복지에 가장 관심을 둘 만한 핵심 관심 단체는 보수적이고, 거꾸로 관심은 있지만 가장 중요한 과제로 인식하지 않는 비핵심 관심 단체가 상당히 진보적이고 정부의 시장개입에 긍정적이라는 사실이다.

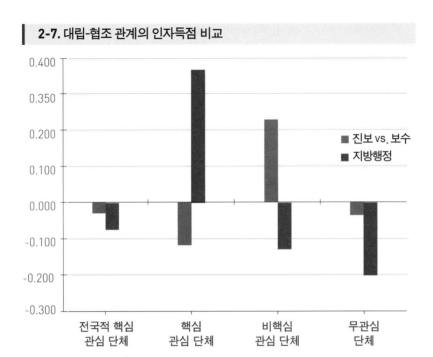

2-7. 대립-협조 관계의 인자득점 비교

단체의 영향력

세 번째로 단체의 영향력을 살펴보자. 누가 복지정책에 영향력을 가지고 있을까? 〈단체에 관한 기초조사〉에서는 각 단체가 관심을 가지는 정책 영역에서 누가 어느 정도의 영향력을 가진다고 평가하는지, 7점 척도로 질문했다.

복지정책에 관해 전국적 핵심 관심 단체와 핵심 관심 단체가 어떻게 평가하는지, 높은 쪽에서 10위까지 나타낸 것이 2-8이다. 양자의 평가 가운데 공통된 것은 복지정책에 관해서는 복지단체가 가장 큰 영향력을 가진다고 평가한다는 점이다. 당연하다면 당연한 사실이지만, 쓰지나카 등이 시행한 일본에서의 단체 조사에서는 제1위가 관료였다는 점을 감안할 때 일본과는 상당히 다른 인상을 받게 된다. 한국이 일본보다 관료의 영향력이 적고, 정책이 관료주의로 형성되지 않는다는 사고를 보여주고 있다.

한편 2위 이후에는 양자에 차이가 보이며, 전국적 핵심 관심 단체는 행정 관련 단체, 시군구, 시민단체, 전문가단체이며, 핵심 관심 단체에서는 시군구, 광역시 도, 시민단체, 종교단체의 순서였다. 흥미로운 점은 시민단체나 지방자치단체의 영향력은 높게 평가되지만, 중앙정부, 정당에 대한 평가가 낮다는 사실이다. 이는 노무현 정권하에서 이뤄진 지방분권 개혁의 결과, 복지정치의 주요무대가 지방으로 이양되었다는 사실과 김대중 정권 이후 시민단체가 복지정치에서 중요한 역할을 해왔다는 점을 반영하고 있다.

| 2-8. 복지정책에 대한 단체의 영향력 평가

순위	전국적 핵심 관심 단체	평균치	핵심 관심 단체	평균치
1	복지단체	4.80	복지단체	4.79
2	행정 관련 단체	4.11	시군구	4.54
3	시군구	3.91	광역시 · 도	3.85
4	시민단체	3.79	시민단체	3.66
5	전문가단체	3.63	종교단체	3.64
6	광역시 · 도	3.39	청와대	3.63
7	종교단체	3.38	중앙정부	3.62
8	경제 · 업계단체	3.22	행정 관련 단체	3.60
9	매스미디어	3.22	자치회	3.54
10	여당	3.18	여당	3.47

그렇다면 단체는 스스로의 영향력을 어떻게 평가하고 있을까? 이 조사에서는 5점 평가로 그 질문을 던졌다. 수치가 5에 가까울수록 평가가 높

고 1에 가까울수록 낮다. 2-9에서 제시한 바와 같이 모든 그룹이 2점대로서 전체적으로 자신을 낮게 평가하고 있었다. 그러나 복지에 대한 관심별로 영향력 인식에 차이가 있었으며, 비핵심 관심 단체, 전국적 핵심 관심 단체는 높지만, 핵심 관심 단체는 비교적 낮다고 할 수 있다.

| 2-9. 단체영향력의 자기평가

	평균치
전국적 핵심 관심 단체	2.90
핵심 관심 단체	2.53
비핵심 관심 단체	2.90
무관심 단체	2.72
합계	2.70

| 행동하지 않는 복지세력

이제까지 살펴본 단체의 영향력 인식은 그들 자신의 행동으로 뒷받침할 수 있다.

〈단체에 관한 기초조사〉에서는 매스미디어에 어느 정도 거론되는지, 정책 활동에 관한 성공체험을 물어보고 있다. 그 항목을 살펴보자. 2-10에서 제시하는 것처럼 과거 3년간 매스미디어에 거론된 횟수는 비핵심 관심 단체가 50회에 도달할 정도로 특히 많았으며, 전국적 핵심 관심 단체, 무관심 단체가 뒤를 이었고 핵심 관심 단체는 5회 이하로 현저히 적었다.

2-10. 매스미디어에 거론된 횟수

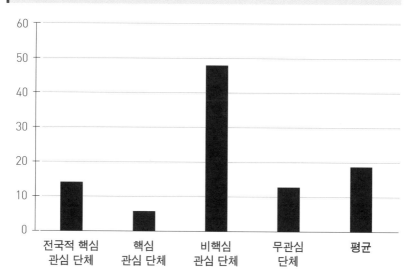

2-11. 정책활동에 관한 성공체험

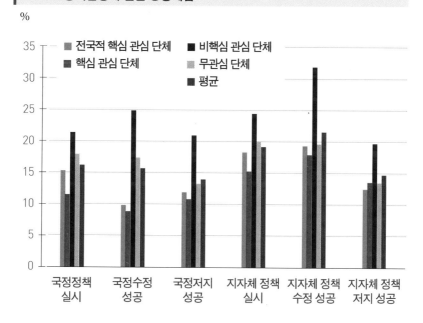

다음으로 2-11을 통해 국정, 지방 각 차원에서 스스로 정책 실현 또는 저지에 성공한 적이 있는지, 성공 체험을 살펴보자. 국정 차원에서는 실시, 수정, 저지 모든 항목에서 비핵심 관심 단체의 성공체험이 두드러지며, 핵심 관심 단체는 그런 경험이 적다. 지자체 차원에서조차 비핵심 관심 단체가 수정에 성공한 체험이 두드러지게 많다.

영향력에 관한 자기인식은 객관적으로 관측할 수 있는 정책에 대한 관여 행동과 깊은 관계가 있다. 즉 비핵심 관심 단체는 정책화 과정에 영향력을 가지지만, 핵심 관심 단체는 그다지 영향력이 없으며 정책화를 위한 활동도 활발하지 못하다. 전국적 핵심 관심 단체와 무관심 단체는 그 중간에 위치한다.

이상을 요약하면 다음과 같이 정리할 수 있다.

한국 복지정치의 단체적 기초는 복지정치에 관한 이론적 예측과는 상당히 다르다. 비교복지정치연구의 논리에 따르면, 복지단체 등 복지에 강한 관심을 가지는 단체일수록 복지 내실화에 적극적이며 정부의 시장개입을 긍정적으로 본다. 그러나 한국에서는 복지에 가장 강한 관심을 가지는 단체전국적 핵심 관심 단체, 핵심 관심 단체가 의외로 정부의 시장개입에 부정적이다. 특히 핵심 관심 단체는 보수적인데다가 영향력이 부족하여 정책형성 시 주도적인 역할을 하기 어렵다.

그와는 달리 복지에 관심은 있지만 큰 관심을 가지지는 않는 비핵심 관심 단체가 진보적이며 영향력에서도 정책 저지, 정책 수정에 성공한 경험이 있기에 복지정치에 주도적인 역할을 할 수 있다. 하지만 그들이 언제나 복지에 관심을 두고 있는 것은 아니다.

지역의 **풀뿌리 보수**

진보임을 자부하는 노무현 정권은 사회보장 확충을 내걸고 참여민주주의, 지방분권을 추진했다. 노무현은 참여민주주의와 지방분권 추진이 사회보장 확충으로 이어지리라 기대했다. 시민과 지방이야말로 복지 확충을 위해 무엇이 필요한지를 잘 알고 있으며, 현장과 밀접한 의견 청취가 중요하다고 확신했던 것이다.

그러나 참여민주주의 추진은 시민 스스로가 부담을 고려하는 탓에 복지 확대를 억제하게 되는 역설을 낳았다.

지방분권에서도 마찬가지였다. 참여민주주의가 충실해짐으로써 복지정책 형성의 일익을 담당하리라 기대했던 복지단체나 지방의 NGO들은 보수적인 색채를 지니고 있었다. 그들은 반드시 복지 확대를 바라지도 않았다. 노무현은 이른바 지역의 풀뿌리 보수라는, 뜻하지 않은 복병을 만난 것이었다.

앞서 데이터에서 확인한 것처럼, 한국에는 '복지에 관심이 있지만 보수적'이라는 특이한 현상이 존재한다. 다시 한 번 핵심 관심 단체의 프로파일을 묘사해봄으로써 더욱 자세하게 살펴볼 수 있을 것이다. 앞서 다룬 2-3에서 핵심 관심 단체의 단체분류 구성을 확인하면, 69.4%의 복지단체에 이어 32%의 종교단체가 복지에 가장 강한 관심을 가졌음을 알 수 있다.

종교단체가 복지에 관심을 보이는 것은 그들의 일상활동을 고려했을 때, 이해할 수 있다. 특히 한국의 종교단체는 활발한 자선활동을 벌인다. 하지만 그들의 활동이 행정에서 이뤄지는 복지 서비스와 경합한다는 사실을 생각해보면, 행정에 의한 복지의 내실화에 호의적이지 않을 수도 있다. 핵심 관심 단체에서 종교단체의 비중이 크다는 사실을 통해 역설의 일부분을 해소할 수 있다.

하지만 핵심 관심 단체의 대부분은 복지단체이다. 그들은 왜 복지 내실화에 긍정적이지 않을까? 그 대답은 복지단체가 지방자치단체와 밀접한 관계라는 사실과 연관이 있다.

2-7에서 제시한 것처럼, 핵심 관심 단체는 지방행정에 협조적이며 지방의 재정사정이 힘들다는 호소를 하면 그에 동조하는 존재이다. 복지단체 수입의 35%가 행정에서 받은 보조금이며 단체 전체의 평균이 23%라는 점을 감안하면 상당히 높은 수치이다. 한국의 복지단체는 지방자치단체로부터 행정지도를 받는 경우가 많기 때문에 행정에 극히 의존적인 존재인 것이다.

또한 복지단체의 멤버 구성도 보수적인 성향을 보이고 있다. 단체 평균 25%를 차지하는 대졸자 비율이 복지단체의 경우에는 21%에 불과하고 농민, 주부의 비율이 비교적 높다. 참고로 설문 답변자의 이데올로기 성향을 보더라도 다른 그룹은 거의 중도파라고 답변했음에 비해 이 그룹은 약간 보수적이었다.

지방의 복지단체를 주체로 하는 핵심 관심 단체는 비교적 보수적인 사람들이 행정과 깊은 관련을 가지고 결성한 것이다. 이러한 단체가 지방자치단체의 의향이나 재정사정을 무시하면서까지 복지수요 확대를 외칠 리 없었다. 지방분권화가 복지수요를 억제한다는 역설은 이와 같은 단체의 성격에서 발생한 것이었다.

'위축된' 사회민주주의

노무현 정권 시기에 어째서 사회보장 정책이 양적으로 확충되지 않았을까?

이와 같은 의문에 대한 힌트는 앞서 지적했던 것처럼 복지정책 결정과정임에도 복지단체가 등장하지 않고 시민단체의 움직임만이 두드러지는, 한국의 독특한 현상에서 찾아볼 수 있다. 목소리를 높여 사회복지 내실화를 외치는 시민단체 대부분이 포함된 비핵심 관심 단체는 언제나 복지에 관심을 뒀던 것이 아니었을 뿐 아니라 최우선 과제로도 여기지 않았다. 즉 시민단체는 복지정책에 지속적으로 관심을 가진 것이 아니라 상황에 따라 다른 면모를 보여주었다.

또한 복지정책 확대에 가장 관심을 가져야 할 복지단체를 비롯한 전국적 핵심 관심 단체와 핵심 관심 단체는 정부의 시장개입에 부정적이었으며, 복지 확대로 이어지는 정책을 선호하지 않았다. 결국 시민단체의 노력으로 사회민주주의형 제도는 도입되었지만, 그 확대는 기대할 수 없었으며 추진도 이뤄지지 않았다. 한국 단체의 독특한 성격을 감안했을 때 그 균형점이 바로 '위축된' 사회민주주의였던 것이다.

그러나 노무현은 이런 상황을 달가워하지 않았다. 그는 분명 복지의 확충을 바랐으며, 2010년 그의 사후 간행된 자서전에서 이렇게 서술하고 있다.

예산을 더 주고 싶었지만 관련 부처에서 사업을 빨리빨리 만들어오지 않았다. 해마다 목표치를 주고 공무원들에게 명령을 내려서 무조건 사업을 만들어오라고 했어야 했다. 복지 지출을 넉넉히 하라는 방침만 주고 관련 부처가 계획을 세우기를 기다렸다. 예산 관련 보고를 받으면 그렇게 할 경우 복지 지출 비중이 얼마나 늘었는지 물어보는 식으로 했다. 그래서 그 정도밖에 하지 못한 것이다. 목표를 정해 지시하고 공무원들을 재촉하는 식으로 무식하게 했어야 했는데, 바보처럼 하고 말았다.

《운명이다 : 노무현 자서전》 노무현재단 엮음, 돌베개, 2010 중에서

노무현은 기다리고 있었다. 그의 반성처럼 복지의 확충을 바랐다면 그저 기다리고 있는 것 자체가 잘못이라는 비판이 성립된다. 그러나 그는 참여민주주의를 제도화하고 지방분권을 통해 복지 요구가 현장에서 올라오는 메커니즘을 직접 만든 인물이었다. 요구가 올라오기를 기다렸다가 수요에 적합한 예산을 설정하여 내실화시키고자 했던 그의 사고는 이해할 수 있다.

더구나 진보와 보수의 대립이라는 한국 정치 구도를 전제로 보면, 복지 확충에 반대할 것이 뻔한 보수를 설득할 때 필요한 사고방식이기도 했다. 그러나 역설적이게도 진보적인 메커니즘 그 자체가 복지의 내실화를 막아선 셈이 되었다.

한미 FTA와 노무현의 꿈

• 신자유주의적 개혁의 이유 •

CHAPTER 3

| 이데올로기 선풍

| 갈등의 한미 FTA

| 이데올로기 대립으로 분열된 정권

. . .

　노무현 정권이 신자유주의적이었다는 비판은 두 가지 이유에서 발생한다. 하나는 챕터2에서 다룬 것처럼 사회보장의 내실을 기하지 않았다는 점이다. 그리고 또 하나는 한미 FTA 추진을 비롯, 신자유주의적인 개혁에 가까운 경제정책을 단행했다는 점이다.

　전자의 비판과 관련해서는 노무현 자신이 복지의 내실화를 기하지 않은 것이 아니라, 추진하려고 시도했지만 불가능했다는 사실을 설명했다. 챕터3에서는 두 번째 시안에 대해, 특히 한미 FTA 교섭에 초점을 맞추어 그 정책을 검토해보자.

　사회보장정책과 통상정책은 완전히 다른 차원의 정책 분야로 비친다. 하지만 두 가지를 연결해서 생각해보면, 노무현이 구상했던 청사진을 확인할 수 있다. 결국 이를 통해 그의 비전이 신자유주의적이었다고 비판받는 게 타당한지 아닌지를 이해할 수 있을 것이다.

　한미 FTA는 내용이나 교섭과정상, 2013년부터 일본이 교섭 중인 환태평양경제동반자협정TPP과 유사한 점이 많다.

　일본에서는 2011년 당시 간 나오토菅直人 수상이 갑자기 TPP 참여를 검토하겠다고 발언하여 여론을 들끓게 했다.

　TPP는 일본과 미국을 포함한 환태평양 지역 12개국이 무역을 중심으로 경제활동 자유화를 목적으로 시행하는, 다각적인 경제 연대 협정이다. 무역품목 90% 이상의 관세를 철폐하고 무역에 관한 각종 비관세장벽을 철폐함으로써 신속한 자유무역 추진을 목적으로 한다. 야당은 물론 여당과의 조정도 없이 이뤄진 그의 발언에 특히 농업단체를 중심으로 강력한 반발이 터져 나왔고 참여를 위한 사전작업에도 참가하지 않았다. 실제로 일본이 참가하여 교섭을 시작한 것은 아베 정권 시기인 2013년부터였다.

한편 한국에서는 2006년에 노무현 대통령이 TPP의 모델이라고도 할 수 있는 한미 FTA로의 교섭참가를, 나오토 수상과 마찬가지로 여당과 별다른 논의 없이 갑작스레 표명했다. 하지만 일본과는 달리 불과 1년 3개월여 만에 교섭은 타결되었다. 무역자유화 교섭에 대한 일본과 한국의 이같은 차이는 자주 거론되기도 한다.

노무현에 의한 한미 FTA 추진은 한국 내부에서도 불가사의한 일로 여겨지고 있다. 하지만 일본에서 바라보는 시선과는 그 관점이 상당히 다르다.

첫 번째로, 반미 정권으로 간주되었던 노무현 정권이 왜 한미 FTA를 체결하려 했을까? 한미 FTA 추진으로 격차가 확대되고, 경제 분야에서 미국 지배가 강화되면 노무현의 지지파로부터 강한 반발이 있을 것은 자명했다.

두 번째로, 노무현은 임기 중에 추진하는 데 실패했고 이명박 정권으로 이월이 되었는데, 그것은 왜일까? 노무현은 미국과의 교섭에는 성공했지만 국내에서의 비준에 실패했고 조약발효까지 이끌지는 못했다.

한국의 정치제도는 국내외 연구자들에 의해 대통령의 권력이 지나치게 강하다는 지적을 받고 있으며 '제왕적 대통령제'라고 표현하는 사람조차 있다. 게다가 외교에 관한 안건은 대통령 전권사항으로서 국회는 그것을 승인만 할 뿐, 교섭과정에 개입할 수도 없다. 그럼에도 불구하고 노무현 정권에서 한미 FTA는 왜 비준되지 못했을까?

덧붙여 한미 FTA는 교섭이 진행된 2006년에는 국민의 과반수가 찬성 의사를 나타냈으며 반대파는 소수에 그쳤었다. 업계단체 등 이익집단과 의 교섭도 거의 끝난 상태였고, 가령 국민투표를 한다 해도 체결이 확실 시되는 안건이었다.

이번 장에서는 두 가지의 질문에 대답하는 형식으로 노무현 정권하에 서의 한미 FTA 교섭을 서술해나갈 것이다. 우선 그 전제로서 노무현 정 권에 들어서 한국의 정치구도가 크게 변화되었다는 사실을 살펴보자.

이데올로기 선풍

정당 시스템의 변모

노무현 정권은 2003년 2월 정권발족 직후부터 파란에 휩싸였다. 여소야대 국회와 대통령은 격심하게 대립했고, 노무현이 제안하는 모든 정책은 국회가 거부하여 심각한 정체 상황에 빠졌다. 더구나 국회에서 헌법을 다시 논의하는 상황마저 발생했다. 정치·사회의 이러한 혼란의 배경에 있었던 것은 한국 정치의 근본적인 변화였다.

2002년 대선을 계기로 한국의 정당 시스템은 재편성되는 움직임이 강하게 나타났다. 민주화 이후 김대중 정권까지의 정당 시스템은 주로 영남지역과 호남지역이라는 두 지역 간 대립을 근간으로 하는 지역주의 정당으로 구성되어 있었다.

제1장에서 잠시 다룬 것처럼 호남지역을 기반으로 하는 정당이 약간 진보적이며 영남지역 정당이 약간 보수적이라는 경향이 존재했지만, 거주지와 이데올로기 경향이 일치하지는 않았다. 호남정당에서도 보수적

인 정치인이 존재했다. 하지만 2002년 대선 이후 지역주의를 뒤흔드는 움직임이 활발해지기 시작한다.

대선에서 노무현은 지역주의적인 구도의 파괴와 청년층의 지지와 선거 동원을 노렸고 그에 성공함으로써 대통령에 당선되었다. 그다음에 나타난 움직임이 바로 이데올로기에 의한 정당 시스템 자체의 재편성이었다. 진보 진영 정치가들은 여당이 될 열린우리당이하 우리당을 창설했다. 더욱 진보적인 민주노동당도 국회에 진출했다.

이와 같은 움직임을 데이터로 확인해보자. 3-1은 2002년 대선에서 유력한 두 후보자의 지역별 득표율이며, 3-2는 2004년 총선에서 주요한 세 정당의 지역별 득표율이다. 색깔이 진한 부분은 노무현이 소속된 정당새천년민주당, 우리당의 지지기반인 호남지역, 한나라당의 지지기반인 영남지역을 나타내고 있다. 이 자료에서는 민주화 이후 한국 정치를 규정해 온, 지역주의적인 투표 양상의 큰 변화를 읽어내기는 어렵다. 한나라당은 영남지역에서 많은 표를 얻었고, 새천년민주당이하 민주당의 지지를 등에 업고 입후보한 노무현과 우리당은 호남지역에서 많은 표를 얻었다.

❙ 3-1. 2002년 대선 득표율 단위 : %

	노무현 새천년민주당	이회창 한나라당
전체	48.9	46.6
서울	51.3	45.0
부산	29.9	66.7
대구	18.7	77.8
인천	49.8	44.8
광주	95.2	3.6
대전	55.1	39.8
울산	35.3	52.9
경기	50.7	44.2

강원	41.5	52.5
충청북도	50.4	42.9
충청남도	52.2	41.2
전라북도	91.6	6.2
전라남도	93.4	4.6
경상북도	21.7	73.5
경상남도	27.1	67.5
제주	56.1	39.9

주) 중앙선거관리위원회 데이터베이스 자료 인용 필자 작성

3-2. 2004년 국회의원 총선거 득표율 단위 : %

	열린우리당		한나라당		민주노동당	
	선거구 득표율 의석 수	비례구 득표율	선거구 득표율 의석 수	비례구 득표율	선거구 득표율 의석 수	비례구 득표율
전체	49.1 129	38.3	37.9 100	35.8	4.3 2	13.0
서울	42.8 32	37.7	41.3 16	36.7	3.4 0	12.6
부산	38.9 1	33.7	52.5 17	49.4	2.9 0	12.0
대구	26.7 0	22.3	62.4 12	62.1	2.5 0	11.6
인천	44.7 9	39.5	38.9 3	34.6	7.4 0	15.3
광주	54.0 7	51.6	0.1 0	1.8	5.6 0	13.1
대전	45.8 6	43.8	22.4 0	24.3	1.5 0	11.8
울산	28.1 1	31.2	36.3 3	36.4	18.0 1	21.9
경기	45.7 35	40.2	40.7 14	35.4	4.1 0	13.5
강원	38.8 2	38.1	43.3 6	40.6	4.2 0	12.8
충청북도	50.5 8	44.7	32.6 0	30.3	3.3 0	13.1
충청남도	38.9 5	38.0	15.8 1	21.2	2.2 0	10.5
전라북도	64.6 11	67.3	0.1 0	3.4	4.6 0	11.1
전라남도	46.9 7	46.7	0.8 0	2.9	2.6 0	11.2
경상북도	25.8 0	23.0	54.6 14	58.3	3.4 0	12.0
경상남도	34.4 2	31.7	47.7 14	47.3	8.4 1	15.8
제주	49.4 3	46.0	40.2 0	30.8	3.4 0	14.1

주) 중앙선거관리위원회 데이터베이스 자료 인용 필자 작성

	제13대 1987년		제14대 1992년		제15대 1997년		제16대 2002년	
	실제 수	비율 %	실제 수	비율 %	실제 수	비율 %	실제 수	비율 %
수도권	10,794,535	41.7	13,095,789	44.5	14,705,289	45.5	16,440,521	47.0
충청	2,642,246	10.2	2,880,870	9.8	3,228,022	10.0	3,476,945	9.9
영남	7,626,562	29.5	8,498,771	28.9	9,136,189	28.3	9,636,278	27.5
호남	3,478,777	13.4	3,591,740	12.2	3.781.383	11.7	3,915,466	11.2
기타	1,321,504	5.1	1,355,488	4.6	1,439,533	4.5	1,522,319	4.4

주) 중앙선거관리위원회 데이터베이스 자료 인용 필자 작성

하지만 지역주의 틀 안에서 정당이 표를 얻고 의석을 확보한다는 중요성은 저하되고 있었다.

첫 번째로 두드러지는 점은 영남지역, 호남지역에서의 유권자 수 비율 및 국회의석 배분수의 감소이다. 3-3에서 보듯 두 지역이 차지하는 유권자 수 비율은 1987년 대선 때에는 43%였지만, 2002년 대선 당시에는 38.7%로 낮아졌다. 국회 의석 총수에서 차지하는 비율도 두 지역 합쳐서 1988년 제13대 국회의원 선거에서 46%였던 것이 2004년 제17대 선거에서는 40.8%로 내려갔다3-4.

두 번째로 충청도를 기반으로 하는 정당의 몰락에 따라 지역주의적인 투표행동을 보이지 않는 지역이 확대되었다. 호남과 영남 두 지역을 제외한 유권자 수 비율을 보면, 1987년 대선 당시 57%였던 것이 2002년 대선 당시에는 61.3%에 달했고, 국회 의석수에서도 제13대 국회의원 선거에서 54.1%였던 것이 2004년 제17대 선거에서는 59.3%가 되었다3-4. 바야흐로 지역주의에만 의존해서 정치권력을 장악할 수 있는 시대에서 벗어나고 있는 것이다.

	제13대	제14대	제15대	제16대	제17대
총의석 수	224	237	253	227	243
총의석 수 비례대표 포함	299	299	299	273	299
수도권의석 수	77	82	96	97	109
비율 %	34.4	34.6	37.9	42.7	44.9
충청의석 수	27	28	28	24	24
비율 %	12.1	11.8	11.1	10.6	9.9
영남의석 수	66	71	76	65	68
비율 %	29.5	30.0	30.0	28.6	28.0
호남의석 수	37	39	37	29	31
비율 %	16.5	16.5	14.6	12.8	12.8
기타지역 의석 수	17	17	16	12	11
비율 %	7.6	7.2	6.3	5.3	4.5

주) 중앙선거관리위원회 데이터베이스 자료 인용 필자 작성

지역주의에서 이데올로기로

　이와 같은 변화를 바탕으로 정당은 지역주의에서 이데올로기에 기반한 형태로 재편되고 있었다. 표3-5는 각 정당을 지지하는 유권자의 이데올로기 성향의 평균치이다. 이를 통해 영남정당인 한나라당을 지지하는 유권자에게는 보수적인 성향이, 우리당은 중도에서 약간 진보적, 민주노동당은 진보적인 성향이 있음을 확인할 수 있다.

　변화의 움직임은 점진적이며 때때로 정치 정세에 따라 되돌아가거나 반동도 일어나지만, 이제 지역주의만으로는 어떤 정당도 선거에서 이길 수 없다는 사실에는 변함이 없었다.

	한나라당	민주당	열린우리당	민주노동당
2003년	4.1	1.6	1.6	-4.8
2004년	7.8	2.9	-0.1	-5.7

[자료] 2004년 1월 9일 조선일보, 한국조사연구학회, 한국갤럽 공동조사
주) 보수를 50, 중도를 0, 진보를 -50으로 했을 때 지지정당별 자기평가평균치

각 정당은 지지층을 확대하기 위해 지역주의 외의 방향성을 가져야만 했다. 이데올로기 정당으로의 탈피는 그 중 하나의 가능성이었다.

반복해서 말하지만, 정당 시스템과 이데올로기는 김대중 정권까지는 일치하지 않았다. 약간의 진보·보수 경향은 존재했지만, 정당은 기본적으로 지역을 대표했다. 덧붙여 1987년까지의 권위주의 시대에는 진보 진영이 억압을 받았으며 민주화 이후에도 진보 진영의 정계 진출은 힘들었다. 국회의원 대부분은 보수 진영이 차지했고, 진보 진영의 요구는 정당 정치에는 반영되지 않았으며 시민 운동, 압력단체활동, 가두시위 등 국회라는 정식적인 장 이외의 '장외정치'를 통해서만 표출되었다. 그러나 노무현 정권에 이르러 정당 시스템이 재편되었고 진보의 요구가 직접적으로 정당정치에 반영되기 시작했다.

386세대의 등장

그렇다면 진보는 어떻게 급속히 영향력을 확대했던 것일까? 일반적으로 거론되는 사실은 이른바 386세대의 등장과 민족정체성이라는 쟁점의 부상이다.

386세대란, 1960년대에 태어나 1980년대에 학창시절을 보내고 2000년 당시 30대인 세대를 지칭한다. 일본에서는 거품경제세대가 이에 해당한다. 그들은 한국사회에서 상당히 독특한 정치적 경험을 한 세대이다. 권위주의 시대에 학창시절을 보냈던 그들은 1987년 민주화를 주도했다. 학창시절에 미국에 대한 반감을 강화했으며 마르크스주의, 북한의 체제이념인 주체사상에 관한 문헌을 숙독했던 경험을 가진 사람이 적지 않았다.

이와 같이 독특한 세대가 김대중 정권에서 노무현 정권 시기에 걸쳐 정치 및 사회 전반에 영향력을 갖게 되었다. 386세대 모두가 진보적이라는 것은 아니다. 하지만 노무현을 당선시킨 주도세력이 되는 등 진보적인 경향이 강한 것은 분명했다.

민족정체성이 관심을 끌게 된 것은 386세대의 대두와 연관되어 있다. 그들은 학창시절 사회주의와 북한에 친화적이었다. 그 배경에는 1980년대 한국을 지배했던 전두환 정권의 독재정치와 여전히 가난한 경제상황에 대한 불만이 있었지만, 이외에도 한국이라는 국가 그 자체에 떨쳐버리기 힘든 의구심을 품고 있었기 때문이다.

그 의구심은 건국 독립의 정통성에 관한 문제에서 시작된다. 일본의 패전으로 한국은 강점기에서 벗어났다. 그러나 한반도는 단일국가로서 독립한 것이 아니라 남북으로 갈라지게 된다. 두 지역은 각각의 정권을 내세워 독립을 이루지만 그 태생은 크게 다르다. 북한을 통솔한 것은 중국 동북부를 거점으로 일본강점기에 반식민지 무장투쟁을 감행했던 김일성이었음에 비해, 한국의 독립에는 미국이 크게 관여했다. 그들의 의구심은 다음과 같았다. 한국은 독립 후에도 사실상 미국에 지배당하며 반식민지 상태에 빠져 있었다, 북한이야말로 자주독립국으로서 민족으로서의 정통성을 가지고 있으며 한국은 그렇지 않은 것이 아닐까, 그리고 미국 지배로 인해 우리는 가난한 것이 아닐까? 더구나 민족이 분단되어 있는 것도 미국 탓이 아닐까라는 것이었다.

1980년대 당시, 이와 같은 의구심이 정당하다고 뒷받침해줄 지적인 배경, 사회적 상황도 존재했다. 경제학에서는 종속이론, 즉 미국과 같은 세계경제의 중심국이 한국과 같은 주변국을 수탈한다는 이론이 유행했다. 역사학에서는 미국의 역사학자인 브루스 커밍스Bruce Cumings의《한국전쟁의 기원》을 앞다투어 읽었고 미국의 부당성과 한국의 취약한 정통성에 대한 이야기가 널리 퍼져 나갔다.

이러한 상황에서 학창시절을 보낸 386세대가 미국이야말로 한국의 주권을 침탈하고 민족분단을 고착화했다는 생각을 가지고 북한에 친근감을 느끼는 것은 이상한 일이 아니었다. 그러나 다른 한편으로 그들보다 윗세대는 전쟁을 직접 체험한 이들이다. 윗세대는 북한이야말로 문젯거리이며 미국은 한국을 도와준 것으로 이해했다. 즉 두 세대는 북한과 미국에 대한 견해에 있어 정반대 입장에 서 있었다. 386세대의 대두는 이제까지 친미 반북이 당연시되었던 여론을 크게 요동시켰다. 그런 까닭에 민족이란 무엇인가, 우리는 어떤 존재인가라는 민족정체성이 정치적 대립축으로 부상한 것이었다.

대통령과 국회의 대립

이 같은 배경을 가진 정당 시스템의 급속한 변모는 유례가 없을 정도로 정치 혼란과 정책 정체를 초래했다. 노무현 정권 발족 후의 상황을 간략하게 되돌아보자. 대립은 두 가지 국면으로 나뉜다. 첫 번째 국면은 2004년 6월까지 이어진 제16대 국회에서 대통령과 국회의 대립이며, 제2국면은 그 이후 대통령　여당과 헌법적 질서의 대립이었다.

제1국면은 민주당과 대통령의 결별로부터 시작되었다. 노무현은 대선에서 당선되었지만 국회에 기반을 가지고 있지 않았다. 국회 의석의 과반수는 야당인 한나라당이 장악하고 있는 데다가 대통령은 민주당의 주류파도 아니었고, 기존의 대통령처럼 당내에 영향력을 확보할 수 있는 총재직을 겸하고 있지도 않았다.

이로 인해 노무현은 처음부터 힘겹게 국정운영을 하게 된다. 원활한 국정운영을 위해서는 다수당인 한나라당과의 타협이 필요하지만, 이는 소속정당인 민주당의 반발을 사게 된다.

게다가 민주당 내에서의 균열도 표면화되기 시작했다. 민주당은 원래 호남지역을 기반으로 하는 정당으로서 지역주의 구조 속에서 발전해왔다. 지역주의 타파라는 노무현의 주장을 드러내놓고 비판하기는 힘들지만, 지역주의 정당이라는 민주당의 성격과는 모순된 것이었다. 그런 연유로 기존의 주류파와 노무현에게 찬성하는 비주류파 사이에는 사고방식에 큰 차이가 존재했다. 두 그룹의 균열은 깊어졌고 같은 정당 안에서 함께 있을 수 없게 되었다.

한나라당, 민주당과의 관계가 틀어진 대통령은 독자적인 대통령 여당의 창설을 지원했고, 그 당을 발판으로 국회에 영향력을 갖겠다는 전략으로 돌아서게 된다. 그것이 2003년 11월, 열린우리당의 탄생이다.

우리당은 대통령의 지역주의 타파 주장에 맞추어, 우선 정계 재편을 통해 국회 내부의 영향력 확보를 노렸다. 즉 민주당과 한나라당 양쪽에 모두 존재하는 반지역주의적이고 진보적인 이데올로기의 소유자를 끌어들여 대거 규합함으로써 일시에 국회 내에서의 영향력을 확보하려 한 것이었다. 그러나 우리당에 집결한 것은 전 의석수의 20%에도 못 미치는 47명에 불과했다.

우리당 창설에 의한 영향력 확보가 힘들다는 사실이 준비단계에서 밝혀지자 대통령은 2003년 9월 민주당 탈당을 계기로 대통령 재신임을 위한 국민투표를 제안한다. 대통령은 국민에 의한 재신임투표에 의해 자신이야말로 국민의 대표라는 사실을 보여주고 곤궁에 빠진 국회 운영을 극복하려 했던 것이다. 그러나 국회는 대통령 측근을 스캔들로 몰아넣었고, 대통령에 대해서도 선거 당시 부정자금을 추궁하는 등 실각을 도모했다.

그 후에도 대통령과 국회의 대립은 해소되지 않았고 2004년 3월에는 국회가 대통령 탄핵소추를 감행, 헌법에 규정된 대통령 권한 모두를 일시 정지시키는 사태에까지 이르게 된다.

헌법적 질서를 둘러싼 대립

이상과 같은 대통령과 국회의 대립은 2004년 4월 총선에서 우리당이 299석 중 152석을 얻어 승리함으로써 종지부를 찍는다. 대통령 탄핵소추라는 이상사태도 헌법재판소에 의한 소추기각으로 마무리되었다. 그러나 정치 혼란은 끝나지 않았으며, 제2의 국면으로 돌입한다. 대립의 중심이 된 것은 헌법적 질서였다. 헌법재판소가 가진 법령심사권, 언론의 자유, 교육의 자유 등 1987년에 제정된 한국 헌법의 기본적인 이념이 논의의 장에서 거론되었고 보수와 진보가 이를 쟁점으로 격돌했다.

이러한 상황의 배경에는 한국 헌법이 모든 정치 세력의 동의하에 만들어진 것이 아니라, 진보를 배제하여 형성되었다는 사실이 존재한다. 1987년에 제정된 헌법은 당시 전두환 정권과 야당 세력이 타협한 산물에 불과했고, 진보는 이와 같은 헌법을 기본으로 하는 법적 질서에 불만을 품고 있었다.

그간의 사정을 조금 더 설명해보자. 한국은 1987년 6월에 일어난 대규모 민주화 운동을 거쳐 민주화되었다. 그 해 6월의 거리는 정부에 항의하는 사람들로 넘쳐났으며 민주화를 요구하는 가두행진이 연일 계속되었다. 6월 29일, 당시 여당인 민주정의당의 차기 대통령후보였던 노태우가 민주화 선언을 함으로써 민주화는 큰 산을 넘어서게 된다. 선언의 주된 내용은 대통령 선출방식이었다. 즉 민주화 운동 세력의 주장을 받아들여 그때까지 간접선거로 선출되었던 대통령을 유권자가 직접 투표로 선택하는, 대통령 직접선거제로 변경할 것을 승인한 것이다.

그러나 노태우의 민주화 선언으로 무기를 내려놓은 것은 민주화 세력의 일부에 불과했다. 민주화 운동은 크게 나눠 두 개의 세력이 주도하고 있었다. 하나는 야당 세력이고 또 하나는 이후에 진보 진영이 되는 급진 민주화 세력이었다. 원래 양자의 정치적 주장은 크게 달랐다. 야당 세력은 민주화를 요구했지만 친미 반북 성향이었으며 경제체제적으로는 현행 자본주의 체제를 긍정했다. 그런 점에서는 권위주의 정권과 별반 입장 차이가 없었다.

그에 비해 학생운동이나 노동운동 조직으로 이뤄진 급진 민주화세력은 반미 친북이었으며 현행 자본주의 체제에는 수정이 필요하고 경제적 약자나 노동자의 권리를 보다 강하게 보호해야 한다고 생각했다. 그런 까닭에 대통령 직접선거를 승인한 것에 불과한 노태우의 민주화 선언에 만족하지 않았다.

급진 민주화 세력은 더 나은 민주화를 요구하며 7월, 8월에도 지속적으로 노동자대투쟁이라 불리는 민주화 운동을 전개한다. 그러나 야당 세력은 이런 움직임에 합류하지 않았으며 그들은 전두환 정권의 억압을 방관하는 자세로 일관했다. 야당의 지지를 잃은 급진 민주화 세력은 그 후 정치의 장으로부터 배제된다. 결국 그들의 주장은 받아들여지지 않았고 전두환 정권과 야당 타협의 산물로서 1987년에 헌법이 개정되었다.

노무현 정권의 탄생은 이와 같은 급진 민주화 세력의 흐름을 이어받은 진보 진영의 사람들을 한꺼번에 무대 위로 올라가게 만든 것이었다. 진보 세력이 주도한 기존 헌법 질서와의 대결에는 이와 같은 필연성이 내재되어 있었다.

위헌으로 판결난 수도 이전법

2004년 제17대 총선에서 정치·사회의 과제가 된 쟁점은 1987년에 수립된 헌법적 질서의 재검토를 촉구하는 것이었다. 그 시작은 수도이전법 신행정수도건설을 위한 특별조치법 위헌결정이었다. 수도이전법은 노무현 정권 최대의 공약인 지역주의 타파의 핵심 사안으로서, 수도의 기능을 서울에서 충청도 연기·공주 지역으로 이전하려는 것이었다. 챕터2 참조

하지만 헌법재판소는 위헌 결정을 내려 그의 정책을 근본적으로 부정했다. 진보 세력에게는 헌법재판소야말로 보수의 아성으로 여겨진다. 진보 세력은 위헌 결정을 뛰어넘어서 헌법재판소 자체의 폐지를 주장하기 시작한다.

한국의 헌법재판소는 사법소극주의 입장을 취하는 일본의 최고재판소와는 달리, 국회에 의해 결정된 법률에 대해 적극적으로 헌법 판단을 시행한다. 수도이전법에 대한 판단도 그 중 하나였다.

그러나 청와대와 여당 일부에서 입법부인 국회가 결정한 법률을 국민에 의해 선출되지도 않은 헌법재판소의 판단으로 무효로 만드는 것은 정당하지 못하며, 그런 의미에서 민주적인 존재라 할 수 없는 헌법재판소는 폐지되어야 마땅하다는 논의가 들끓기 시작했다.

대립을 더욱 첨예하게 만든 4대 법안

이어서 중요한 쟁점이 된 것은 국가보안법 폐지, 친일반민족행위 진상규명법 개정, 언론관계법, 사립학교법 개정으로서 당시 4대 법안이라 불린 것이다. 이들은 모두 진보와 보수가 첨예하게 대립해온 논점과 관련된 것이었다.

국가보안법은 주로 한국의 정치체제를 북한으로부터 방위하기 위해 헌법으로 규정된 자유권의 일부 제한을 포함하는 법률로서, 헌법 그 자체는 아니지만 민주화 이후 헌법적 질서의 일부를 지탱해온 법률이다.

구체적으로는 북한 체제를 긍정하는 정치활동이나 언론활동을 규제하고 단속하는 데 주안점이 있었다. 북한을 부정적으로만 보지 않는 진보는 국가보안법이 자신들의 언동을 제한하는 데 쓰인다고 간주했고, 한국의 정치체제가 북한에 전복될 가능성이 거의 없는 현 상황에서는 불필요하고 부당하다고 생각했다. 그러나 북한의 위협을 의식하는 보수에게 국가보안법 폐지는 있을 수 없는 일이었다.

친일반민족행위 진상규명법 개정은 강점기 시대의 친일반민족 행위를 밝히려 한 법률이다. 이 배경에는 보수 및 한국사회 엘리트계층과 일본강점기 시절에 일본에 협조한 지배세력 사이에는 일종의 연속성이 존재한다는 인식이 있었다. 일본의 지배에 협력하는 반민족 행위를 저질렀다는 사실이 밝혀지면 엘리트 계층에 큰 타격이 될 것이었다.

언론관계법은 〈조선일보〉〈동아일보〉〈중앙일보〉라는 3대 신문사의 시장 지배력을 제한하기 위해 만들어진 것이었으며, 사립학교법 개정은 사학 경영자의 권한을 제한하고 교원의 권한 확대를 목표로 한 것이었다.

3대 신문사는 모두 보수를 지지하는 매체였으며 노무현과 진보 세력에게 적대적이었다. 한국의 신문 시장은 3대 신문사의 과점 상태에 있었기에 신문을 읽는 한, 국민에게는 보수적인 논조밖에 전달되지 않았다. 언론관계법의 주안점은 시장 과점의 문제 해결이었지만 진보 세력은 보수 세력에게 신문 시장을 개방하는 것이라 생각했고 보수 세력은 권력의 부당한 개입이라고 받아들였다.

사립학교법 개정은 전국교직원노동조합전교조의 교육 활동에 초점을 둔 것이다. 전교조는 진보적이었으며 그들의 활동을 인정하면 교육현장도 더 진보적으로 변하리라고 인식되었다.

이와 같이 4대 법안은 모두 진보 대 보수의 대립을 첨예하게 만드는 것이었다.

노무현 정권기에는 진보 대 보수의 대립을 부추기는 이념 선풍이 거칠게 불었다. 한미 FTA 교섭은 이런 상황에서 이뤄진 것이었다.

갈등의
한미 FTA

노무현의 사고방식

　한미 FTA는 수출산업에서 강세를 보이는 한국기업의 경쟁력을 높이기 위해 추진되었다. 하지만 노무현이 이를 추진했다는 사실은 충격적이었다. 반미적인 진보 진영의 대표주자로 인식되어 온 노무현이 미국과 손잡는다는 것은 당시 한국 정치의 상식에 반하는 일이었기 때문이다. 노무현은 무슨 생각으로 한미 FTA를 추진했는지 주로 박용수2011, 오쿠다奧田,2010 에 의거하여 검토해보자.

　현재 한국은 FTA에 가장 적극적인 나라 중 하나로 손꼽히며, 미국, EU, 동남아시아 각국과 다각적으로 FTA를 맺고 있다. 이와 같은 경향은 수출품에서 경합을 벌이고 있는 일본에게 특히나 위협으로 다가오고 있다. 하지만 노무현이 대통령에 당선된 2002년 당시, 한국은 일본에 뒤처져 있었으며 칠레와만 FTA를 맺었을 뿐이었다.

　노무현은 당선 전부터 FTA를 비롯한 경제 개방에 적극적이었다. 그는 대선 당시 연설에서 서쪽으로는 중국, 동쪽으로는 일본을 마주하고 있는 한국은 물류, 금융의 거점이 되어 동북아시아의 '허브'로 성장할 수 있다고 역설했다. 필자 역시 그의 연설을 직접 들었고, 이는 가장 인상 깊게 남아 있는 부분이다. 선거공약에서는 "FTA 적극추진"이나 "개방을 통하여 우리나라 경제구조를 선진화하여 21세기 선진경제국가의 토대를 만든다"라고 외쳤다.

FTA에 대한 노무현의 적극적인 자세는 2003년 8월에 FTA 추진 로드맵에 정리되어 있다. 경제위기가 고조된 상황에서 FTA를 추진했던 칠레, 일본과의 교섭 경험을 배경으로 FTA를 '동시다발적'으로 추진하기로 했다. 또한 대륙별로 교두보를 확보한 후, 거대 경제권과의 본격적인 추진을 도모하는 2단계 방식을 취하고 있다. 조기에 추진해야 하는 대상국으로는 일본, 싱가포르, ASEAN 동남아시아국가연합, EFTA 유럽자유무역연합, 멕시코 등이 거론되었다. 미국은 중국, EU 등과 함께 중장기 대상으로 고려되었다.

WTO에서 FTA로

그런 상황에서 방향이 전환된 것은 WTO 세계무역기구에서의 무역자유화 교섭이 중단되고 일본과의 교섭도 난항을 겪으면서였다. 노무현 정권은 처음에 FTA도 중시했지만, WTO의 무역자유화 교섭에 역점을 두고 있었다. WTO는 자유무역촉진을 주요한 목적으로 창설된 국제기구로서 세계 대부분의 국가가 가맹되어 있다. 다각적 무역교섭을 주도하며 포괄적인 국제통상규칙을 만들어왔다. WTO를 통해 무역자유화를 실현하는 것이 당초 노무현 정권의 기본방침이었다.

그러나 2003년 9월, 멕시코 칸쿤에서 개최된 각료회의 결과 WTO에서의 무역자유화 교섭은 좌초되었고, 중단상태에 빠지게 되었다. 이어서 2004년 1월에 멕시코가 취한 조치는 충격을 안겨주었다. 멕시코는 FTA를 맺지 않은 국가에 대해 수입 타이어 관세인상을 단행했다. 당시 한국은 FTA를 맺지 않았기 때문에 한국제품이 타격을 받았고 여지없이 멕시코 시장으로의 수출이 감소했다. 그에 반해 멕시코와 EPA_{경제연대협정}를 맺고 있었던 일본제품은 수출이 확대된다. 노무현 정권은 FTA를 체결하지 않으면 실제로 피해가 발생한다는 사실을 몸으로 배운 것이었다.

한편 일본과의 교섭은 한국에게 별로 내키지 않는 과제가 되어가기 시작했다. 일본과의 FTA 교섭은 일찍이 칠레와 비슷한 시기에 이뤄졌고 논의를 개시한 것은 외환위기 상황이었던 1998년으로 거슬러 올라간다.

2003년 10월부터 정부 간 교섭에 들어갔지만, 이듬해 11월에는 중단상태에 빠지게 되었다. 한국정부는 그 이유를 표면적으로는 일본이 농산물수입에 대해 충분한 양보를 하지 않기 때문이라고 밝혔다. 하지만 한국의 수출 전체를 살펴보면 농산물 수출은 미미한 품목으로서 주된 수출품은 공업제품이었다.

숨겨진 이유는 일본과의 FTA는 수출촉진효과가 낮다고 판단했기 때문이었다. 일반적으로 일본은 공업제품에 대해서는 이미 관세가 없거나, 있다고 해도 전 세계적으로 가장 낮은 부류에 들어간다. 그렇기 때문에 일본과 FTA를 체결한다 해도 한국의 공산품 수출이 늘어날 리는 없었다. 반대로 이제까지 높은 관세로 보호받아 온 한국시장에 일본상품이 판로를 확대할 가능성이 컸다. 일본과의 FTA는 효과적 측면에서 균형을 잃기 쉽기 때문에 단기적으로는 일본에 일방적으로 유리할 것이라 판단한 것이다.

덧붙여 외교상의 이유 또한 존재했다. 노무현 정권은 중요한 대외협력 전략으로서 동북아시아 균형발전 전략을 내걸고 있었다. 한중일 삼 개국이 긴밀하게 협력함으로써 한국의 경제발전을 추진하려는 것이었다. 하지만 일본과의 FTA 추진은 중국과의 균형을 해치기 때문에 바람직하지 않다고 판단했다.

한편, 노무현 정권은 중국과의 협력추진에 위협을 느끼기 시작했다. 당시 한국은 일본과 같은 선진국에 기술적으로는 아직 뒤처져 있었으며, 중국을 비롯한 후발주자가 경제력을 무기로 급속하게 쫓아오는 형국에 있었다.

FTA 추진의 필요성과 일본과 중국 사이에 끼어 있는 상태에서 벗어나기 위한 활로로 삼은 것이 한미 FTA였다. 미국과의 FTA는 일본, 중국과의 교섭력을 높이는 데 공헌할뿐더러 FTA 전략이 지연되는 상황을 크게 만회해주리라 판단했던 것이다.

미국과의 사전교섭

WTO교섭 중단에 의해 FTA 추진의 필요성을 느낀 것은 미국도 마찬가지였다. 처음에 미국은 일본과의 FTA 교섭을 검토했으나 농산물을 둘러싼 의견 불일치로 결렬되었다. 그다음 지역으로 가능성을 보인 것이 한국이었다.

미국의 무역자유화는 WTO를 통한 다국간 교섭과 NAFTA북미자유무역협정와 같은 광역 및 양국 간의 FTA 모두를 중시했다. 단, NAFTA를 제외하면 2002년 시점에서 미국이 FTA를 체결한 것은 중동과 중남미의 작은 국가들에 한정되어 있었다. 미국은 주로 FTA를 안전보장, 외교정책상의 관점에서 추진했다고 할 수 있다. 그러나 2001년 1월에 부시 정권이 등장하고 2002년에 연방의회에서 대통령에게 통상교섭권을 부여하는 TPA무역촉진권한가 부여되면서 FTA의 근본적 역할인 통상정책적 관점에서 FTA 확대전략을 취하게 된다.

특히 부시 정권이 주목한 것은 아시아 국가였다. 아시아 지역은 앞으로 경제성장 가능성이 있으며, 미국으로서는 개척할 가치가 있는 시장이었다. 이 지역에서 경제규모가 큰 나라는 일본, 중국, 한국이었다. 일본과의 교섭은 이미 답보상태이고 중국은 안전보장의 관점이나 정치·경제 체제의 차이로 당장은 FTA 대상국으로 적당하지 않았다. 그렇다면 교섭을 위한 적절한 상대는 한국이 되는 것이다.

결국 미국에서는 2004년 5월, 조셋 샤이너 무역대표부USTR 부대표가 한미 FTA에 대한 관심을 표명했고, 이후 주한 미국 대사 등 관계자가 여러 차례에 걸쳐 러브콜을 보내기 시작했다. 이에 대해 한국은 통상정책 실무를 담당하는 외교통상부 통상교섭본부장 김현종이 중심이 되어 미국과의 교섭가능성을 실무 차원에서 검토했다. 11월에는 칠레에서 열린 APEC아시아태평양경제협력체 기간 중에 이뤄진 한미통상장관회의에서 FTA 추진가능성 점검을 위한 사전 실무회의 개최에 합의했다.

이를 근간으로 양국은 2005년 2월부터 교섭을 서두른다. 그 이유는 미국이 FTA 우선교섭대상국을 결정하는 시기가 2005년 9월로 임박했기 때문이었다. TPA는 2007년 7월까지 한시적으로 부여된 것이기 때문에 미국 대통령이 무역자유화 교섭을 주도할 수 있는 기간은 한정되어 있었다.

FTA 교섭 대상국 선정은 NSC국가안전보장회의와 NEC북미자유무역협정가 다루는 안건이었다. 그러나 연방의회에서 위임했다고는 하지만 최종적으로 교섭결과를 승인, 결정하는 곳은 의회이기 때문에 의회에 대한 사전교섭이 필요했다. 한국과의 FTA는 예전에 무역마찰을 경험한 탓에 모두 찬성할 상황이 아니었으므로 7월과 9월에 김현종이 미국을 방문하여 의회, 정부관계자와 교섭, 설득작업을 이어나갔다.

그리고 2005년 9월, 멕시코 방문 중에 노무현 대통령은 김현종의 의견을 받아들여 한미 FTA 추진에 대한 최종결정을 내렸다. 미국도 한국을 FTA 우선대상 4개국 중 하나로 선정했다. 노무현이 10월에 부시 대통령에게 전화로 교섭을 시작한다고 전한 후, 양국의 움직임은 빨라져 간다.

4대 선결조건

노무현은 애초에 2005년 11월에 열리는 APEC 회의에 맞추어 한미 FTA 교섭 시작을 발표하고자 했으나 미국은 그것을 저지시켰다. 미국으로서는 한국에 자신들이 요구하는 수준으로 FTA를 체결할 의사가 있는지를 확인하고 싶었기 때문이다. 그 '테스트'가 바로 '4대 선결조건'이라 불리는 자동차, 쇠고기, 약품가격 산정방식, 영화 등 네 분야에 대한 요구였다. 동일한 상황은 다른 나라에게도 이뤄졌으며, 이는 미국이 포괄적인 무역자유화 교섭에서 취하는 일반적인 수단이라고 볼 수 있다.

그러나 4대 선결조건은 FTA 교섭 이전부터 미국과 무역마찰을 일으켜온 중요한 안건이었기 때문에 이를 해결하라는 것은 무거운 과제였다.

자동차의 경우, 미국은 한국 차를 대량 수입하는데도 한국에서는 미국 차가 거의 팔리지 않는 불균형이 두드러지게 나타나는 분야였다. 쇠고기는 미국에서의 BSE소해면양뇌증, 이른바 광우병 발생에 따라 2003년 12월부터 한국이 수입정치 조치를 취하고 있었다. 미국 정육업계에서 한국은 특히 중요한 상대국이었는데, 수입이 정지되기 전까지 한국 수입쇠고기의 3/4이 미국산이었다. 미국으로서는 과학적 근거가 부족한 수입정지 조치의 조기해제를 원했다. 의약품이나 영화는 한국의 보호조치가 수출 확대를 저해하고 있었다.

노무현 정권은 이러한 긴급 현안에 대해 이례적인 속도로 미국에게 타협적인 조치를 취해간다.

자동차 분야에서는 배기가스 적용기준, 즉 실제로 시행되면 대형차가 주력 상품인 미국 자동차 산업에 불리하게 작용할 기준의 적용을 처음에 계획했던 2006년 1월 시행에서 2년간 유예하기로 했다.

쇠고기 분야에서는 2005년 10월 20일에 미국산 쇠고기수입 재개 방침을 결정했고, 미국과의 교섭 끝에 이듬해 1월에 뼈를 제거한 생후 30개월 이하의 쇠고기 수입재개에 합의, 9월부터 수입을 재개했다. 그러나 2006년 11월에 수입쇠고기에서 뼛조각이 발견되어 전량반송, 폐기하게 되었다. 수입재개는 이명박 정권으로 넘어가게 된다.

의약품 분야에서 미국은 한국의 약품 가격 적정화 작업의 중단을 요구했다. 한국의 약가제도는 국민건강보험의 의약품 대량 구매를 통해서 국가가 가격을 정하게 된 국정가격제도로, 외부의 시선으로는 약가 기준이 불투명했다. 덧붙여 한국정부는 약제비 팽창에 의한 건강보험재정 악화를 저지하기 위해 효과가 뛰어난 경제적인 약품만을 선별하여 약가 리스트에 올리는 포지티브 리스트 방식 채용을 검토하고 있었다. 미국은 그

리스트에서 빠졌을 때 받게 될 큰 타격을 우려했다. 결국 2005년 10월 말에 한국정부는 약가제도와 관련하여 가격 절하를 동반한 제도 개혁 작업을 중단했다.

영화 산업과 관련, 한국은 자국의 영화 산업을 보호하기 위해 국내 영화관에서 한국산 영화를 일정 비율 상영하는 것을 의무화하는 스크린쿼터제를 시행하고 있었다. 그러나 한국정부는 미국의 요구를 받아들여 2006년 1월에 스크린쿼터를 40%에서 20%로 축소하기로 했다.

교섭과 국내조정

미국과의 교섭은 이례적인 속도로 전개되었다. 2006년 대통령 신년 연설에서 노무현은 한미 FTA 교섭을 실시한다는 취지를 거론했다. 그러나 이 연설의 역점은 사회적 격차 해소에 있었기에 FTA 언급은 주목받지 않았다.

그 후 4대 선결조건에 대한 대응을 순서대로 추진, 2월에는 대외경제장관회의에서 한미 FTA 교섭개시를 정식으로 발표, 본격적인 교섭이 시작되었다. 그리고 2007년 3월에 부시, 노무현 두 대통령의 전화회담에서 남겨졌던 현안이 정치적으로 결착되어 4월에 교섭이 타결된다. 그 뒤에 미세한 조정을 거쳐 양국 대통령은 6월에 한미 FTA에 서명했다.

미국과의 교섭은 교섭 당사자에게는 무척 힘든 과정이었으리라 짐작된다. 하지만 최종적으로는 거의 모든 관세를 철폐했고 그 밖의 통상, 투자에 관한 규칙의 공통화에 합의하는, 급진적인 협정을 정식 교섭이 시작된 지 불과 1년여 만에 마무리 지은 사실로 미루어 순조로운 교섭이었다고 해도 좋을 것이다. 한미 FTA 발표는 눈앞에 있었다. 하지만 노무현은 협정 비준일을 보지 못하고 대통령 임기를 마치게 된다.

노무현은 2007년 9월에 한미 FTA 비준안을 국회에 제출했다. 그의 임기는 2008년 2월까지였다. 반년 남짓한 국회 심의 기간이 있었다. 하지만 그 후 비준안은 방치되었다. 2008년 1월에는 국회에서 여당인 통합민주당 열린우리당과 대통합민주신당을 통합한 정당과 야당 한나라당이 한미 FTA 비준 동의안을 표결에 상정하지 않기로 합의했고, 노무현 정권하에서는 성립되지 않는다는 사실이 확정되었다.

그 후 2월에 국회 통일외교통상위원회에 상정되었지만 그의 임기 중에는 단 한 번 공청회가 열렸을 뿐이다. 두 나라의 교섭 속도가 빨랐던 것에 비해 국내의 비준 수속은 느려서 무척 대조적이었다.

이데올로기 대립으로 분열된 정권

시민사회와 정치 사회의 차이

미국과 한국의 조정이 순조로웠던 것에 비해 국회에서 반대에 맞닥뜨린 이유는 무엇일까?

이 질문에 대한 가장 단순한, 그런 이유로 인구에 회자되기 쉬운 답은 양국 간 조정이 너무 빠르게 이뤄졌다는 사실 자체에 있다는 답변이다. 즉 노무현 정권이 국내에서 조정을 거치지 않고 졸속 교섭을 시행한 점이 국내에서의 반발을 샀다는 것이다. 또 한 가지는 대통령 임기의 문제이다. 2007년은 대선이 이뤄지는 해이다. 제도상 한국의 대통령은 임기 5년을 채우면 다시 할 수 없다. 교섭이 타결되어 비준동의안이 국회에 상정된 9월은 12월 선거까지 불과 3개월 남은 시점이었다. 일반적으로 임기가 다 끝나가는 대통령의 말에 귀를 기울일 정치가는 없다. 더구나 정권 말기 노무현 정권의 지지율은 때로는 10%대까지 떨어졌을 정도로 낮았다. 한마디로, 비준동의안을 통과시켜줄 정치력이 대통령에게는 전혀 없었다.

그러나 이 두 가지 대답은 설명이 불충분하다.

우선 졸속했다는 지적은 두 가지 점에서 들어맞지 않는다. 애초부터 한국인 대부분은 한미 FTA 교섭을 지지한 것이 사실이다. 교섭 개시에 앞서 2004년 11월 전경련이 실시한 조사에서 87%, 12월 한국갤럽이 실시한 조사에서도 80%가 찬성했고, 교섭이 본격화된 2006년에 동아시아연구원이 실시한 국민의식조사에서도 그 필요성을 54.5%가 인정했다. 교섭타결 후인 2008년 1월 조사에서도 75.4%가 지지하는 것으로 나타났다. 한미 FTA는 국민이 바라던 교섭이었고 졸속하기에 비준할 수 없었다는 말은 앞뒤가 맞지 않는다.

게다가 노무현 정권은 무역자유화로 피해가 예상되는 업계와의 조정을 상당히 정중하게 실시했다. 분명 처음에는 졸속하다는 비판도 있었지만 노무현의 지시로 2006년 8월에 국민홍보를 위한 조직인 한미 FTA체결지원위원회를 발족시켰고, 관계 관청과의 조정, 업계 단체와의 조정을 시행한 결과, 정부 내에서의 불협화음은 없어졌고 산업계의 의견도 거의 반영되었다.

무역자유화 교섭이 본질적으로는 자유화에 의해 피해를 입을 가능성이 큰 산업과의 조정 문제라고 한다면, 노무현 정권은 한미 FTA를 대단히 능숙하게 진행시켰다고 할 수 있을 것이다. 싱가포르, EFTA, ASEAN 등과의 FTA 교섭이 한미 FTA 교섭과 가까운 시기에 이뤄졌지만 모두 노무현 정권 시기에 타결되었다는 점을 생각하면 정권 말기여서 그렇다는 설명도 불충분하다고밖에 할 수 없다.

그렇다면 무엇이 한미 FTA 비준을 지연시켰던 것일까?

분열된 민주주의

그것은 한국 정치권에 퍼져 있는 심각한 이데올로기 대립이었다. 다만 한미 FTA에서의 대립은 보수 진영이 지지하는 가운데, 노무현을 지지했던 진보 진영과 노무현 정권이 대립하는 구도가 그 원인이었다.

진보 세력이 한미 FTA를 반대하게 된 발단은 4대 선결조건의 하나인 스크린쿼터 축소결정이었다.

영화 산업 관계자가 맹렬히 반발하면서 2006년 2월 15일, 그 취지에 찬동하는 113개의 단체가 기자회견을 열고 '스크린쿼터 사수 한미 FTA 저지 범국민대책위원회 준비위원회'를 발족했다. 준비위원회는 그 후 3월 28일에 "미국에 의한 경제종속 및 사회양극화를 심각하게 만들며 한국경제를 파탄에 빠지게 할 한미 FTA 저지"라는 목적으로 '한미 FTA 저지 범국민운동본부'를 발족시켰고 여기에 300여 개의 단체가 참가했다.

참가단체는 주로 전국농민연대, 전국농민회총연맹전농, 민주노총, 한국노총, 전국교직원노동조합전교조, 스크린쿼터 문화연대, 민주사회를 위한 변호사모임민변, 참여연대, 한국대학총학생회연합한총련, 민주화를 위한 교수협의회 등이었다. 농업단체, 영화업계 관계자 등 피해를 입을 가능성이 있는 단체도 분명 포함되어 있었지만, 이해관계에 직결되지 않는 시민단체가 다수 참가했고 그들이 결합하는 형태로 반대 운동이 추진되었다.

운동의 형태는 2002년 제16대 대선 당시 노무현 지지세력의 운동과 무척 유사했다. 인터넷을 통한 서명 운동, 촛불집회, 가두시위, 3차에 걸친 미국 원정시위, 비판서의 출판 등이었다. 촛불집회는 2002년 대선 당시, 주한미군 장갑차가 여고생을 죽음으로 이르게 한 사건에 대한 항의 운동으로 생겨났으며, 그 후 이명박 대통령에 대한 항의 운동에서도 빈번하게 이뤄진다. 진보 세력이 자주 시행하는 시위 형태였다. 그들은 2006년 11월에는 전국 13개 도시에서 동시다발적으로 시위를 전개했고, 11월 22일에는 민주노총 주최의 총파업으로 발전했다.

한미 FTA 교섭은 노무현 정권 내부에도 심각한 균열을 낳았다. 이를 추진하는 대통령에게 반발하여 대통령의 경제정책 수뇌부 중 한 사람이었던 정태인 국민경제비서관처럼 청와대를 떠나 노무현을 격렬하게 비판하는 사람까지 출현했다. 일본으로 보면 경제담당인 총리비서관 정도의 인물이 벌인 행동인 만큼 그 충격은 컸다.

한편, 이제까지 노무현과 심각한 대결을 이어온 보수 진영은 신자유주의적 색채가 강한 FTA 추진을 지지하는 입장에 있었다. 특히 경제계는 정권의 방침을 지지하는 조직이나 운동을 출범시켰다. 2006년 4월에는 '바른 FTA 실현을 위한 국민운동본부'를 발족시켰고 한국무역협회, 전경련, 중소기업중앙회, 상공회의소, 전국은행연합회와 농협이 공동의장을 역임하는 형태로 한미 FTA 민간대책위원회도 발족했다.

하지만 그 밖의 보수 세력은 노무현이 반미 친북적인 진보 세력을 지지 기반으로 대통령에 당선된 이상, 적극적으로 찬성하기도 힘들었기에 두드러진 활동을 보이지 않았으며 방관자적 입장에 서게 되었다.

정당 차원에서도 마찬가지여서, 한나라당은 찬성의 입장이기는 했으나, 노무현 정권이 추진하고 있기 때문에 당의 공식적인 견해로서 찬성은 내세울 수는 없었다. 더구나 여당인 우리당은 노무현을 지지해야 하는 입장이었지만 내부에 반대하는 사람이 많았기에 역시 당의 의견을 내놓을 수가 없었다.

진보의 반란

한미 FTA를 둘러싸고 국내 정치는 정부 대 진보 세력이라는 대립구도를 이루게 된다. FTA의 긍정적 측면을 강조하는 정부에 대해, 진보 세력은 FTA에 의해 중소기업의 경제활동이 곤란해질 수 있고 노동시장의 유연성 상승으로 실업과 격차가 심각해질 것이라고 주장했다. 그뿐만이 아니라 그들은 한미 FTA 문제를 통상문제로서가 아닌 민족, 자주, 주권의 문제로 파악하고 자극적이고 상징적인 단어를 이용하여 정부를 비판했다.

다시 말해, 한미 FTA는 미국의 문화침략이며 한국경제를 미국경제에 종속시키는 것이다, 체결은 북한과의 남북관계에도 영향을 미치게 된다, 왜냐하면 FTA는 미국의 한반도 지배전략이며 한반도의 화해와 통일의 물적 토대를 재편하려는 불순한 의도에 기반하는 것이기 때문이라며 비판했다.

바야흐로 이는 무역자유화가 이뤄지면 누가 이익을 얻고 누가 손해를 보게 될 것이냐는 차원의 이야기가 아니었다. 앞서 기술한 것처럼 한국에서 정치권의 대립구도는 북한과 미국에 대한 옳고 그름을 둘러싼 것이었다. 진보는 한미 FTA의 옳고 그름을 이와 같은 구도 위에 올려놓았고, 노무현 정권에 대해 반민족적이라는 각인을 찍어 그 가치를 폄하함으로써 한미 FTA를 저지하려 했던 것이다.

이러한 상황에서 노무현 정권의 지지자여야만 할 진보 세력 배경의 우리당이 한미 FTA를 찬성할 리가 없었다. 더구나 노무현의 적대 세력인 한나라당이 찬성해서 노무현에게 힘을 실어줄 리도 없었다. 비준동의안의 국회통과는 애당초 바랄 수 있는 일이 아니었다.

오해받은 **노무현**

노무현 정권의 경제정책은 한국에 심각한 이데올로기 대립을 초래했다. 한국에서는 민주화 이후 진보와 보수 간에 기본적인 가치관을 둘러싼 대립이 계속되었지만, 노무현 정권의 등장은 이를 더욱 심각하게 만들었다. 한미 FTA 역시 진보와 보수의 견해가 완전히 달랐고, 반미 대 친미라는 전통적인 대립축의 연장선상에서 두 세력이 대립했다. 그리고 바로 이 요인으로 인해, 그의 신념에서 보면 예상 밖의 일이었겠지만, 노무현은 진보 세력으로부터 배신자로 불렸던 것이다.

한편 복지정책에서 노무현 정권은 좌우 양 세력으로부터 비판받았다. 그가 내건 '사회투자국가'라는 이념이 기존의 진보·보수의 대립 이미지에 맞지 않았기 때문이다.

진보와 보수는 모두, 복지국가란 국민으로부터 많은 세금을 거둬 그것을 복지 서비스가 필요한 사람에게 공급하는, 소득보장 탈상품화을 축으로 하는 것이라 생각했다. 진보는 그것을 옳다고 했으며 보수는 그것을 옳지 않다고 하는, 기존의 대립 구도에 서 있었던 것이다.

하지만 노무현은 일하는 사람이 충분한 수입을 얻지 못하는 것은 그들에게 직업교육, 취업정보가 충분히 주어지지 않기 때문이며, 취업환경이 정비되지 않아서라고 이해했다. 그런 까닭에 그들이 다시 노동시장에 참여할 수 있도록 '사회투자국가'로서 복지를 시행할 필요가 있다고 생각했다.

하지만 그의 생각은 좌우 양 세력으로부터 무척 좋지 않은 평가를 받았다. 진보는 노무현의 복지정책을 신자유주의적이라고 비판했다. '사회투자국가'로서의 복지정책을 통해 노동자를 재상품화하는 것의 중요성을 이해하는 복지연구자도 '개발주의'로 물든 한국의 복지정책은 무엇보다 전통적인 재분배에 중점을 둬야 한다고 주장했다. 보수는 노무현의 복지 정책을 시행하기 위해서는 거액의 세금이 필요하며 그것은 한국경제의 활력을 저해하리라고 비판했다.

경제정책과 복지정책은 흔히 별개로 논의되는 경우가 많다. 하지만 앞서 살펴본 것처럼 한국에서 두 가지를 둘러싼 정치 세력 간의 구도는 동일했다. 모두 진보와 보수가 강하게 대립하는 형국이었다. 혼란을 준 것은 노무현의 위치였다. 언뜻 보면 그는 경제정책에서는 보수에 가깝고 복지정책에서는 진보에 가까운 것처럼 보인다. 그는 모순된 목표를 가지고 있었던 것일까?

┃ 노무현이 꿈꾼 것

사실 노무현은 복지정책과 한미 FTA를 연결해서 이해하고 있었다. 2006년 1월 26일에 이뤄진 대통령 신년연설에서 그는 격차 해소의 중요 성을 호소하고, 그에 덧붙이는 형태로 한미 FTA 추진을 표명했다. 당시 많은 사람은 그의 발언 가운데 격차 해소에 주목했고, 한미 FTA에는 그다지 주의 깊게 관심을 두지 않았으며, 두 가지가 관련되어 있다고도 생각하지 않았다. 하지만 두 가지는 명확하게 연관되어 있었다. 노무현은 한미 FTA가 격차를 심화시키는 것이 아니라, 격차 해소에 연결되리라고 인식하고 있었기 때문이다.

청와대 정책실장이었던 김병준에 의하면, 한미 FTA 추진의 이면에는 산업구조 조정에 시장의 힘과 역동성을 빌리려는 생각이 있었다고 한다.

한국은 2003년 이후 불황에 빠졌지만, 그곳에서 빠져나가기 위해서는 경제의 활력 향상이 필요했고 구조 개혁이 시급했다. 하지만 그를 위한 사회적 합의를 얻기가 극히 어려웠기 때문에 시장의 힘을 통해 구조조정을 추진할 수밖에 없었다. 또한 구조조정의 대상은 대기업이나 금융기관뿐만 아니라 영세기업 등 저소득층까지 포함되었다. 영세자영업자의 생존 가능성을 높이기 위한 지원은 정부가 제공하고 새로운 기회는 대외경제 개방을 통해 제공하려고 생각한 것이었다.

"중소기업이 미국과의 기술협력, 기술전수 등을 받고 법률, 회계, 세무 분야는 경쟁에 노출됨으로써 젊은이들이 세계 무대에 설 기회라고 보았다. 한미 FTA는 서비스산업 선진화의 기회였으며 준비와 활용에 따라 경제격차 해소의 조건이 될 것이라고 판단"박용수, 2011, 〈노무현 대통령의 한미 FTA 추진 이유 : 대통령리더십을 통한 접근〉《평화연구》19-1 했던 것이다.

격차문제는 일본을 포함한 많은 나라가 안고 있는 문제이다. 한국만이 괴로워하는 상황이 아니었다. 노무현은 특히 한국에서 저소득층이 그들이 종사하는 산업의 저생산성으로 말미암아 소득을 얻을 수 없다는 사실에 주목했다. 소득이 낮은 상태에서 빠져나오기 위해서는 그들에게 교육, 훈련과 기회를 줄 필요가 있다고 생각했다. 일본과 유사한 산업구조를 가진 한국에서 무역자유화로 가장 큰 피해를 받게 되는 것은 농업이다. 하지만 그는 자서전에서 다음과 같이 서술하고 있다.

> 가장 마음에 걸리는 것이 농업이었다. 우리 농민들은 나이가 많다. 은퇴하려는 농민들은 은퇴할 길을 열어 주고 다른 국가 정책으로 안정된 삶을 꾸려 나갈 수 있도록 돕는 한편, 계속 농사를 지을 사람들은 세

계 일류 수준으로 농사를 짓도록 하는 것이 농민을 위해서도 국민경제를 위해서도 바람직하다고 생각했다.

　이번 장에서는 반미 정권으로 여겨지던 노무현 정권이 어째서 한미 FTA를 체결하려 했는지, 더구나 미국과의 합의를 얻었음에도 불구하고 국내에서의 추진에 좌절한 이유는 무엇인지라는 두 가지 질문에 대답하는 형태로 이야기를 진행시켜 보았다. 첫 질문에 대한 대답은 바로 이것이다. 무역자유화가 복지정책과 합쳐진다면, 사회적 약자의 질적인 생활 개선으로 연결될 것이라고 생각했던 노무현에게 한미 FTA는 불가결한 정책 분야의 하나였던 것이다.

　무역자유화를 추진하여 경제의 효율성을 높이는 한편, 노동력의 '재상품화'를 추진함으로써 노동자의 생산성을 높이고 취업 기회를 주는 것은 모순되는 것이 아니었으며, 실제로 북유럽 국가 등에서 시행되고 있다. 진보가 자유화에 동의하고 보수가 사회투자라는 복지정책에 동의하면 가능한 일이었으며, 양쪽 진영에 있어서도 환영할 만한 일이었다.

　그러나 노무현은 사회적 합의를 이끌어내는 데 실패했다. 그것은 김대중이 시도했던 노사정위원회와 같은 코포라티즘적인 구도가 성립되는 정치의 실태가 없었고, 그런 까닭에 심각한 이데올로기 대립이 탄생했기 때문이다. 두 번째 질문에 대한 답은 여기에 있다. 노무현은 김대중 같은 유능한 정치가였다고는 말하기 어렵다. 한국 정치가 가지는 특징상, 바로 그 이유만으로도 노무현은 격차문제 해결을 위한 새로운 길을 만들어낼 수 없었던 것이다.

반진보 정책의 좌절

• 이명박 정권에 의한 정책 계승 •

CHAPTER 4

| 이명박 정권의 노림수

| 이중의 제약

| 실용주의의 차질

...

　김대중, 노무현의 2대, 10년에 걸친 진보 정권은 결과적으로는 지지자를 배신하는 경제정책을 시행해버렸다. 복지국가화에는 성공했지만 양적 규모는 작았고, 신자유주의적인 개혁이 추진되었다. 챕터3에서 서술한 것처럼 노무현 대통령의 경우는 전통적인 진보의 생각과는 다른 발상으로 인해 지지자로부터 비판을 받게 되었다. 진보 정권이 불행했던 것은 그들의 정책이 보수에게서도 지지를 받지 못했다는 점에 있다.

　보수는 '복지 포퓰리즘'이라는 표현으로 두 정권의 복지정책을 비판했고 그 정책으로 인해 경제성장에 실패했다고 계속 공격했던 것이다.

　그렇다면 2008년에 10년 만에 보수 정권으로서 탄생한 이명박 정권은 어떻게 경제정책을 전개했을까? 프롤로그에서 기술한 것처럼 이명박 정권은 보수적이고 대기업 친화적인 정권으로 간주되는 경향이 많다. 그것은 사실일까? 이명박은 어떤 일을 하려 했고, 그것은 성공했을까? 경제정책, 복지정책과 통상정책을 통해 살펴보기로 하자.

이명박 정권의
노림수

우선 이명박 정권이 어떤 일을 하려 했는지를 살펴보자.

이명박 정권은 진보 정권의 안티테제로서 출발했다. 그가 분명히 인식한 것은 노무현 정권을 부정해야 한다는 것이었다. 미국에서 조지 부시 정권의 정책이 전임자의 정책을 부정하는 의미에서 "Anything But Clinton 클린턴이 한 것만 빼고 뭐든지"이라고 평가되었던 것을 비틀어 "Anything But 노무현"이 모토이기까지 했다. 그것은 2대에 걸친 진보 정권을 지탱한 미국 유학파 경제관료들의 사상, 즉 신자유주의에 대한 안티테제이기도 했다. 이명박 정권의 경제정책은 실용주의라고 불린다. 성장 결과의 분배보다는, 높은 경제성장을 이룸으로써 국민경제를 풍요롭게 할 것을 목표로 한다. 그를 위해 모든 수단을 동원하며 체계성은 그다지 중시하지 않음을 의미한다. 구체적으로는 크게 두 가지의 요소로 이뤄진다.

하나는 진보에 대한 안티테제인 거시적인 신자유주의이다. 이명박 정권은 대규모적인 감세와 대규모적인 규제완화를 단행할 것을 기치로 내걸었다. 감세의 주된 대상은 법인세였다. 규제완화에서는 재벌의 활동규제 완화를 시행하려 했다. 한국에서는 거대한 경제권력인 재벌의 경제지배력을 억제하기 위해 다양한 경제규제를 시행하고 있는데, 그 가운데 출자총액제한, 지주회사 관련 규제, 재벌기업 범위 지정 기준, 금융기관으로의 재벌 출자제한을 폐지 또는 대폭 완화하여 투자활동의 활성화를 도모하려 했다. 모든 것은 부유층이나 재벌 등 사회적 강자를 보다 강하게 할 가능성이 크기 때문에 진보는 싫어하는 정책이었다.

또 한 가지는 신자유주의의 전제가 되는 정통적인 경제학의 안티테제인 미시적인 개발주의이다. 이명박 정권은 한국을 망라하는 대운하 건설 등 대규모적인 사회간접자본의 정비를 내세웠다. 또한 물가상승에 대해서는 공영기업의 경영을 도외시한 공공요금 인하나 휴대전화 등 통신요금, 은행수수료 인하 등을 단행했다. 전자는 재정 확장에 따라 인플레이션을 불러일으킬 가능성이 커지며, 후자는 명백히 비시장적이고 자의적인 물가유도 정책이기 때문에 시장의 규율을 중시하는 상식적인 정책이 아니었다. 이러한 정책에 체계성은 없었으며 진보는 물론 경제전문가의 평판도 좋지 않았다.

능동적 복지

이명박 정권은 복지정책에 대해서도 진보 정권과 다른 정책을 취하려 했다. 정권이 내건 새로운 복지정책은 '능동적 복지'라 불렸다. '사회적 리스크의 예방과 해결을 위해 국가의 책임을 강화하고 재기와 자립의 기회를 확대하기 위해 개인·사회·국가가 협력하여 국민의 기본생활을 보장하고 안전하고 행복한 생활을 지지하는 복지'를 의미한다. 첫 번째로 생애복지기반의 정비, 두 번째로 예방·맞춤·통합형 복지, 세 번째로 시장기능을 활용한 서민생활 안정, 네 번째로 사회적 리스크로부터 안전한 사회를 실현한다는 것이다.

이명박 정권 복지정책의 슬로건인 능동적 복지는 위와 같이 정의되지만, 김대중 정권의 '생산적 복지', 노무현 정권의 '참여복지'와 마찬가지로 개념이 모호하고 구체성이 결여되어 있기 때문에 해석에 따라 그 의미가 다를 수 있다. 하지만 진보에 대한 안티테제를 여기에서도 엿볼 수 있다.

지금까지의 설명을 통해 이해할 수 있는 것은 이명박 정권에게 복지란 국민이 '재기와 자립'을 도모할 때 필요한 것이다. 복지를 필요로 하는 사람들에게 서비스가 이뤄지면 그것으로 된다는 것이다. 이는 국민의 권리로서 복지 서비스를 제공하려는 진보시대의 보편주의와는 거꾸로 된 발상으로서, 선별주의적인 성격이 강하다.

또한 복지 서비스에 시장원리를 도입한다는 사실도 명시하고 있다. 복지는 국가가 책임을 지지만 그 제공 방식에는 민간도 참가하도록 하고 복지 서비스도 산업으로 규정했다. 빈곤예방을 중시하고 새로운 사회적 리스크에 주목하는 등 진보 정권의 방향성을 계승하는 부분도 있지만 진보가 목표로 했던 사회민주주의가 아니라 분명하게 신자유주의적인 정책으로의 전환을 목표로 하고 있다.

그들이 정권 초기 단계에서 검토한 구체적인 과제에서도 이와 같은 색채가 강하게 나타난다. 주은선2009을 참고하여 연금과 의료보험에 대해서 살펴보자.

한국의 공적연금인 국민연금은 노무현 정권 말기인 2007년에 대규모적인 개혁을 단행했다. 즉 2028년까지 40년 가입자의 평균소득 기준으로 소득대체율을 60%에서 40%로 인하하도록 제도 설계를 재검토한 것이다. 이와 같이 전체적으로 수급을 억제하는 개혁은 충격적이었고 사적연금시장을 성장시키는 기폭제가 된다. 수급 삭감의 보완조치가 기초노령연금제도였다. 기초노령연금은 소득 상위층 30% 이외의 고령자에 대해 최고 수급액으로 평균신고소득액의 5% 이하를 받을 수 있게 되어 있었다.

노무현 정권 말기에 이뤄진 개혁에 덧붙여 이명박 정권은 국민연금과 기초노령연금의 통합을 계획했다. 기초노령연금을 기초연금으로 전환하고 기초연금은 고소득층을 제외한 대부분에게 지급하지만, 국민연금은 기초연금분을 삭감하고 지급한다는 것이었다. 다시 말해서 기초노령연금 수급자는 이제까지는 기초노령연금과 국민연금 두 가지를 다 받았지만, 개혁 후에는 기초노령연금에 상당하는 금액이 삭감된다. 이는 기본적으로는 공적연금을 고령빈곤층에 대한 대책이라고 한정적으로 파악하고, 공적연금에 대한 의존을 강화시키는 효과를 가져다주는 것이었다.

의료 서비스의 산업화

이명박 정권은 의료보험에 대해서도 공적보장의 성격을 약화시키고 의료 서비스를 산업으로 파악하여 육성해가는 개혁을 지향했다.

한국의 공적 의료보험인 국민건강보험은 크게 두 가지 문제를 안고 있었다. 하나는 재정 적자이다. 보험자인 일반국민이 의료보험 관리자인 의료조합에 보험료를 납부하고 그것을 근간으로 관리자가 병원 등 의료 서비스 공급자에게 서비스료를 제공하는 이른바 사회보험 방식은 보험재정 적자를 낳기 쉽다. 챕터1에서 설명한 것처럼 한국 역시 건강보험 재정 적자가 큰 문제였다.

또 한 가지는 건강보험의 낮은 분담률, 바꿔 말하면 치료비 가운데 본인 부담액이 높다는 점이다. 건강보험 분담률은 2006년도 기준으로 OECD 국가 평균이 72.4%였음에 비해 한국은 51.4%에 그쳤다.

이 문제에 대해 이명박 정권은 의료보험료 수입 확대가 아닌 수급지출의 효율화에 의해 의료보험재정 안정화를 도모하려 했다. 즉 공적인 건강보험제도를 기본보장형으로 축소하고 기본적인 서비스는 공적보험으로 일정 정도 부담하지만, 고도의 의료 서비스 등 그 밖의 서비스는 개인 또는 민간보험으로 부담시키려 한 것이다.

이와 더불어 건강보험 당연지정제의 폐지를 추진한다. 이 제도는 국내의 모든 병원을 건강보험지정 의료기관으로 지정하는 것으로서, 의사들은 치료비를 자유롭게 설정할 수 없다. 이 제도는 낮은 의료보수를 강요받는 의사들, 보험시장을 확대하고 싶은 민간 보험업계, 외국인환자의 적극적 유치 등 의료 서비스를 산업화하고 싶은 정부에게는 장애가 되고 있었다.

하지만 제도의 폐지는 한국 의료 서비스의 존재방식을 크게 바꿀 가능성이 컸다. 왜냐하면 의료 서비스의 계층화를 인정하는 것이 되기 때문이다. 제도가 폐지되면 의료보수를 자유롭게 설정할 수 있는 비지정의료기관은 우수한 의사를 고용하기 쉬워지므로 지정의료기관과 진료내용이나 의료의 질적 차이가 발생하게 된다. 그러나 이에 대한 지불은 건강보험으로 부담할 수 없기 때문에 개인이 지불하거나 민간보험에 가입할 필요성이 생긴다. 그렇게 되면 빈부의 차이가 진찰을 받을 수 있는 의료의 차이로 이어지게 된다.

이와 같이 이명박 정권이 내건 능동적 복지는 한국의 사회보장제도를 자유주의적으로 재편하려는 방향성이 강했다.

| 계승된 FTA 전략

이명박 정권은 "Anything But 노무현"이었지만 유일하게 계승을 선언한 것은 한미 FTA를 비롯한 FTA 전략이었다.

이명박 정권하에서 ASEAN과의 FTA는 더욱 심화되었고, 상품무역, 서비스에 관한 협정에 이어 2009년에는 투자협정도 맺어졌다. 가장 중요한 것은 미국 및 EU와의 협정발표였다. 한국의 무역 상대국은 2010년 시점에서 첫 번째가 약 20%를 차지하는 중국이었고 이어서 일본, EU, 미국이 거의 10%였다. 일본과 중국을 제외한 주요무역상대국, 지역과 FTA체결을 하면 특히 수출시장에서 경합할 일이 많은 일본에 대해 관세나 무역수속에서 우위에 서게 되는 것이었다. FTA를 적극적으로 추진하여 세계 주요국과 FTA로 맺어지는 것은 '경제영토' 확대로 이어진다고도 표현되었다.

세계 각국과 FTA를 맺는 것에 대해 보수는 물론 진보도 반대하지 않았다. 다만 한미 FTA에 대한 취급은 달랐다. 보수는 찬성이었음에 반해 진보는 신중했다. 보수인 이명박 정권은 한미 FTA를 통상뿐만 아니라 미국과의 동맹관계를 강화할 수 있는 것이라고 주장하며 적극 추진했다.

이와 같은 논리는 노무현 정권과는 크게 다르다. 노무현은 통상정책과 안전보장은 분리시켜서 생각했으며, 한미군사동맹의 중요성은 별도로 다루었다. 한미 FTA에 의한 대외 개방과 그에 따른 경제 구조조정이 이익이 되리라 생각했기 때문이었다.

이명박을 비롯한 보수 세력이 펼친, 노무현 정권이 한미관계를 곤란하게 만들었다는 주장은 사실 표면적인 비판이었다. 분명 노무현의 언동에는 반미적인 부분이 있었고 그의 지지기반도 반미적이었다. 그러나 미국이 이라크 전쟁을 개시하자 이를 지지했고 전쟁 종결 후에는 미국의 요청에 따라 이라크 재건을 위한 파병을 결정하는 등 협조적인 자세를 보여주었다.

노무현은 북유럽형 복지국가를 목표로 하며 사회보장과 FTA를 연결하는 정책 패키지를 지향했다. 이와 달리 이명박은 한미 FTA와 안전보장을 연결하여 정책 패키지로 삼았다. 이는 보수에게도 진보에게도 이해하기 쉬운 구도였다.

이중의 제약

리더십의 조건

이명박의 대선 당시 공약, 정권 초기의 정책 동향을 검토해보면, 그가 일종의 보수주의로부터의 혁명을 단행하려 했음을 알 수 있다.

진보 정권, 특히 노무현 정권에서는 사회보장제도 등을 통해 어떻게 재분배할 것인가가 중요한 테마였다. 그러나 이명박 정권은 분배가 아닌, 전체 경제 규모를 급속하게 확대하여 경제적 불만을 해소하려 했다. GDP 성장률 7%라는, 1인당 GDP가 2만 달러인 나라에서는 생각하기 어려운 빠른 속도의 경제성장을 달성함으로써 사람들을 행복하게 하는 '국민성공시대'를 일으키겠다는 것이 그의 주장이었다.

문제는 이명박이 이 같은 정책을 시행할 권력기반을 가졌느냐였다.

일반적으로 대통령이나 수상 등 한 나라의 리더가 강한 리더십을 발휘하기 위한 조건으로서 거론되는 것은 다음의 세 가지이다.

첫 번째는 헌법에 규정된 권한이다. 헌법상 많은 권한을 부여하면 그만큼 대통령의 권력은 강해지며 리더십을 발휘할 수 있다.

두 번째는 의회로부터의 지지이다. 아무리 강력한 헌법권한을 갖는 대통령이라 해도 법률을 만들 수 있는 것은 국회이다. 그런 까닭에 국회의 지지 없이 정책을 실현할 수 없다. 뛰어난 대통령인가의 여부는 정책을 법률화하도록 국회의원을 설득할 수 있느냐에 달려 있다.

세 번째는 대중으로부터의 지지이다. 가령 국회의원의 지지가 낮다 해도 대통령이 많은 유권자의 지지를 얻는다면 의회는 대통령의 정책을 받아들일 가능성이 크다.

덧붙여 설명하면, 첫 번째 항목에서 한국의 대통령은 군 통수권자이며 각료, 관료에 대한 인사권을 가진다. 계엄령이나 긴급조치를 의회의 사전 심의 없이 실시할 수 있으며, 미국의 대통령에게는 없는 예산안 제출권, 법안 제출권을 갖는다. 단, 국제적으로 비교해보면 한국 대통령의 헌법적 권한은 비교적 강한 편이나 제일 강한 나라는 아니다.

두 번째 항목은 대통령 개개인의 개성과 제도에 따라 좌우되지만, 제도적으로 한국은 대통령이 국회의 지지를 얻기 어려운 구도이다. 그것은 대통령과 국회의원의 선출주기와 관련이 있다. 대통령의 임기는 5년이며 연속해서 대통령직에 오를 수 없다. 그에 반해 국회의원은 4년 임기로 당선횟수에 제한이 없다. 게다가 대통령에게는 국회해산권이 없다. 그런 연유로 대선과 총선은 20년에 한 번은 가까운 시기에 이뤄지지만 보통은 1년 이상 차이가 벌어지게 된다.

또한 같은 해에 선거가 치러진다 해도 미국처럼 같은 날에 선거를 하지 않는다. 한국의 대선은 12월에 이뤄지고 총선은 4월에 실시되기 때문이다. 일반적으로 대선과 총선이 가까우면 가까울수록 대통령 소속정당이 국회에서 다수를 차지하는 경향이 있으며, 멀어지면 멀어질수록 야당이 다수를 장악하는 경향이 있다. 대통령 소속정당과 국회의 다수당이 달라지는 상황을 분할정부라 하는데, 한국은 제도상 그런 상황에 빠지기 쉽다. 이명박 정권을 살펴보면, 분할정부가 될 가능성은 비교적 낮았다. 그는 제17대 대선2007년 12월과 제18대 총선2008년 4월이 가장 접근해있는 행운의 시기에 대통령이 되었기 때문이다.

세 번째 항목인 대중적 지지는 대개 대통령의 개성에 영향을 받는다. 매스미디어를 잘 활용할 수 있는가, 전쟁 등 대외적 위기가 있는가 등이 영향을 미치는데 이런 요소를 제도적으로 통제하기란 거의 불가능하다.

복잡한 선거 결과

그렇다면 이명박은 어땠을까? 그는 20년에 한 번 있는 행운 가운데 총선에서 소속정당 한나라당이 과반수를 얻기 쉬운 조건에 놓여 있었다. 게다가 노무현에 대한 국민의 실망도 존재했다. 진보 정권하에서 경제 격차가 확대되었던 것이다. 이명박은 안티 노무현의 정책을 주장했지만, 많은 유권자도 안티 노무현이었으며 넘쳐나는 불평은 진보 세력에 대한 부정적 평가로 이어지고 있었다.

여기에서 잠시 2007년 대선을 되돌아보자. 대선 결과는 4-1에서 보는 바와 같다. 노무현의 지지정당이었던 우리당은 해산하여 대통합민주신당이 되었지만, 후보자인 정동영의 득표수는 30%에도 미치지 못했다. 50% 가까운 표를 획득한 이명박의 압승이었다. 이 결과만 놓고 보면, 이명박은 세 번째 조건을 충족했고 강한 리더십을 발휘할 수 있는 조건을 가졌었다고 할 수 있다.

4-1. 대선 결과 투표율 : 63%

소속정당	후보자명	득표수	득표율 %
대통합민주신당	정동영	6,174,681	26.1
한나라당	이명박	11,792,389	48.7
민주노동당	권영길	712,121	3.0
민주당	이인제	160,708	0.7
창조한국당	문국현	1,375,498	5.8
참주인연합	정근모	15,380	0.1
경제공화당	허경영	96,756	0.4
새시대참사람연합	전관	7,161	0.0
한국사회당	금민	18,223	0.1
무소속	이회창	3,559,963	15.1

주) 한국중앙선거관리위원회 자료

그러나 유권자의 이명박에 대한 지지는 그다지 강한 것이 아니었다. 한나라당 내부 세력이나 유권자로부터의 평판이라는 관점으로 볼 때, 그에게는 당 내부에 강력한 라이벌이 있었기 때문이다. 그 인물이 바로 박근혜이다. 그녀는 박정희 전 대통령의 딸이며, 10년간의 야당 시절에 한나라당 대표로서 총선에서 당을 몇 번이나 승리로 이끈 실적을 가지고 있었다. 실제로 2007년 8월에 이뤄진 제17대 대통령 한나라당 후보자 선출선거에서 이명박은 차기 대통령후보로 선출되었지만, 이명박이 81,084표, 박근혜가 78,632표로 그 차이는 근소했다.

비록 후보자 선출선거에서 힘겹게 승리를 거두기는 했지만, 승리는 승리였다. 경선 이후 대립 후보의 지지를 받으며 강한 리더십을 발휘한 예는 얼마든지 있었다. 강력한 라이벌이 있다는 사실 자체가 강한 리더십의 장애가 될 수는 없다. 문제는 당 내부를 둘로 나누는 세력을 자랑하는 박근혜계가 강한 결속력을 지닌 채 당 내부의 야당이 되어버렸다는 점이었다.

박근혜계의 여당 내 야당화

민주화 이후 대통령이 여당을 자신의 지지 세력으로 만드는 것은 국회에 대한 대책에서 중요한 일이었다. 그런 이유로 처음부터 여당 내에 비주류가 존재하지 않았던 김대중을 제외하고는, 모든 대통령은 비주류를 품고 가든가 선거 때에 공천을 주지 않음으로써 세력 약화를 꾀하기도 한다.

이런 점에서 이명박도 동일한 행동방식을 취했다. 대선 직후 총선을 이용하여 박근혜계를 소수파로 만들어 한나라당을 이명박 당으로 변모시키려 했다. 박근혜계 대부분에게 당 공천을 주지 않는 대신, 자신을 지지하는 신인 후보로 채워 넣으려 했던 것이다.

하지만 이 계획은 실패했다. 이명박은 한나라당으로서는 의석의 과반수를 얻었지만, 박근혜계를 제외하면 국회를 지배할 수 없는 상황이 되었다.

게다가 당 밖으로 쫓겨났던 박근혜계가 '친박연대'라는 정당조직을 만들었고, 시기적으로 '친박연대'에 들어가지 못했던 국회의원도 박근혜 지지를 선언하며 무소속으로 입후보했다. 그들은 선거에서 승리했고 친박연대가 14명, 박근혜계 무소속이 12명 당선되었다4-2. 이 가운데 19명이 그다음 달, 한나라당에 복당하게 된다. 당내에 잔류했던 의원과 합치면 박근혜계는 한나라당 의원의 1/3을 차지하게 된 것이다.

4-2. 제18대 국회의원 총선거 투표율 : 46.0%

당파	합계	지역구	비례대표	득표율 %
한나라당 이명박	153	131	22	37.48
통합민주당 손학규	81	66	15	25.17
자유선진당 이회창	18	14	4	6.84
친박연대	14	6	8	13.18
민주노동당	5	2	3	5.68
창조한국당	3	1	2	3.80
무소속 · 제파	25	25	0	7.77
합계	299	245	54	-

주) 중앙선거관리위원회 데이터베이스 인용 필자 작성

이는 앞서 거론한 두 번째 조건인 국회에서 지지를 확보하는 데 사실상 이명박이 실패했음을 의미한다. 만일 박근혜가 당을 떠나 신당을 창당한다면 한나라당은 소수여당이 된다. 국정 운영에서 박근혜가 거부권을 쥔 상황이 되어버린 것이다. 이명박은 20년에 한 번 오는 행운을 살릴 수가 없었다.

이명박이 의회 장악에 실패했더라도 세 번째 조건인 대중적 지지가 있었다면 강한 리더십을 발휘할 수 있었을지 모른다. 그러나 대선에서의 높은 득표율은 국민이 진보 진영에 실망한 결과였지, 이명박을 강하게 지지했기 때문이 아니었다.

이명박은 젊은 시절, 현대그룹의 선두 기업이었던 현대건설의 사장으로 취임하여 놀라운 실력을 발휘했던 경제인으로서, 그 능력을 활용하여 서울시장으로 활약했고 대통령 자리를 거머쥐었다. 하지만 경제인으로서의 경력 기간 동안 뇌물 수수 등의 소문이 끊이지 않았다. 대선 직전에도 그와 같은 의혹이 불거졌으며, 이를 불식시키기 위해 본인의 개인재산 전부를 국가에 헌납하겠다고 발언하는 등, 대중적 지지를 얻을 수 있는 요소가 부족했다. 대선으로는 사상 최저인 63%의 투표율에 그친 데에는 이명박에게 매력이 없었다는 점, 그렇다고 해서 달리 투표할 사람이 없었다는 유권자의 판단이 반영되었다고 할 수 있다.

두 번째 조건을 채울 수 없었던 것도 그가 인기가 없다는 사실을 박근혜 계가 간파했기 때문이라고 할 수 있다.

촛불집회

세 번째 조건이 충족되지 않았다는 사실은 총선 이후 얼마 지나지 않아 명확해졌다. 바로 미국산 쇠고기 수입에 반대하는 촛불집회였다.

미국에서의 광우병 발생을 계기로 한국은 2003년 12월에 미국으로부터 쇠고기 수입을 중단했다. 미국은 이 조치를 과학적 근거에 기반하지 않는다며 철회를 요구했고, 이는 노무현 정권의 한미 FTA 교섭에서도 가장 중요한 사안의 하나였던 점은 앞 장에서도 다룬 바 있다.

노무현 정권은 2005년 10월에 쇠고기 수입재개 결정을 내렸고 2006년 9월부터 생후 30개월 이하의 뼈 없는 고기에 한해 수입을 재개했다. 같은 해 11월부터 12월에 걸쳐 수입품 검사에서 작은 뼛조각이 들어가 있는 사실을 발견, 수입이 중단된다. FTA 교섭 타결 후, 재개된 쇠고기 수입 교섭은 이명박 정권의 등장을 계기로 진전을 보이게 된다. 그때까지 30개월 이하로 한정되어 있던 것이 30개월 이상 특정 위험부위 이외의 쇠고기도 허용되었으며, 30개월 이하인 경우에는 특정 위험부위도 허용한다는 내용으로 2008년 4월 18일에 합의를 보았던 것이다.

합의는 이명박 대통령의 미국 방문에 맞춰 이른바 미국에 대한 선물, FTA 교섭의 촉진제로 여겨졌다.

그러나 그 직후 한국에서 광우병 문제가 불붙기 시작한다. 계기는 4월 29일, MBC 다큐멘터리 프로그램 〈PD수첩〉이 미국산 쇠고기의 위험성을 다룬 것이었다. 광우병에 걸렸다고 알려진 소가 비틀거리며 주저앉는 충격적인 영상은 실제로는 광우병과는 관련이 없었다는 사실이 나중에 알려지지만, 방송 직후 한국인의 의식을 크게 변화시켰다.

5월 2일에 인터넷 카페 '이명박 탄핵을 위한 범국민운동본부'가 주최하는 '쇠고기 수입반대 제1차 촛불문화제'에 1만여 명이 참가했고, 5일에는 대통령에 대한 탄핵서명이 100만 명에 이르렀다. 다음 날 6일에는 '광우병 국민대책회의'가 결성되었고 약 1,700개의 시민단체와 인터넷 커뮤니티가 참가했다. 그 후 약 100일간에 걸쳐 연일 전국각지에서 촛불집회가 열렸고, 7월 5일에는 서울시청 앞 광장에 20만 명이 참가하기에 이른다.

이 정도 규모로 이뤄진 시위는 1987년 6월 민주화 운동 이래 처음이었다. 50%대였던 대통령 지지율은 10%대까지 급락한다. 이명박은 대통령의 국민에 대한 직접 사죄, 관계 각료 교체, 청와대 비서진 전면 쇄신을 단행해야 하는 사태에 빠졌다.

당시 언론매체와 연구자들은, 촛불집회가 아이들을 데리고 온 주부의 참여, 인터넷을 통한 호소, 특정 집단에 의한 리더십 부재 등과 같은 이유 때문에 진보와 보수라는 정치상황과는 관련 없는 시민에 의한 새로운 형태의 시위라고 지적했다. 그러나 이갑윤2008 등의 전문적인 조사 결과, 시위 참가자 중에는 호남지역 출신자, 청년층, 진보적 이념의 소유자가 많았다. 또한 조사는 2002년 노무현 대통령지지 그룹과의 공통성을 지적하고 있다. 촛불집회는 괴멸적인 2007년 대선 결과에 대한 진보 세력의 반격이라는 측면이 강했던 것이다.

결국 이명박은 강한 리더십을 발휘하기 위한 조건을 거의 갖추지 못한 상태에서 정권 운영을 시작하게 되었다. 그가 목표로 했던 보수주의에 기반한 혁명은 이 같은 제약적 조건에서 실현하기가 어려워지고 있었다.

실용주의의
차질

리더십 부족을 드러낸 대운하 구상

이명박의 리더십 부족은 역설적이게도 그가 가장 중시했던 경제정책에서 가장 먼저 드러났다.

그가 경제정책 분야의 정권공약으로 내세운 '747'은 GDP 경제성장률 7%를 10년간 지속시키며, 1인당 GDP를 4만 달러대에 진입시키고, 세계 제7위의 경제대국을 구축한다는 상징적인 슬로건이었다. 그 실현을 위해 그가 제안한 것이 바로 대운하 구상이었다.

한반도를 남북으로 관통하는 운하를 만들어서 물류비용을 절감하고 내륙도시를 항만도시로 변화시키면 내륙경제도 활성화되리라는 것이었다. 이명박 정권은 그 시작으로 서울 등 수도권을 흐르는 한강과, 부산을 하구로 남북으로 흐르는 낙동강을 잇는 경부운하를 건설할 것이라고 표명했다. 그는 국토를 개조함으로써 경제활성화를 지향했던 것이다. 그 모습은 일본열도개조론을 주장했던 다나카 가쿠에이田中角栄 전 수상을 떠올리게 하는 측면이 있다.

사실 이 구상은 대선 당시 공약으로 내세웠을 때부터 인기를 끌지 못했다. 대통령 취임 후 구상 추진을 위해 정부 내부에 대운하사업 준비단을 설치했지만, 선거에서 비판받을 것을 우려했는지 4월 총선 전에 한 번 해체했다가 선거 후 다시 설치했다. 그러나 시민단체를 중심으로 퇴행적인 토건개발주의, 환경파괴라는 강한 비판이 쏟아졌고 5월에 시작된 촛불집회가 결정타가 되어 6월에는 구상 철회에 내몰렸다.

리먼쇼크와 악화일로의 실물경제

그 와중에 세계경제를 엄습한 것이 리먼쇼크였다. 한국통화인 원의 가치는 속절없이 폭락하고 만다. 2007년 최고치와 비교하면 2009년 초반에는 거의 반으로까지 하락했다.

4-3에서 보는 것처럼 한국 원 대 달러는 2008년 초반에는 달러당 934.5원이었으나 9월부터 급속하게 하락하여 11월 24일에는 1,509원으로 폭락했다. 엔화 환율은 2008년 초반에 100엔당 838.2원에서 12월 8일에 1,598.25원으로 50% 가까이 하락했다. 리먼쇼크 당시 이토록 통화가치가 내려간 나라는 아시아에서 한국 단 하나였다.

주식시장도 급속도로 하락했다. 종합주가지수KOSPI지수는 2007년 11월 1일 2063.14포인트에서 하락하기 시작하더니, 이듬해 2008년 10월 이후에는 그 속도가 빨라져서 10월 24일에는 938.75포인트로 떨어졌다.

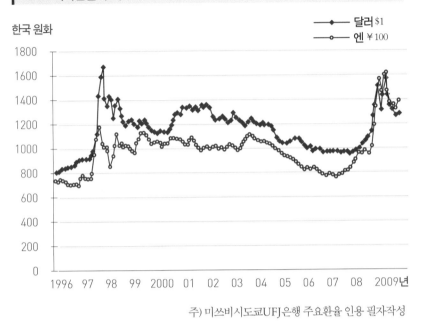

한국 원화

◆ 달러 $1
○ 엔 ¥100

주) 미쓰비시도쿄UFJ은행 주요환율 인용 필자작성

　통화, 금융시장의 급변은 실물경제의 악화로 이어졌다. 세계 금융 위기의 진원지인 미국의 구매력 저하로 수출 감소도 일어났으며, 4-4에서 제시하는 바와 같이 경제성장률도 급락하여 4/4분기에는 대폭적인 마이너스 성장으로 전환했다. 성장 둔화는 고용에 영향을 미친다. 세계금융 위기 이전부터 한국은 비정규고용이 차지하는 비율이 높았는데, 서브프라임 모기지 문제가 표면화되었을 때부터 취업 자체를 포기하는 젊은이가 급증했다. 주로 소매, 요식업 업종에 종사하는 자영업자도 감소하기 시작하면서 전체적으로 노동환경이 악화되었던 것이다.

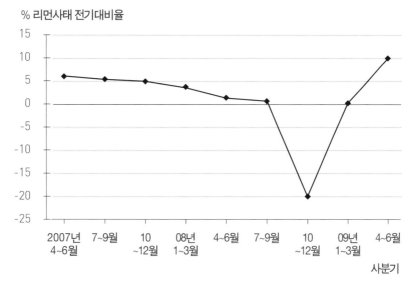

% 리먼사태 전기대비율

주) 내각 월례 경제보고 인용 필자 작성

불안정한 금융시장

이상과 같은 급격한 변화는 국제 금융시장의 움직임과 한국 금융기관의 행동에 영향을 받아 일어난 것이었다.

국제 금융시장 관계를 보면, 김대중 정권 이후 한국의 금융시장은 개방되었기 때문에 외국인 투자가들에게는 이웃 나라 일본과의 금리 차이가 매력적으로 여겨졌다. 사상 초유의 저금리를 유지하는 일본에서 엔을 조달한 후 금리가 높은 한국에서 자금을 운용함으로써 손쉽게 이익을 올릴 수 있었던 것이다.

더구나 한국은 삼성을 비롯하여 제조업 부문에서 뛰어난 기량을 보이는 수출 중심 기업이 존재했고, 달러 등의 외화 수요가 컸다. 다시 말해, 한국은 대표적인 엔 캐리 트레이드의 운용처였던 것이다.

그러나 유럽과 미국의 기관투자가들은 세계 금융위기로 인해 현금 확보가 필요한 상황이었기에 한국에 대한 투자를 거둬들인다. 더구나 당시 한국의 원은 다른 나라의 통화에 비해 너무 높았으므로 조기에 거둬들이지 않으면 환차손을 입을 것이라 판단했다.

한국의 은행 역시 이 같은 흐름 속에 있었다. 그들은 해외의 싼 자금을 조달하여 국내와 해외에서 운용했다. 한국 내에서 저축률이 낮아지고 있었기에 어쩔 수 없는 선택이었다고 할 수 있다. 뿐만 아니라 은행 주식의 60% 이상을 보유한 외국인 투자가는 단기에 수익률 상승을 요구했다.

이와 더불어 한국의 은행에 의한 단기채무가 급증했다. 당시 한국은 세계 4위의 외화준비고를 자랑했으며, 표면적으로는 외국금융기관이나 헤지펀드가 원화를 한꺼번에 시장에 내다 파는 통화 공격을 견뎌낼 수 있었다. 그러나 단기채무의 급증은 실질적으로 이용가능한 외화준비량을 급감시키고 있었다4-5. 그렇게 해서 발생한 불안심리가 한층 더 심하게 원 투매를 초래했고 폭락을 부채질했던 것이다.

한국은 불안정한 국제 금융시장의 움직임에 휘둘렸을 뿐, 1997년 아시아 외환위기 때처럼 그 자신에게 원인이 있었던 것이 아니었다. 상황이 불운했다고밖에 할 수 없다. 하지만 이명박 정권에 반드시 나쁜 사태만은 아니었다. 인기를 끌지 못했던 '747'이라는 목표에 더는 얽매일 필요가 없어졌다. 한국경제가 저성장에 빠진다 해도 그 원인이 정권에 있다고 할 사람은 없었으며, 더구나 으스대며 특히 자신 있는 분야인 공공사업을 실시할 수 있게 되었기 때문이다.

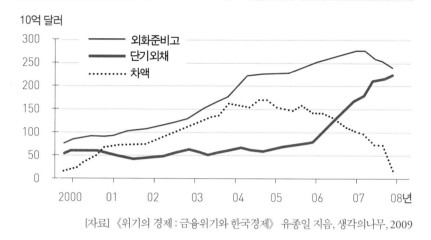

4-5. 외화준비고와 단기외채

10억 달러

범례:
- 외화준비고
- 단기외채
- ········ 차액

[자료] 《위기의 경제 : 금융위기와 한국경제》 유종일 지음, 생각의나무, 2009

이명박의 위기 대책

이명박 정권은 어떤 식으로 위기대책을 시행하려 했을까? 그것은 크게 두 가지로 나뉜다.

하나는 미국, 일본 등과의 통화스와프 협정이었다. 이는 각국 중앙은행이 자국에 외환위기가 닥쳤을 때 일정한 비율로 협정상대국의 통화를 융통해주기로 협정하는 것이다. 한국 원은 미국 달러, 일본 엔과 달리 국제결제통화가 아니므로 외화 부족이 경제위기로 직결된다. 미·일 양국과 각각 300억 달러를 상한으로 하는 통화스와프 설정은 단기외채 급증에 의한 일시적인 외화부족을 완화하고 환율하락을 멈추게 했다.

또 하나는 내수 확대이다. 2007년 말부터 원화 가치 상승이 끝났음을 알리는 징후가 두드러지자 수입원자재의 가격 급등이 일어났고, 이명박은 인위적인 정부의 개입에 의해 물가통제를 시행했다. 이는 단기적으로는 유효하게 작동했다. 외국환시장에 개입하여 원화의 가치 상승을 유도하는 것이 물가상승에 대한 보다 정통적인 방법이었지만, 외국인이 대량의 주식매각을 거듭하는 상황에서는 외화가 쓸데없이 소비되고 말았기 때문이다.

더구나 경기부양책으로서 재정 지출에 의한 내수 확대 정책을 단행한다. 그 당시 한국의 재정 지출은 다른 OECD 국가와 비교하면 거액에 이르렀다. 그 금액은 6억 6,700만 달러로서, OECD 국가 중 일곱 번째, GDP 대비로서는 세 번째였다. 감세조치는 더욱 확대되었고 GDP의 2.85%에 달해서 OECD 국가 중 세 번째의 규모였다. 다만, 이 가운데 사회보장에 돌아간 금액은 전체의 15.8%2009년 16.02%, 2010년 15.65%로서 다른 나라에 비해 적었다. 그 중심이 된 것은 공공사업이었다.

9월 이후에 이명박 정권은 재생가능 에너지 개발이나 저탄소 사회실현을 위한 발전소 정비 등 환경대책을 위한 공공투자를 통해 고용을 창출하겠다며 '녹색 뉴딜'이라 하는, 실질적으로는 대규모적인 사회간접자본 투자를 개시했다. 그 총액은 100조 원이라 선언했고 그 가운에 2012년까지 투자하는 금액으로 50조 원을 구체화했다. 그 내역은 대운하 구상을 대체하는 사업이었던 4대강 정비에 14.47조, 교통망정비에 9.65조, 에너지절약형주택 학교인 그린 홈, 그린 스쿨 건설에 8조 등 합계 32조 원이 토목 관계 자금이었다.

쇠퇴하는 토건국가

이 같은 시책으로 이명박은 한국을 시대에 뒤떨어진 토건국가로 되돌리려 했다는 비판을 받았다. 그 상징이 되는 것이 4대강사업이다. 앞에서 기술했던 한강, 낙동강에 더불어 충청도에 위치하고 백제의 고향인 부여를 통과하는 금강, 한반도 남서부를 흐르는 영산강의 4대강에 댐, 제방을 정비하고 강바닥을 몇 미터씩 준설하는 대규모 공사로서 그 예산규모는 더욱 불어나 22조 원에 달했다. 환경 NGO와 종교단체, 생활협동조합 등은 이 사업이 한국의 생태계에 심각한 타격을 준다며 반대 운동을 벌였다.

그렇다면 이명박 정권의 토목정책 규모 자체는 어느 정도였을까? 그가 상정했던, 공공사업에 의해 경제성장을 불러일으킬 정도의 규모에 달했던 것일까? 이 점을 데이터로 확인해보자.

우선 정부예산에서 차지하는 공공사업 규모를 살펴보자.

4-6은 노무현 정권 말기부터 이명박 정권 전기의 중앙정부예산과 SOC공공사업 관련 지출 및 그 비율을 나타낸 것이다. 이명박이 예산 편성을 시행한 2009년 이후, 공공사업관련 예산이 차지하는 비율은 1% 정도 증가했으며 노무현 정권보다 공공사업을 늘렸다는 것은 확실하다.

┃ 4-6. 정부예산에서 차지하는 공공사업 관련 지출 비율 단위:조 원

	2007년	2008년	2009년	2010년
중앙정부예산	237.1	257.2	284.5	292.8
SOC관련지출	18.4	19.2	24.7	25.1
비율%	7.8	7.4	8.7	8.6

[자료] 《토건국가를 개혁하라》 홍성태 지음, 한울, 2011

그러나 그 효과는 한정적이었다. 불황으로 수주가 감소한 건설업을 밑에서 받쳐주는 정도의 효과는 있었다 해도, 이명박 정권이 처음에 생각했

던 정도는 아니었다. 4-7을 보면 이해할 수 있듯이, OECD 데이터에 의하면 한국은 김대중 정권까지는 명실상부한 토건국가였으며 경합상대가 되는 것은 스페인 정도였다. GDP에서 차지하는 건설업 비율은 OECD 국가 대부분이 5% 전후인 데 비해 한국은 8%를 넘어서고 있었다.

하지만 노무현 정권하에서 그 비중은 저하되었다. 4-8은 2005년 이후 GDP에서 차지하는 건설업 비율에 대해 한국과 OECD 국가 평균치를 비교한 것이다. 4-7과 비교해서 보면 알 수 있듯이, 한국의 건설업 비율은 급속히 저하되고 있다. OECD 평균치보다 약간 많기는 하지만, 10년 전까지와 같은 괴리 현상은 보이지 않는다. 덧붙여 이명박 정권이 되고 나서 건설업 비율이 늘어났다고는 할 수 없고 오히려 계속 줄어들고 있다.

이 데이터는 공공사업이 경제성장에 미치는 영향을 살펴본 것이 아니라, 한국경제에서 건설업의 중요성을 나타낸 것이므로 표를 보고 해석하는 데는 한계가 있다. 그러나 다음과 같은 언급은 가능할 것이다.

2009년, 2010년에는 금융위기에 따른 민간의 건설 수요 하락분을 공공사업이 메꾸었을 가능성이 크다. 하지만 그렇다고 해서 건설업의 비중이 확대된 것은 아니었다. 일반적으로 한국에서 건설수요 전체에서 차지하는 공공사업의 비율이 45% 정도라는 사실을 감안한다면, 민간 건설의 하락을 메꾼 정도에 그쳤던 것이다.

오히려 이와 같은 점에서 읽어낼 수 있는 사실은 노무현 정권과의 연속성이다. 이명박 정권은 노무현 정권의 방침을 완전히 뒤엎을 수 없었고 그 연장선상에서 한정적인 변화를 추구하는 데 그쳤다. 리먼쇼크라고 하는 면죄부 속에서 기존 경제정책의 방식을 유지할 수밖에 없었다고 할 수 있다.

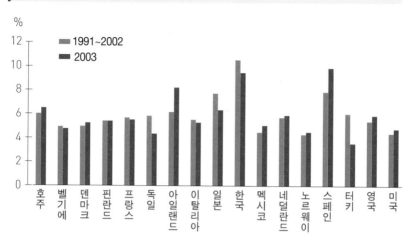

4-7. 건설업의 GDP 비중 국제비교

%

■ 1991~2002
■ 2003

호주, 벨기에, 덴마크, 핀란드, 프랑스, 독일, 아일랜드, 이탈리아, 일본, 한국, 멕시코, 네덜란드, 노르웨이, 스페인, 터키, 영국, 미국

[자료] 《위기의 경제 : 금융위기와 한국경제》 유종일 지음, 생각의나무, 2009

4-8. 건설업의 GDP 비중 단위 : %

	건설업비율	OECD 평균치
2005	6.9	5.9
2006	6.7	6.0
2007	6.5	5.9
2008	6.2	5.8
2009	6.3	5.5
2010	5.8	5.2
2011	5.3	5.0

주) OECD 데이터베이스 인용 필자 작성

복지개혁의 후퇴

노무현 정권과의 연속성이 보다 선명하게 나타나는 지점은 사회보장정책 분야이다. 지금부터 주로 김교성, 김성욱2012에 의거하여 살펴보자.

이명박 정권은 김대중, 노무현 2대에 걸친 진보 정권의 사회보장 정책이 포퓰리즘 정책이었으며, 경제성장을 저해했다고 비판하며 등장했다. 그리고 사회민주주의적인 복지개혁을 자유주의적인 노선으로 바꾸려 했다. 그러나 그가 제시했던 자유주의적인 제도 개혁은 거의 이뤄지지 않았다.

'능동적 복지'를 내걸었던 이명박 정권은 시장기능 도입을 통한 복지수요 충족과 고용창출 및 저소득층 중심의 복지정책을 실시하려고 했다. 2008년 3월에 보건복지가족부에 의해 42개의 세부과제가 발표되었다.

이명박 정권이 내건, 일을 통한 복지와 복지 서비스 시장 창출에 대해서는 처음부터 강한 비판이 있었으며, 복지가 시장중심으로 급속하게 개편되어 경제정책에 종속될 것이라는 지적이 있었다. 게다가 미국산 쇠고기수입 반대 운동, 유가 상승, 리먼쇼크가 일어나면서 이명박 정권은 정책 전환을 해야만 했다. 특히 2008년 5월부터 시작된 촛불집회의 영향은 컸다.

2008년 10월, 이명박 정권은 '이명박 정부의 100대 국정과제'를 발표했고 그 안에서 4대 국정전략과 20대 국정과제를 제시한다. 그 내용은 정권 초기에 발표했던 '이명박 정부의 국정철학과 핵심정책과제'와 달리, 사회보장 분야에서는 자유주의적인 색채가 많이 감소되었다. 예를 들면, 건강보험 당연지정제의 폐지와 건강보험공단 분할 등 시장지향적 복지정책은 100대 과제에서 제외되어 있다. 그 결과, 진보 정권의 정책과 큰 차이가 없어졌던 것이다.

복지예산이 확대될 것이 분명함에도 불구하고, 노무현 정권이 도입을 결정했던 새로운 제도의 시행도 이뤄졌다. 2007년부터 개시된 기초노령연금에 덧붙여 일본의 개호보험介護保險에 해당하는 장기요양보험과 차상위계층의 취업을 장려하는 근로장려세제EITC가 2008년부터 시작되었다. 이명박 정권은 처음 설계 당시보다 규모를 억제하기는 했지만, 시행 단계에서는 크게 변경하지 않았다.

그 결과 이명박 정권 이후 사회보장 관련 예산은 2배로 증가했다. 4-9는 정부 재정 통계와 건강보험공단 및 지방자치단체 예결산 자료를 통해 추계한 한국의 사회복지지출 추이를 나타낸 것이다.

| 4-9. 보건복지 지출 추이 단위:억 원

	2006	2007	2008	2009	2010	2011	2012
총복지지출	768,038	884,492	1,017,934	1,225,123	1,233,916	1,313,950	1,445,946
연금 제외 총복지지출	596,013	694,537	803,649	986,926	974,060	1,032,117	1,133,268
총복지지출 증가율 %	-	15.2	15.1	20.4	0.7	6.5	10.0
총복지지출 증가율 연금 제외, %	-	16.5	15.7	22.8	-1.3	6.0	9.8
GDP대비 총복지지출 %	8.4	9.0	9.9	11.5	10.5	10.6	-
GDP대비 총복지지출 연금제외, %	6.5	7.1	7.8	9.2	8.3	8.3	-

[자료] 《사회복지정책》 〈복지의 양적 확대와 체계적 축소
: 이명박 정부의 복지에 대한 평가〉 39-3, 김교성　김승욱 지음

총복지지출은 매년 증가했고, 이명박 정권이 직접 예산을 편성한 2009년에는 122.5조 원, 2012년에는 144.6조 원으로 크게 증가했다. 특히 2009년 복지지출 규모의 상승이 두드러지는데, 이는 리먼쇼크에 의해 약 6조 원 규모의 '민생안정 긴급지원대책' 등 경기부양관련 지출이 증가했던 점과 2008년 9월에 이뤄진 대폭적인 감세에 대해 부유층 우대라는 비판을 받고 난 이후의 대책이었다는 의미를 내포한다.

　그 후에도 금액적인 면에서는 증가세를 보이는데, GDP에서 차지하는 복지지출의 비율은 2009년에 11.5%를 기록한 후에 2010년에 다시 10.5% 수준으로 감소한다. 2011년에도 유사한 수준이었으므로 계속 확대된 것은 아니었다. 하지만 금융위기의 영향이 줄어들고 있는 상태에서도 한 번 확대된 복지예산을 줄일 수는 없었다.

살아남은 노무현의 개혁

　그 이유에는 크게 두 가지가 있다. 하나는 기존 복지 프로그램을 손질하지 못했던 점이며, 또 하나는 새로운 사회적 리스크에 대한 압박을 받았기 때문이다.

　기존 프로그램에 대한 대응으로서, 이명박 정권은 국민연금을 기초노령연금과 통합하여 수급의 실질적인 삭감을 구상했었다. 하지만 결과적으로는 그의 임기 중에 검토되지 못했다.

　의료보험은 의료영리화 정책을 구상했지만, 그 핵심이 되는 건강보험의 보장성 축소와 건강보험 당연지정제 폐지도 촛불집회의 여파로 흐지부지되어 버린다. 2009년 5월에 경제위기 대응 및 성장을 위한 서비스

산업 선진화 정책으로 병원의 영리적 부대사업 범위 확대, 해외 환자 유치 등 제한적인 영역에서 의료영리화 정책을 실시하는 데 그쳤다.

하지만 운영면에서는 지출 억제를 시도했고, 선별주의적인 방향성을 보였다. 예를 들면 리먼쇼크를 계기로 2009년 3월에 이뤄진 6조 원 규모의 민생안정 긴급지원대책은 저소득층의 생계, 교육, 주거비 지원으로 한정되었다. 공적부조 분야에서는 긴급복지지원, 기초의료보장, 자활지원사업 등 제도설계 측면에서는 노무현 정권과 거의 다르지 않았지만, 이명박 정권은 기초생활보장 수급자 수를 감소시킨다.

4-10을 살펴보자. 복지전산시스템을 정비하여 부정수급이 줄었다는 측면은 있지만 소득조사 강화를 통해 11.6만 명의 수급자가 감소하는 등, 엄격하게 대응했던 점이 반영된 것은 틀림없다. 하지만 이 같은 대응도 복지예산 확대의 방향성에 크게 영향을 주는 것이 아니었으며 기존 프로그램을 대폭 손질할 수는 없었다.

▎4-10. 연도별 월평균 국민기초생활보장제도 수급자 수 추이

단위 : 만 명, %

연도	2003	2004	2005	2006	2007	2008	2009	2010	2011	2012
수급자 수	137	142	151	154	155	153	157	155	147	144
증감률		3.6	6.3	2.0	0.6	-1.3	2.6	-1.3	-5.2	-2.0
평균증감률	노무현 정권 3.2					이명박 정권 -1.4				

[자료] 《사회복지정책》〈복지의 양적 확대와 체계적 축소
: 이명박 정부의 복지에 대한 평가〉 39-3, 김교성 김승욱 지음

새로운 사회적 리스크에 대한 대응

  새로운 사회적 리스크에 대한 대응은 주로 보육지원 정책과 적극적 노동시장 정책으로 나뉜다. 보육지원 정책에 대하여 이명박은 선거공약 당시 취학 전 아동의 보육과 교육 100%를 국가가 책임지겠다고 했으며, 국민연금과 의료보험 등 전통적 사회 리스크에 대한 대응보다도 더 선취적인 자세를 보여주었다. 특히 그 축을 이루는 것은 저소득층에 대한 두터운 지원과 보육 서비스의 시장화였다.

  이명박은 보육지원으로서 지원금액과 지원범위 확대, 보육과 교육의 복합이라는 새로운 중심축을 내세웠다. 2010년부터 어린이집을 이용하는 2세 이하의 유아에 대해서는 전 세대를 대상으로, 3~4세는 연간소득 하위 70% 이하인 세대를 대상으로 보육료 전액 지원을 시작했다.

  게다가 2012년 3월부터 5세 조기교육과정 누리과정을 도입 2013년 3월부터는 만3~5세로 확대하여 보육료 지원대상을 소득 하위 70% 이하에서 전 소득계층으로 확대했다. 이와 더불어 어린이집, 유치원을 이용하지 않더라도 최저생계비 120% 이하의 차상위계층에는 36개월 미만의 아이를 대상으로 양육수당을 지급하는 제도를 도입했다. 이 밖에도 맞벌이 세대 지원이나 취약계층인 다문화세대 지원도 시행했다.

  하지만 이러한 정책은 변화라기보다는 노무현 정권부터 이어진 지속성이 더욱 두드러진다. 실제로 저출산 고령화 대책은 노무현 정권 때 본격적으로 시작되었다. 노무현 정권은 2006년에 중장기 보육계획 새싹 플랜을 책정했고, 2006년부터 2010년까지 실시하기로 했다. 이명박 정권은 이를 수정하여 아이사랑 플랜 2009~2012년 이라고 명칭을 변경하여 실시하지만, 사실상 노무현 정권의 시책을 미세하게 수정한 것에 불과했다.

노무현 정권의 방침을 크게 수정할 가능성이 있었던 사업은 보육 서비스의 시장화를 촉진하는 보육 바우처제도이다. 노무현 정권기까지 보육 지원 정책은 기존의 시설지원기본보조금과 아동별 지원아동보육료으로 나뉘어 있었다. 이를 보육료로 통일하여 현금이 아닌 보육 전용 바우처로 부모에게 직접 지급하려 한 것이다. 보육기관에 대한 직접 지원을 폐지하면 보육기관 간 경쟁이 발생하여 보육 서비스의 시장화를 실현할 수 있고, 이를 통해 질적인 향상도 가능하리라 여겼던 것이다.

그러나 보육시설의 맹렬한 저항으로 일원화는 실시하지 못하고 시설에 대한 지원은 계속되게 된다. 보육료 지원 부분이 바우처로 변경되는 데 그친 것이다. 결국 이명박 정권의 저출산 고령화 대책은 노무현 정권의 정책방침을 변경하는 것이 아니라 추가한 것에 불과했다.

한편, 노동시장 정책은 리먼쇼크에 따른 실업자 대책이라는 측면이 강했다. 노동시장 정책의 지출은 외환위기 때 김대중 정권하에서 실시된 1999년 수준에 필적하는 규모가 되었다.

그러나 실업자에 대한 현금 지급 등 기존 형태의 노동시장 정책은 한정적이었고, 그 중심은 공적사업에 의한 고용창출이나 취업지원 등 적극적 노동시장 정책이었다. 노동시장 정책에 투입된 지출 가운데 적극적 노동시장 정책이 차지하는 비율은 74.5%이다. 1999년은 41%였으므로 이명박 정권이 추진한 '일을 통한 복지'가 금융위기 대응 분야에서는 관철되었다.

하지만 그 내용은 1970년대 일본에서의 '실업대책사업'과 유사했고, 실업자에게 임시직을 내주는 데 머물렀다. 노무현이 추진했던, 실업자의 노동시장으로의 복귀를 위해 정부의 적극적인 지원과 이를 복지와 연대시킨다는, 사회민주주의적인 '액티베이션챕터1 참조'으로서의 성향은 퇴색되었다.

노동시장 정책은 다른 사회보장 분야처럼 제도화가 진전되지 않았기 때문에 이명박의 색깔이 강하게 나타났다고 할 수 있다.

이상과 같이 이명박 정권의 복지정책은 운용 면에서는 정권의 간판인 능동적 복지 성향이 표출되기는 했지만, 제도 개혁 시행까지는 이르지 못했고, 기본적으로는 노무현 정권의 노선을 답습했다. 위축된 사회민주주의가 자유주의적인 복지국가로 재편되지 않았던 것이다.

정지된 한미 FTA 교섭

그렇다면 한미 FTA는 어떻게 되었을까?

챕터3에서 살펴본 것처럼 한미 FTA를 추진하여 교섭 타결까지 이끈 것은 진보 세력인 노무현 정권이었다. 기본적으로 한미 FTA에 반대할 법한 진보 정권이 이를 추진했다는 모순이 노무현 정권과 진보 세력 간에 심각한 갈등을 낳았고, 협정은 국회비준까지 나아가지 못했다.

2008년 이명박 정권의 탄생 후에는 어떻게 되었을까? 보수 세력인 한나라당은 원래 찬성하는 입장이었고, 진보 세력인 민주당도 노무현 정권 시절에 여당으로서 추진해온 체면에 갑자기 반대로 돌아설 수 없었다. 한미 FTA는 수월하게 비준될 것이었다.

하지만 이명박 정권하에서 국회가 비준동의안을 승인한 것은 2011년 11월, 발효는 2012년 3월로서 정권 말기가 되어서였다.

FTA 체결의 최종 관문이 되었던 것은 미국산 쇠고기 수입 문제였다. 앞서 서술한 바와 같이 이명박은 대통령 취임 후 쇠고기 교섭을 일거에

타결시켰고, 4월 18일 첫 미국 방문에서 정상 간 합의까지 했다. 한국 내부에서의 비준동의를 확보해야만 했으며 임기가 다 끝나가는 제17대 국회에 비준동의안을 제출했다. 그러나 그즈음 일어난 미국산 쇠고기 수입 반대 촛불집회로 인해 국회는 쇠고기 수입 문제로 일관했고, 비준동의안은 통과되지 못한 채 종료되었다.

촛불집회에서 한창 기세가 높아졌던 진보 세력의 소리는 새로이 선출된 국회의원에게도 전달되었다. 야당인 민주당에게 이제 선거에서 패배한 부담감은 사라지게 되었다. 여당인 한나라당이 의석 과반수를 차지하고는 있었지만, 진보 단체의 장외 지원을 받고 있는 야당의원의 물리적 저항도 있었기에 법안심의는 좀처럼 앞으로 나아가지 못했고 정부 제출 법안도 10% 정도밖에 가결되지 않았다.

이와 같은 상황 속에서 비준동의안이 원활하게 가결될 리는 없었지만, 세계 금융위기의 영향을 회피하기 위해서는 한미 FTA는 위기대책으로서 필요하다는 인식이 강했다. 결국 10월에 비준동의안이 제출되었다. 하지만 국회 안팎의 진보 세력의 저항으로 수속은 난항을 겪게 된다. 2009년 4월이 되어서야 상임위원회인 외교통상통일위원회에서 간신히 가결되었다.

미국의 환경변화

하지만 이후의 절차는 미국의 사정으로 정지되어 버린다.

미국에서는 2008년 11월에 대선과 연방의회선거가 이뤄졌다. 민주당의 오바마가 대통령으로 선출되었고, 상하 양원 모두 민주당이 승리하여 과반수를 넘어섰다. 민주당의 유력한 지지기반으로 전미자동차노조 UAW가 있었다. 민주당은 더 많은 한국 자동차가 미국에 진출할 경우 미국 자동차 산업에 위협이 되리라고 인식했으며, 한미 FTA에 신중한 태도를 보였다. 더구나 리먼쇼크로 미국 자동차 산업은 존폐 위기를 맞이하고 있었기에 한미 FTA 비준에 관한 수속을 전혀 밟을 수 없는 상황이었다.

한국에서는 본회의 상정이 지연에 지연을 거듭했다. 미국보다 앞서 비준한다 해도 미국이 재교섭을 다시 들고 나올 가능성이 컸으므로, 여당 내에서도 상황을 더 살펴봐야 한다는 신중론이 생겨났다.

그러나 2010년이 되자 미국은 급변해서 적극적인 태도를 보였다. 첫 번째로, 이명박 대통령과 오바마 대통령 사이에 협력관계가 진전된 것이 이유였다. 리먼쇼크에 대한 공동보조에 덧붙여 북한 핵문제에서도 협조관계를 진전시켰다. 두 번째로, 중간 선거에서 한미 FTA 추진파인 공화당이 약진했다. 공화당이 하원을 장악함으로써 비준될 전망이 보인 것이다. 세 번째로, 한국과 EU의 FTA 발효가 영향을 주었다. 이는 한국 국내에서 미국보다도 EU가 수출 경쟁에 유리하다는 것을 의미했기에 대응을 서둘러야 했다.

단, 2007년 협정안 상태로는 미국 측이 자동차 문제에 불만을 가질 수밖에 없었다. 그로 인해 10월, 11월에 추가 교섭이 이뤄졌고, 2011년 2월에 합의문서가 서명, 교환되었다. 추가 교섭 합의 후 미국 내에서는 무역자유화에 의해 피해를 받은 사람들에 대한 재교육과 재정지원을 시행하기 위한 무역조정지원TAA 프로그램에 관한 협의가 민주당과 공화당 사이에 이뤄졌다. 이렇게 해서 2011년 10월 방미한 이명박 대통령을 국빈으로 환영, 그 전후로 단숨에 비준동의안이 연방의회를 통과했던 것이다.

진보 세력의 저항

　그러나 한국 내에서는 거꾸로 진보 세력의 반대 운동이 세력을 불려 나가고 있었으며, 진보 대 보수의 대립구도가 선명해져 가고 있었다. 하지만 그 쟁점은 한미 FTA 자체에 대한 찬반이 아니라 한국에서 재교섭을 다시 해야 하는가의 여부였다.

　미국과의 추가 교섭 결과, 미국에서의 자동차 관세 철폐 유예기간을 연장하는 등, 한국이 미국에게 양보한 측면이 컸기 때문이었다. 또한 투자가에 의한 ISD조항투자자·국가소송제도 등 주권의 훼손으로 보이는 조항이 문제시되었고, 진보 세력이 재재교섭을 주장했던 것이다.

　진보 세력은 특히 국가주권과 관계된 사항에 반발했고 이를 '독소조항'이라 부르며 강하게 비판했다. 예를 들면 ISD조항은 한국에 투자한 미국기업이 한국의 정책에 의해 손해를 입은 경우, 세계은행 산하 국제투자중재센터ICSID에 제소할 수 있으며 한국에서 재판을 받지 않는다고 한다. 또한 역진방지ratchet 조항에 의해 한번 규제를 완화하면 다시 되돌릴 수 없었기에 광우병이 미국에서 재발한다 해도 쇠고기 수입을 중단할 수 없다고 해석되었다.

　이러한 독소조항에 관한 해석의 대부분에는 오해 내지 곡해가 있었으며, 진보 세력이 우려할 정도는 아니었다. 하지만 한국의 독자적인 정책결정이 미국에 의해 제한된다는 의미에서 한미 FTA는 사실상 주권 침해이고 불평등 조약이라는 이해가 확산되었던 것이다.

　진보 세력의 항의와 발언으로 여론도 신중론으로 기울어져 갔다. 동아시아연구원의 조사에 의하면 2011년 2월 시점에서 한미 FTA에 대한 찬성 의견은 65.8%였음에 비해, 5월에는 57.8%로 감소, 반대 의견은 거꾸로 27.9%에서 32.7%로 증가했다. 재재교섭의 찬반에 대해서는 5월 시점에 과반수에 가까운 46.3%가 지지했으며, 8월에 열린 임시국회에서 비준해야 한다는 의견은 25.8%에 머물렀다. 진보 세력의 공세는 상당한 효과가 있었다.

2011년 11월 22일, 한미 FTA 비준동의안에 여당만이 표결에 참가했고, 더구나 강경파인 민주노동당 의원이 최루탄을 가지고 들어오는 기이한 상황 속에서 강행 처리되어 국회를 통과했다. 투표에 참가한 의원 수는 국회의원 299명 가운데 170명에 불과했으며 여당 한나라당 의원 중에도 기권이 12명, 반대가 7표 나왔다.

2012년 3월에 한미 FTA는 발효되었지만, 비준동의안 통과는 실로 위태위태했다. 그 지점에서 진보와 보수의 이데올로기 대립이 재연된 것이었다.

정체된 정책, 양호한 퍼포먼스?

보수가 김대중 정권과 노무현 정권 10년 만에 꽃을 피운 이명박 정권은 이전 진보 정권의 정책 노선을 크게 전환하는 것을 그 목표로 삼았다. 노무현 정권에 대한 불만은 대선에서 그를 압승하게 해주었고, 이어서 치러진 총선에서도 한나라당을 승리로 이끌었다. 그러나 그가 단행하려 했던 개혁은 앞에서 언급한 것처럼 실행되지 못했고, 실질적으로 진보 정권이 개척한 노선을 계승하게 되었다.

이명박 정권하에서 신자유주의적 개혁이 추진되었고 격차가 확대되었다는 것은 오해이다. 분명 프롤로그에서 제시한 것처럼 한국은 현재 빈곤층에 속하는 사람이 많으며 곤궁한 고령자, 청년층의 취업난, 워킹푸어 문제를 안고 있다. 그러나 이와 같은 문제는 이명박 정권 시대에 시작된 것이 아니었다. 리먼쇼크에도 불구하고 불평등과 빈곤의 정도는 상대적으로 경감되기조차 했다.

이명박이 추진하려 했던 개혁이 이뤄졌다면 이 같은 개선이 더욱 강력해졌을지, 거꾸로 격차를 더욱 확대시켰을지는 알 수 없다. 그러나 실질적으로 노무현 정권까지의 노선을 계승하고, 사회보장제도에 손을 대지 않았기 때문에 사회보장비용은 자연스럽게 증가했고 격차 확대를 일시적이나마 막을 수 있었던 것이다.

이명박 정권이 막을 내린 2012년 대선에서 그는 격차문제와 관련하여 후보자들로부터 강한 비판을 받았다. 하지만 실제로 정책 퍼포먼스는 그다지 나쁘지 않았다고 할 수 있다.

노선 전환에 실패한 것은 이명박이 강한 리더십 발휘를 가능케 하는 조건을 갖추지 못했던 점에서 기인한다. 그는 대중으로부터도 정치가로부터도 인기를 얻지 못한 대통령이었다. 그 이유는 그의 개성이나 정권 운영상의 판단 미스, 당내 유력자인 박근혜와의 관계구축 실패 등에서 기인했다고 할 수 있다.

하지만 근본적으로는 김대중, 노무현을 괴롭혔던 것과 마찬가지로, 한국 정치의 구도가 정책 전환을 실행하지 못하게 했다고 봐야 한다. 김대중과 노무현이 추진하려 했던 사회보장 개혁이 보수의 반대로 실현되지 못했던 것처럼, 이명박은 진보의 반대로 좌절을 맛봤다.

대선과 총선에서 패배했지만 진보는 쇠퇴하지 않았다. 진보 세력의 시위가 이명박의 대중적인 지지를 손상시켰다. 반주류 세력인 박근혜는 협력을 보류했다. 그것은 이명박에 대한 협력이 유권자의 정치적 지지에 도

움이 되지 않는다고 판단했기 때문이었다. 진보 대 보수라는 심각한 이데
올로기 대립이 이명박의 리더십을 약화시키고 그가 지향한 개혁을 좌절
시켰던 것이다.

박근혜 정권의
우울

• 사민주의로 당선된 보수정권 •

CHAPTER 5

| 사회보장과 통상정책을 둘러싼 정치

| 유동적인 노동시장

| 박근혜 정권의 과제

...

　1990년대부터 한국은 일본과 마찬가지로 저출산 고령화를 예견했고, 사회보장 확충의 필요성을 인지했다. 1997년 외환위기를 경계로 국민이 기본적으로 최소한의 생활을 영위하는 것을 권리로서 인정하고 사회보장제도를 정비, 복지국가를 향해 갔다. 그러나 여전히 사회보장은 낮은 수준에 머물러 있다. 그런 이유로 빈부 격차 문제가 두드러졌고 특히 청년층의 취업난과 고령자의 빈곤이 문제가 되고 있다. 어째서 한국은 이 같은 문제를 해결할 수 없는 것일까?

　이와 더불어 1998년부터 10년간 진보 정권이 이어졌음에도 불구하고 사회보장이 내실화되지 않고 오히려 신자유주의적인 개혁이 추진되었다. 그 이유는 무엇일까?

　한국의 정치경제사회에 대해 자주 거론되는 이 두 가지 질문을 이 책은 이제까지의 정권을 통해 검토해보았다. 이 장에서는 두 가지 질문에 대한 답을 정리해보고, 2013년부터 시작된 박근혜 정권의 방향성, 구도에 대해 다뤄보기로 한다.

사회보장과 통상정책을 둘러싼 정치

복지국가의 세 가지 유형

1997년 외환위기 후 15년간, 사회보장 분야에서 어떤 일이 일어났는지를 확인해보자.

역대 한국정권은 빈부 격차의 확대와 빈곤 문제를 외면하지 않았으며 사회보장제도 개혁을 단행해왔다. 김대중 정권 이전까지는 사회보장제도의 틀 밖에 놓여서 질병이나 실업으로 빈곤에 빠져도 국가가 구제할 길 없었던 사람이 많았으나, 현재의 사회보장은 국민의 권리로 인식되며 제도상 모든 국민을 보호하게 되었다. 전국민연금과 전국민의료보험이 실현된 것이다.

이전에는 직종이나 지역별로 달랐던 보장내용이 모든 국민에게 동일하게 적용되는 제도 통합도 김대중 정권하에서 이뤄졌으며, 직업이나 사회계층의 차이가 사회보장 내용에 차이를 낳는 현상도 제도적으로는 해소되었다. 비교정치학 용어로 사회계층의 차이에 의해 수급 내용이 달라지는 제도를 계층성이 높은 제도라고 하는데, 그런 점에서 한국은 계층성을 낮추는 개혁을 단행했다.

또한 이전에는 연소자, 고령자이기에 일을 못하고 빈곤에 빠지는 사람들을 구제할 목적이었던 생활보호제도가 1999년에 폐지되었다. 그 대신 설치된 것이 육체적 이유 이외의 어떤 연유로 일을 못하게 된 사람들에 대해서도 국가가 책임지고 기초적인 생활을 보장하는 국민기초생활보장제도이다. 이를 계기로 사회보장 방식이 보편주의적으로 변경되었다. 인간이 노동력을 가진 상품이라는 운명에서 벗어난다 해도 살아나갈 수 있는 '탈상품화'의 길이 제시된 것이다.

한국이 걸어온 사회보장제도는 연금이나 의료보험 방식이 직업, 지역에 따라 다르고 계층성이 높은 일본과는 달리, 사회민주주의적인 방향성을 가지는 것이었다.

비교복지국가론의 기초를 구축한 덴마크 출신 정치학자 에스핑-안데르센Esping-Andersen에 의하면, 유럽과 미국 선진국의 복지국가는 두 가지의 기준에 의해 크게 세 가지 유형으로 분류된다. 그 기준은 '탈상품화'와 '계층성'이다. 이 기준에 의해 복지국가는 자유주의 모델, 사회민주주의 모델, 보수주의 모델로 분류된다5-1.

탈상품화 수준이 낮은, 다시 말해서 국가가 사람들이 빈곤에 빠지는 것을 방지할 정도로만 복지를 제공하는 유형을 자유주의 모델이라고 한다. 대표적인 사례가 미국과 영국이다.

탈상품화 수준이 높고 계층성이 낮은 것은 사회민주주의 모델이다. 복지는 생활 곤궁자만이 아닌 전 국민에게 제공되며, 직업에 따라 부담과 수급의 차이가 발생하는 정도가 낮다. 스웨덴 등 북유럽 국가의 전형이다.

주) 저자 작성

탈상품화 수준은 높지만 계층성이 높은 것이 보수주의 모델로서 복지는 전 국민에게 제공되지만 그 수준은 직업에 따라 차이가 있다. 그 대표가 독일, 프랑스이다.

연구자에 따라 다양한 논의는 있지만, 일본과 한국을 이 유형에 대입해보면 보수주의와 자유주의의 중간 형태라고 평가하는 경우가 많다. 즉 사회보험제도는 직업이나 소속하는 회사에 따라 다르기 때문에 계층성이 높고, 공적부조 영역에서 구빈법적 성격이 강하기 때문에 탈상품화 수준이 낮다고 간주되는 것이다. 하지만 김대중 정권 이후의 사회보장 개혁으로 한국은 계층성을 낮추고 탈상품화 수준을 높이기 위해 제도를 변화시켜 왔다. 그 방향성은 사회민주주의 모델을 지향했다고 할 수 있다.

위축된 사회민주주의

하지만 그 수준은 너무나 낮다. 국민의료보험은 존재했지만 의료 서비스에 대한 본인부담액은 50%에 가깝다.

국민연금은 40년간 만기 불입이 끝난다 해도 받을 수 있는 연금액은 평균적으로 현역 시절의 40%에 불과하다. 국민연금제도가 발족된 것은 1988년으로 그 시작이 늦었기 때문에 대부분의 고령자는 가입할 수 없었고, 그 대체보상으로 시작된 기초노령연금은 현역 세대 평균소득의 5%로서 극히 낮아서 생활을 유지할 수 있는 금액이 아니다.

이 책에서는 제도로서는 사회민주주의적인데도 이와 같이 수급 수준이 너무 낮은 상황을 '위축된' 사회민주주의라고 표현했다. 상황은 조금씩 개선되고 있지만 긴박해진 저출산 고령화의 속도를 쫓아가지 못하고 있으며 앞으로 급증하게 될 고령자층의 생활을 지키기에는 대단히 어려운 형국이다.

한편 사회보장 수준이 낮다고 해서 자유주의적인 개혁이 이뤄진 것도 아니다. 1998년에 세계은행이 한국에 그랬던 것처럼, 현재 개발도상국이나 신흥국에서 사회보장제도를 구축할 때 권장하는 유형은 영국과 같은 자유주의 모델이다.

예를 들면 연금의 경우, 최저한의 생활 유지를 위한 기초적 연금은 세금 등으로 정부가 지출하지만, 그 이상은 민간 보험이나 직업, 직종으로 독자적으로 조직을 만드는 등 자기 책임하에 급여를 요구하는 2층식 구조를 취하고 있으며, 국가의 책임범위는 축소되어 있다.

의료보험도 마찬가지여서 기초적인 의료 서비스는 국가 책임하에 낮은 금액으로 서비스를 제공하지만, 고도의 의료는 사적 보험에 가입하여 이용한다.

이 같은 개혁은 김대중 정권기에 검토된 바 있었고 이명박 정권 초기에 추진되려 했다. 하지만 실현되지 못했고 제도 개혁은 일어나지 않았다.

한국에서는 왜 위축된 사회민주주의가 계속되는 것일까? 그것은 이 책에서 반복해서 서술한 것처럼 진보와 보수의 심각한 대립 때문이다.

진보는 복지의 확대에 의한 생활의 질적 향상을 주장한다. 권위주의 시대가 오랫동안 계속된 한국에서는 복지가 탄탄해지지 못했고 사회적 불평등이 심각해서 수많은 빈곤층을 양산해냈다. 그들에 대한 소득을 보장하는 것이 우선적으로 선행되어야 할 과제라고 주장한다.

한편, 보수는 복지의 확대는 경제활동에 부담이 된다고 주장한다. 전세계에서 경쟁이 일어나고 있는 오늘날, 기업활동에 관련된 부담을 되도록 덜어주는 것이 중요하다, 한국을 비즈니스에 적합한 기질로 바꿈으로써 외국기업의 투자를 늘리고 나아가서는 고용의 확대로 이어질 것이라며 복지의 확대에 반대한다.

그런 까닭에 진보는 '위축된' 상태를 해소하려 하고, 보수는 '사회민주주의'가 아닌 자유주의로 바꾸려 한다. 하지만 양 진영의 의도는 상대의 견제로 실현되지 못하고 결과적으로 '위축된' 사회민주주의가 균형상태에 머물러 있는 것이다.

진보 정권의 신자유주의 개혁은 과연 모순이었을까?

한편 경제정책에 있어서는 김대중 정권에서 신자유주의적인 개혁이 일시에 시행된 이후, 그 방향성에 변화가 일어나지 않았다.

가장 상징적인 것은 FTA 전략의 계속적인 확대이다. FTA를 통한 무역 자유화는 한국이 비교적 강한 산업을 강화하고 약한 산업을 쇠퇴시키는 효과가 있었다. 그런 연유로 FTA는 시장의 힘을 빌려 경제 개혁을 추진하고 한국경제의 체질을 강화해왔다. 하지만 그것은 동시에 약한 산업에 종사하는 사람들의 생활 압박으로 이어졌다.

일반적으로 진보란 사회 안에서 평등을 중시하고 약자를 옹호하는 입장이라고 여겨진 여겨진다. 하지만 한국에서는 진보 정권이 개혁을 단행하여 FTA의 단서를 열었다. 이것은 김대중 정권, 노무현 정권을 지지했던 사람들에게도 이해받지 못했으며 두 사람은 지지자로부터 변절자, 배신자라는 비판을 받으면서 대통령 임기를 마치게 되었다.

어째서 진보 정권이 신자유주의적인 경제 개혁을 단행했을까?

사실 그들이 지향했던 미래상은 기존의 약자를 보호하는 데 중점을 두었던 진보의 생각과 차이가 있었다. 두 대통령이 목표로 한 것은 국가가 복지를 통해 사람들이 일할 수 있도록 지원하는, 기든스가 말하는 '제3의 길'로 재해석된 '북유럽형 사회민주주의'였다.

그들의 생각은 이러했다. 경제의 흐름이 격심한 오늘날, 약한 산업을 보호해서는 수출의존도가 높은 한국이 경제적 번영을 쌓기란 어렵다. 개방적인 세계경제 속에서 한국이 강한 분야의 산업을 육성하고 약한 분야의 산업으로부터 노동자를 재훈련해서 이동시키는 것이야말로 한국을 번영시키는 길이다. 그를 위해 생활 수준의 저하를 감수할 수밖에 없는 사람들의 '재상품화'를 시도한다. 이로써 국가가 적극적으로 사회보장 정책을 전개하는 것과 경제의 자유화는 모순되지 않고 상호보완적이 된다는 것이었다.

진보 세력과 두 대통령의 차이는 복지정책과 통상정책을 비롯한 경제개혁을 하나로 묶어서 파악할 수 있는가의 여부였다. 이는 진보 세력뿐만 아니라 보수 세력과의 차이이기도 했다.

사실 보수 세력에게도 사회보장의 내실화는 결코 손해 보는 이야기가 아니었다. 한국인 노동자의 노동생산성을 높이는 것은 그들에게도 이익이 된다. 그러나 기존의 진보도 보수도, 두 가지 정책 분야를 한데 묶어서 이해하는 발상을 하지 못했다. 그런 까닭에 진보는 김대중, 노무현 정권을 신자유주의라고 비판했고, 보수는 좌파정권이라고 비판한 것이다.

이와 같은 사실을 김대중이 어디까지 인식하고 있었는지는 알 수 없다. 하지만 그가 정권 초기에 시행했던, 노사정위원회는 진보와 보수가 사회보장 정책과 경제정책을 하나로 묶어서 정책 패키지로 생각할 수 있는 절호의 기회였다. 하지만 그 조직은 너무나 빨리 결렬되었다. 그 후 오늘에 이르기까지 진보와 보수의 화해는 눈에 보이지 않는다.

이데올로기 정치의 부자연스러움

이 책에서는 한국의 복지정책과 통상정책에 초점을 맞추고 논의를 진전시켜 왔지만, 이 두 가지 분야는 일반적으로 함께 논의되는 경우가 없다. 하지만 이 두 분야는 진보 대 보수의 이데올로기 대립이라는 공통된 요인으로 규정되고 있다. 또한 두 분야를 연결지어 이해하는 것이야말로 역대 정권의 정책을 보다 자세히 이해할 수 있는 중요한 지점이다.

그리고 더 생각해봐야 할 사항이 두 가지 있다. 하나는 보수주의적 복지국가 모델이었던 한국의 사회보장 정책이 김대중, 노무현 정권을 거쳐 사회민주주의적인 방향으로 바뀐 것과 관련, 그러한 제도 변혁이 어떻게 가능했는지에 관한 것이다.

복지국가가 강력한 이념 노선에 의존하는 성향이 있음은 널리 알려져 있다. 즉 한번 어떤 제도가 생기면 다른 사상에 바탕을 둔 제도로 전환하기가 무척 어렵다. 예를 들면 보수주의 모델의 국가는 쉽사리 다른 모델로 제도를 개혁하기가 어렵다.

보수주의 모델의 제도가 가진 큰 특징은 직종 등을 포함하여 계층별로 부담 방식이나 수급이 다르다고 하는 높은 계층성이다. 이러한 제도에서는 제도 그 자체가 기득권을 창출하여서 다른 제도로 변화하는 것을 방해한다.

의료보험을 예로 들어보자. A라는 의료보험과 B라는 의료보험이 있어서 A는 스트레스가 심한 직종에 종사하는 사람들이 많이 가입하고, B는 그렇지 않다고 하자. A에 가입하는 사람들은 B에 가입하는 사람보다 병에 걸릴 가능성이 높으므로 보험재정을 건전하게 지키기 위해서는 보험료 부담은 높고 수급도는 낮아야 하지만 B는 그렇지 않으므로 반대 상황이다. 양쪽을 통합하는 방침이 나올 경우 A와 B, 각각에 소속되어 있는 사람들은 어떻게 생각할까?

A에 속하는 사람들은 B가 부담을 분담하므로 환영하겠지만, B는 반대할 것이다. 양쪽 모두의 찬성을 전제로 한다면 이 통합은 실현될 수 없다.

보수주의 모델의 복지국가가 다른 모델로 이행하기 위한 제도 개혁이 곤란한 이유는 이처럼 제도가 사람들 사이의 이해관계 대립을 가져오기 때문이다. 한국은 이전에는 보수주의 모델이었다. 그런 까닭에 계층성을 낮추고 사회민주주의 모델로 이행하는 계획은 곤란했을 것이다. 그런데 어떻게 그것이 가능했을까?

더 생각해봐야 할 또 한 가지 사항은, 한국에서는 무역자유화를 둘러싼 대립의 축이 이익이 아니라 어째서 이념인가 하는 점이다. 일본에서도 예전에는 미국과의 무역마찰, 최근에는 환태평양경제동반자협정TPP 등 무역자유화 교섭이 이뤄질 때마다 국내에 심각한 대립이 일어나고 있다. 그러나 농협이나 일본 경제단체연합회경단련가 두드러지게 활약할 뿐이지 진보, 보수라는 이데올로기로 대립하지는 않는다. 그런데 한국에서는 왜 이데올로기일까?

유동적인
노동시장

노동시장과 복지정치

한국은 어떻게 사회보장제도를 보수주의적인 것에서 사회민주주의적인 것으로 변경할 수 있었을까? 강한 경제의존성이 작동하는 이유에서부터 그 대답을 찾아 나가고자 한다.

보수주의 모델의 국가에서 높은 계층성을 가지는 제도로 바꾸기 어려운 이유는, 제도가 기득권을 만들어내기 때문이다. 다만 이 제도는 직종을 포함한 계층 이동의 가능성이 작다는 점을 전제로 한다.

일본의 예를 들어보자. 일본은 21세기에 들어서기까지 종신고용제라는 고용 형태를 가진 사회였다. 중학교, 고등학교 혹은 대학교를 졸업한 후에 취직한 회사를 바꾸지 않고 정년까지 근무하는 것이 그 전제였다. 이러한 사회에는 보수주의 모델이 적합하다. 정년까지 같은 회사에 근무하는 사람들에게 직종 간에 보험제도가 다르다고 해도 회사를 바꾸지 않는 이상 별다른 의미는 없다.

그뿐 아니라 보수주의 모델은 노동자에 대해 같은 회사에 계속 근무할 수 있는 인센티브를 준다. 오래 근무할수록 그 사람은 경험을 쌓고 기술을 축적하여 보다 높은 보수를 받게 될 뿐만 아니라, 노후에 받게 될 연금액도 많아진다. 기업 또한 고용을 비용이라기보다는 투자라고 생각하게 된다.

보수주의 모델 제도와 종신고용제라는 취업 관행은 상호 보완적이며 서로를 강화시키는 것이라 할 수 있다.

하지만 직종 사이에 노동의 유동성이 높은 경우, 보수주의 모델은 노동자에게 불이익을 줄 가능성이 높다. 오히려 직업이 변해도 보험 내용, 보험료에 변함이 없는 것을 선호하기 때문에 사회민주주의 모델 혹은 자유주의 모델처럼 계층성이 낮은 것이 적합하다. 즉 사회보장제도의 좋고 나쁨은 그 나라의 취업 관행에 적합한지 아닌지에 따른다. 그렇다면 한국이 사회보장제도를 사회민주주의 모델로 바꿀 수 있었던 이유 중 하나는 취업 관행과 노동시장이 일본과 달리 유동적이었기 때문이라고 생각할 수 있다.

실제로 한국에서는 노동자가 직업을 바꾸는 것이 그렇게 이상한 현상이 아니었다. 일본 같은 종신고용제가 성립되어 있었던 것도 아니다.

5-2는 선진국에서 노동자의 평균근속연수를 제시하고 있다. 한국에서는 평균근속연수가 짧고 남녀모두 일본의 반 정도의 기간에 불과하다. 비견될 수 있는 곳은 자유주의 모델의 대표인 미국 정도이다. 단, 이 숫자는 사회민주주의적인 제도로의 변경이 이뤄지고 난 이후, 10년 가까이 경과한 시점이며 그 이전에는 달랐을 가능성도 있다.

5-2. 주요국에서의 평균근속연수 2010년

국가	근속연수		
	남	여	격차
	년	년	남=100
일본	13.3	8.9	66.9
미국	4.6	4.2	91.3
영국	9.0	8.4	92.6
독일	11.9	10.5	88.1
프랑스	11.8	11.6	98.8
스웨덴	10.2	11.0	107.5
한국	7.0	4.4	62.9

[자료] 《데이터 북 2012 국제노동 비교》 노동정책연구 연수기구 편, 2012

그래서 5-3은 제도 개혁 직후인 2001년, 5-4에서는 그보다 10년 전인 보수주의 모델 제도하에 있었을 때의 근속연수를 제시했다. 5-3에 있는 남자1과 여자는 농업을 제외한 산업에서 모든 연령의 노동자를 대상으로 한 것이고, 남자2는 30세 이상을 대상으로 한 것이다. 모두 2000년에 조사가 이뤄진 미국과 비교되어 있다.

앞서 말한 것처럼 미국은 선진국 가운데서도 노동자의 이동이 가장 격심한 나라지만, 한국은 2001년 단계에서 미국 이상으로 노동자의 이동이 심하고 근속연수가 짧았다는 점을 읽어낼 수 있다.

5-4는 제조업 종사자에 한정해서 이뤄진 조사를 정리한 것인데, 보수주의 모델 시기였음에도 불구하고 근속기간은 특히 짧은 3년 정도이다.

5-3. 한국과 미국의 근속관련지표

		평균근속년수	1년 미만 근속자 비율	3년 미만 근속자비율	12년 이상 근속자 비율
한국	남1	5.15	34.1	54.7	12.5
	남2	6.40	28.4	45.7	16.3
	여	2.37	46.6	73.0	3.0
미국	남1	7.16	21.7	38.8	18.5
	남2	9.14	13.8	27.0	25.2
	여	6.08	24.5	42.9	14.0

[자료] 《현대 노동시장의 정치사회학》 정이환 지음, 후마니타스, 2006

5-4. 제조업의 월평균 이직률과 근속기간 추이

년	이직률 %	근속기간 년
1970	6.00	-
1975	4.40	2.1
1980	5.60	2.5
1985	4.50	3.0
1986	4.20	3.3
1987	4.30	3.2
1988	4.50	3.2
1989	3.82	3.4
1990	3.78	3.5
1991	3.88	-

[자료] 〈매월 노동통계 조사〉 노동부, 1991. 12 ; 〈직종별 임금실태 조사〉 각 연도.
단, 《한국의 노동운동》 어수봉 지음, 한국노동연구원, 1992, 74쪽 재인용

이전부터 핫토리 다미오服部民夫 등의 사회학자가 지적한 것처럼 한국은 전직轉職이 많은 나라였다. 이와 같은 경향은 한국경제가 선진국화됨에 따라 서서히 약해지고는 있지만 지금도 여전히 강한 경향을 보인다.

그 원인을 민주화 이전에는 열악한 노동조건, 한국인이 전통적으로 노동에 대해 갖는 혐오감이라는 문화적 이유에서 찾았지만, 오늘날은 달라진 것 같다. 전직이 많은 직종은 서비스업, 판매업, 단순 노무직 등이고, 연령별로 보면 젊은 층에서 그런 경향이 강하게 나타난다. 세계화가 이뤄진 다른 선진국들과 유사해진다고 할 수 있지만, 그에 비해 전체적으로 근속기간이 짧으므로 다른 중요한 이유가 있는 것으로 보인다.

이 같은 취업관행에서는 보수주의 모델의 사회보장제도가 노동자에게 이익이 되지 않는다. 그런 까닭에 사회민주주의 모델로의 제도 변화가 용이했던 것이다.

| 생산요소의 유동성

이처럼 노동시장의 유동성이 높으면, 정부가 통상정책을 추진할 때 이익단체가 정치적인 힘을 가지지 못하는 경향으로 이어지게 된다.

한국의 이익단체는 왜 무역자유화에 반대하지 않았을까? 이 문제를 '근본적으로 사람들은 왜 무역자유화에 반대하는가' 라는 관점에서 파악해 보자.

경제학의 상식적인 견해를 따르면, 무역, 투자의 자유화는 일반적으로 어느 국가든지 그 나라 전체로서는 생산성을 높이고 사람들의 생활을 윤택하게 한다. 영국의 경제학자 데이비드 리카도David Ricardo 의 비교우위론비교생산비설을 들어본 적이 있을 것이다. 무역자유화에 의해 그 나라에 특화되어 있는 상품생산에 생산력을 집중시키면 모든 나라가 윤택해진다는 이론이다.

리카도가 예를 들어 서술한, 와인과 직물의 교환으로 설명해보자. 지금 A나라와 B나라가 있고 두 나라 모두 와인과 직물을 생산하고 있다. A나라는 와인 생산력이 더 높고 B는 직물 생산력이 높다. 두 나라가 무역을 자유화하여 A나라가 와인, B나라가 직물 생산을 특화하면 두 나라 모두 생활이 윤택해진다. 그런 연유로 무역자유화를 실시하는 것이 좋다.

하지만 이 설명에는 중요한 전제가 두 가지 존재한다. 하나는 A나라에서 그때까지 직물을 생산했던 사람들이 와인을 만들게 되는 한편, B나라에서는 와인을 생산했던 사람이 직물을 만들게 된다는 점이다.

자본가나 노동자가 자신들이 만들었던 상품생산을 포기하고 또 다른 비교우위에 있는 상품 생산으로 전환하기가 쉽지 않다면, 이 논의는 성립될 수 없다. 와인 생산에는 고도의 기술이 필요하고 직물을 만들었던 노동자가 그것을 쉽사리 습득할 수 없다면, 직물을 생산했던 노동자는 무역자유화에 의해 직업을 잃게 되는 것이다. 그렇다면 A나라에서 직물을 생산하는 노동자는 무역자유화에 강하게 반대할 것이다. 그런 점에서 자본가도 마찬가지다. 일반적으로 상품을 생산하려면 자본, 토지, 노동력이라는 생산요소가 필요하다. 그 유동성이 높다는 점이 바로 이 논의의 전제가 된다.

토지, 자본, 노동

또 한 가지는 상품생산에 필요한 생산요소를 누가 가지고 있는지를 묻지 않았다는 점이다. 현실적으로 자본은 자본가가 가지고 있으며, 노동력은 노동자가 제공하고, 토지도 특정 사람들에 속해 있다. 동일한 상품을 만든다고 해도 어떤 생산요소를 제공할 수 있는지에 따라 무역자유화에 따른 개개인의 이해관계를 변화시키게 된다.

리카도의 사례로 설명해보자. A나라에서는 전체적으로 보면 와인으로 생산을 특화하는 것이 좋다. 그러나 와인 생산에 종사하는 사람들 사이에는 이해관계가 달라질 수 있다. 와인 생산에는 넓은 토지가 필요하지만 노동력은 직물 생산만큼 필요하지 않다. 무역자유화에 의해 A나라가 직물 생산을 포기해버린 경우, 직물 생산에 종사했던 노동자는 와인 생산에 노동력을 제공할 것이다.

하지만 와인 생산에 많은 노동력이 필요하지 않다면 노동력의 가격, 즉 임금은 이미 와인 생산에 종사하던 노동자까지 포함하여 함께 저하될 것이다. 무역자유화는 A나라의 노동자 전체의 이익에 반하는 것이다. 그러므로 노동자는 자유화에 반대할 것이다. 비교우위론은 나라 전체를 보면 윤택해진다고 해도, 개개의 국민이 갖는 생산요소에 따라 이해관계가 달라지므로 우선은 이를 배제하고 고려하는 것이 그 전제가 된다.

생산요소 소유 여부는 오늘날 이뤄지는 무역자유화에 관한 논의 속에서 상당히 중요한 논점이다. 농산물을 생각해보면, 미국이나 호주, 뉴질랜드가 농산물시장의 자유화를 주장하는 큰 배경은 이들 국가가 광대한 농지를 소유하고 있기 때문이며, 일본이 자유화에 저항하는 이유는 농지가 적기 때문이다. 바꿔 말하면, 농지라는 생산요소가 풍부한 국가일수록 싸게 농산물을 생산할 수 있으므로 자유화를 주장하지만 반대의 경우에는 저항한다.

이 같은 상황은 공산품에 대해서도 적용할 수 있다. 섬유 산업 등 노동집약형 산업에서는 노동자가 많아서 임금이 싼 국가에 경쟁력이 있다. 거꾸로 선진국과 같이 노동력이 상대적으로 적고 임금이 높은 나라에서는 그렇지 않다. 개발도상국의 저가 상품 유입이 선진국 노동자의 직장을 빼앗아가는 경우가 자주 문제가 되는데, 그것은 이 이론으로 설명할 수 있다.

노동시장과 통상정책

이 논의를 무역자유화를 둘러싼 이익집단의 활동으로 연관 지어보자. 일본에서는 농협 등의 이익집단이 무역자유화에 저항하는 활동을 지속하고 있다. 이를 일반적인 자세라고 판단할 수 있겠지만, 모든 나라에서 그와 같은 활동이 일어나는 것은 아니다. 이익집단이 강하게 저항하는 상황은 자본가가 비교우위에 있는 산업으로 자금의 투자처를 바꾸거나 노동자가 다른 직업으로 전직하는 등 생산요소의 유동성이 낮은 경우에 나타나기 쉽다.

농업이나 제조업 등 산업 분야 사이의 이동이 어려운 경우, 무역자유화는 국제경쟁력이 취약한 산업 분야 종사자에게 막대한 손해를 입힌다. 그런 까닭에 그들은 이익집단을 만들어서 자유화를 저지해야만 한다.

하지만 생산요소의 유동성이 높은 경우, 자본가도 노동자도 산업 분야의 울타리를 넘어서 비교우위의 산업으로 자본투자처나 취직 자리를 바꾸면 된다. 물론 이 경우에도 생산요소의 소유자 사이에 이해관계가 다를 수는 있으나, 산업 분야 간 대립이라는 구도는 상당히 느슨해지게 된다.

일본이 산업 분야 간 이동이 어렵고 이익집단의 저항이 크다고 한다면, 한국은 그 반대이다. 이 때문에 무역자유화에 대한 이익집단의 저항이 약했던 것이다.

앞서 다룬 것처럼 한국은 노동자의 전직이 많고 노동이라는 생산요소의 유동성이 높은 나라이다. 또한 재벌 중심의 자본가도 여러 업계에 계열회사를 가지고 있다. 일본의 경우, 도요타는 자동차 산업, 파나소닉은 가전 산업이라는 식으로 대기업은 특정한 업종으로 사업을 전개하지만, 한국은 그렇지 않으며 계열사 간에 산업적인 관련이 없는, 이른바 문어발식 사업을 전개하고 있다.

이는 경영의 효율성을 고려하지 않은 행동이라 할 수 있으나, 세계화가 진전되고 기술혁신의 흐름이 빠른 오늘날에는 특정 산업의 쇠퇴로 발생할 수 있는 피해에 대비하고, 어떤 산업 분야의 벌이가 신통치 않으면 신속하게 철수하고 보다 유리한 산업 분야에 경영자원을 집중한다는, 기업 경영의 유연성을 높여준다. 재봉틀이 신통치 않으면 집적회로IC 칩으로, 그것마저 별로라면 액정 텔레비전으로, 스마트폰으로 쉽사리 전환할 수 있다.

이처럼 생산요소의 이동 가능성이 크면 노동자도 자본도 비교적 우위의 산업으로 이동함으로써 문제를 해결하기 쉬워진다. 또한 무역자유화를 둘러싼 대립 구도는 산업 분야 단위로는 발생하기 어려운 것이 사실이다. 한국에서는 무역자유화와 관련해 일본의 농협이나 경단련의 활발한 활동처럼 이익단체 정치가 발생하기 어려운 구조이다. 어떤 산업이 무역자유화로 곤란에 빠지면, 다른 산업으로 이동한다. 정부에서 전직 보상을 해줄 정도의 원조를 받을 수만 있다면 괜찮다. 사활을 건 문제가 되지 않는 것이다.

APEC, EVSL 교섭으로 본 한국의 특수성

이와 같은 사실은 필자가 이전에 시행했던 무역자유화 교섭 조사에서도 확인할 수 있었다.

FTA 교섭이 무르익기 이전, 한국은 김대중 정권하에서 무역자유화 교섭에 나선 적이 있다. APEC에서의 분야별 조기자유화EVSL 교섭이다. 1994년에 인도네시아 보고르에서 열린 APEC 정상회의에서 APEC 가맹국 중 선진국은 2020년까지, 개발도상국은 2030년까지 구역 내에서의 무역자유화를 달성하기로 한 '보고르 선언'이 발표되었다. 하지만 선언상 자유화는 먼 미래의 일이었다. 그렇기 때문에 선언 내용을 앞당기는 형태로 자유화를 추진하려는 시도가 이뤄졌다. 분야를 한정하여 역내 자유화를 추진하는 것이 EVSL이다.

그 교섭에는 한국과 일본 모두 참여했으며 교섭 분야에는 수산물, 임산물이 포함되었다. 일본은 신중한 자세로 일관했고 결과적으로 그로 인해 EVSL은 좌절되었다. 한편 한국은 수산물, 임산물이 포함된 자유화를 추진하겠다고 제안했다. 무역자유화 추진세력이었던 미국의 통상대표도 놀랄 정도였다.

당시 한국에서의 수산물, 임산물은 농업과 마찬가지로 정치적으로 민감한 분야였다. 두 분야에서 생산되는 상품이 다른 나라에 비해 가격경쟁력이 있을 리가 없었기 때문이다. 특히 수산물은 그 종사자도 적지 않았다. 수산물 분야를 담당하는 해양수산부는 외교당국인 외교통상부에 강하게 반발을 표명했다. 하지만 해양수산부의 주장은 받아들여지지 않았다. 그 이유는 간단했다. 해양수산부는 반대하지만, 당사자인 어민은 반대의 소리를 높이지 않았다는 것이다.

어떻게 어민들은 무관심할 수 있었나

사실 해양수산부는 어민의 목소리를 높이려고 시도했었다. 이와 관련 이 깊은 싱크탱크인 한국해양수산개발원에 한국의 수산업이 자유화에 의해 어느 정도의 피해를 보게 될지, 그것은 특히 어느 분야이며, 자유화 유보품목에 무엇을 선정하면 적당할지를 조사하도록 의뢰했다. 또한 수 산업협동조합수협 중앙회에는 그 당시 큰 피해가 예상되는 순위를 매겨 달라고 의뢰했다.

하지만 어민들은 관심을 보이지 않았다. 더구나 수협은 의견을 표명하 지도 않았다. 이익단체가 거의 움직이지 않고 이익단체의 직접적인 신청 이 없었으니, 국내 조정을 담당하는 외교통상부도 해양수산부의 의향을 별로 고려하지 않은 채 자유화를 결정했다.

이익집단의 활동이 활발한 일본에서는 생각할 수 없는 이와 같은 침묵 은 노동력의 유동성을 고려해보면 그렇게 이상하다고도 할 수 없다. 어업 을 관두고 다른 산업에서 일하는 것이 그다지 어렵지 않은 것이다. 그런 까닭에 수산업의 이익집단인 수협에 호소하는 어민도 적었고 수협 자신 도 보호해달라며 활발하게 활동할 이유가 없었다고 여겨진다.

이제까지 복지정치와 무역자유화를 둘러싼 정치를 같은 논의의 장에 올려놓고 다룬 적은 없었다. 하지만 노동력의 유동성에 주목한다면, 두 가지는 서로 밀접하게 관련되어 있다. 일본과 한국의 차이도 바로 이 점 으로 설명할 수 있다.

앞에서도 서술한 것처럼 한국과 일본은 산업구조가 무척 흡사하다. 그 럼에도 불구하고 한국이 FTA 전략을 확대해 나간 데 비해 일본이 뒤처진 이유는 두 나라의 노동시장 구조가 완전히 다르다는 점에서 찾을 수 있다. 일본은 노동력의 유동성이 낮으며, 한국은 그 반대이다. 그래서 일본에서는 취약 산업의 존폐가 종사자들에게 사활을 건 문제가 되지만, 한국은 그렇지 않다. 사회보장제도에서 일본이 보수주의 모델을 유지하고 한국이 사회민주주의 모델로 전환할 수 있었던 것도 같은 이유에서이다.

복지정치뿐만 아니라 통상정책을 둘러싼 정치도 이데올로기 정치화된 데는 이 같은 생산요소의 이동 가능성이 높다는 이유, 특히 노동 유동성이 깊이 관계되어 있다.

단, 한국이 독특한 점은 이데올로기 정치의 초점이 주권에 관한 논의였다는 사실이다. 선거의 쟁점이 미국과 북한에 대한 자세 같은, 진보와 보수의 대립이었던 것이다.

박근혜 정권의
과제

사회보장의 쟁점화

프롤로그의 첫 부분으로 되돌아가 보자. 2012년 12월에 이뤄진 대선의 쟁점은 이제까지의 대선과 판이했다. 안전보장이 아니라 사회보장이었던 것이다.

그리고 선거에서의 실제 논쟁은 '경제민주화'를 둘러싼 형태로 이뤄졌다. 경제민주화라는 단어는 다의적이고도 모호하지만, 부각되었던 것은 빈부 격차의 확대, 한번 빈곤층에 빠진 사람이 그곳에서 벗어나기 힘든 상황, 재도전의 어려움이었으며 구체적으로는 승자인 재벌의 경제 지배와 복지 문제였다.

과거의 대선에서도 격차 문제는 중요한 쟁점이었다. 2002년 노무현 대통령이 선출된 선거에서는 지역 격차 문제가 '주류 세력의 교체'로 표현되었다. 2007년 대선에서도 빈부 격차를 어떻게 극복하는가가 중요한 문제로 등장했다. 승리한 보수 진영 이명박은 경제성장을 통해 경제 규모를 확대함으로써 해결할 수 있다고 주장했으며, 패배한 정동영은 사회의 부유한 20%에서 빈곤한 80%로의 소득이전을 중시할 것이라고 표명했다.

이 같은 선거의 배후에는 북한 문제가 있었다. 예를 들면 노무현은 상대 후보인 이회창이 북한에 대한 대치자세를 강조한 데 반해, 이번 선거가 '전쟁이냐 평화냐'라는 갈림길에 놓여 있다고 강조하면서 자신에 대한 지지를 호소했다.

그러나 2012년 선거에서는 북한으로 상징되는 안전보장 문제가 뒤로 밀려났다. 사회보장의 중요성이 지역주의나 경제성장 정책이라는 이름이 아닌, 직접적인 쟁점이 된 것이다.

왜 사회보장이 주요한 쟁점이 되었던 것일까? 이 대답은 두 가지 수준에서 생각할 필요가 있다.

하나는 경제·사회 수준에서 정치적 해결이 필요해졌기 때문이다. 1997년의 아시아 외환위기는 한국경제의 체질을 바꾸었고 두터워지기 시작한 중산층을 빈약하게 만들었으며 경제적 격차를 확대, 고정화시켜 버렸다. 사회보장의 절박감은 그 시점 이후로 커져가고 있다. 특히 고령자빈곤과 청년층의 취업문제, 워킹푸어 문제는 긴급한 과제이다. 하지만 2010년대가 되어 이러한 문제가 분출된 것은 아니었다. 경제사회 수준의 중요성이 그대로 정치적 쟁점이 되었다면 사회보장 정책은 더 이른 시기에 대선에서 다뤄졌을 것이었다.

그렇다면 무엇이 사회보장을 대선의 쟁점이 되게 했을까? 그것은 또 하나, 논의 수준의 변화이다. 정치가 그것을 거론하고 유권자가 문제로서 인식하게 된다. 2010년대에 들어서 일어난 변화는 바로 그 부분이었다. 지금부터 마인섭2011 에 의거하여 살펴보자.

전국동시지방선거와 무상 논쟁의 시작

그 계기는 2010년 6월의 제5회 전국동시지방선거였다. 한국의 지방선거는 몇 가지 의미에서 일본과 다르다. 일본에서는 지방자치단체 선거 시기가 지자체마다 다르다. 전에는 전국적으로 동시에 통일지방선거를 시행했으나, 단체장이 임기 중에 사직하거나 의회 해산 등으로 선거 시기가 지자체마다 달라졌다. 하지만 한국에서는 모든 지자체가 4년에 한 번 전국동시지방선거를 실시한다. 임기 중에 단체장이 그만두면 후임이 남은 임기를 채우게 되어 있다. 교육감도 이 선거를 통해 선출한다.

지방선거가 대선나 총선과 같은 날 시행되는 경우는 없다. 그런 까닭에 지방선거는 국정에 대한, 그리고 보다 직접적으로는 대통령에 대한 중간 선거의 성격을 띠게 된다.

2010년 제5회 전국동시지방선거도 2008년에 발족한 이명박 정권에 대한 중간 심판이라는 의미가 있었다. 2007년의 대선, 2008년의 총선에서 연패한 진보 진영 민주당에게는 이 지방선거가 세력을 만회할 기회였다. 국민이 이명박 정권을 보는 눈은 엄중했고, 중간 선거는 여당이 패배하는 경향이 있었다. 더구나 타이밍 또한 민주당이 자신 있어 하는 정책을 호소하기에 딱 맞았다. 2008년부터 시작된 리먼쇼크는 그들의 잠재적인 지지 기반인 서민층, 빈곤층의 생활에 영향을 미쳤고 빈부 격차, 빈곤 문제가 심각해졌기 때문이다.

당시 민주당이 선택한 정책은 큰 쟁점이 되었다. 그것은 무상급식이었다.

그때까지 한국에서는 일본의 생활보호에 해당하는, 기초생활보장급여를 받고 있는 빈곤 가정 아이들에 대해서는 학교급식이 무상으로 공급되었고, 그렇지 않은 아이들의 경우에는 부모나 보호자에게 급식비를 받았다. 하지만 리먼쇼크의 영향으로 급식비를 낼 수 없는 경우가 늘어났고, 따돌림당하지 않으려고 일부러 점심을 먹지 않는 아이들이 나타나는 등 사회문제가 발생하고 있었다. 그래서 민주당은 2009년 9월에 학교급식법 개정안을 발의하고 학교급식의 전면 무상화를 제안한 것이다.

이 제안은 민주당의 사회보장에 대한 자세를 상징적으로 보여준다. 민주당은 보호자의 소득에 관계없이 모든 아이들을 대상으로 무상으로 해야 한다고 주장함으로써, 여당인 보수 진영의 선별주의적인 방향과 진보 진영 민주당의 보편주의적인 방향을 대치시킨 것이다.

이어서 민주당은 2010년 2월에 보편주의적인 사회보장정책을 전면적으로 내세운 지방선거공약을 확정했다. 사회 서비스업 고용 백만 명 창출, 아버지 육아휴직 할당제, 세 자녀 이상 가족 건강보험료 전액 면제, 실업보조제, 5세 이하 아동 무상보육 및 교육, 초등학교와 중학교 무상급식 전면 실시 등이었다. 민주당은 선거 후에 이를 발전시켜서 2011년에는 '무상복지 3+1'이라 하여 보편주의적인 사회보장을 당의 간판으로 내걸었다.

한편 여당인 한나라당은 무상급식에는 신중한 자세를 보이며, 부유층 자녀에게는 무상급식이 불필요하다고 주장했다. 사회보장은 중요하지만 경제적으로 곤궁한 사람들에게 한정시켜야 한다는 것이었다. 한나라당은 공약으로 30만 명의 고용 창출, 서민과 중산층 대상으로 취학 전 아동의 보육시설 및 유치원 이용료 전액 지원, 저소득층과 농어촌 초등학생 중학생 무상급식 등을 내놓았다.

양당의 대립은 민주당과 한나라당의 사회보장정책에 대한 태도 차이를 명백하게 보여준 것이었다.

사실 당시 지방선거에서 최대 쟁점은 북한의 소행으로 짐작되는 천안함 격침 사건에 대한 대응과 이명박 정권이 추진하던 4대강 정비사업이었다. 학교급식 문제는 우선순위에서 밀리는 쟁점으로 여겨졌다. 그러나 선거 결과는 무상급식 문제를 보다 부각시키는 효과를 발휘했다.

선거는 여당 한나라당의 패배로 끝났다. 이전의 2006년 제4회 지방선거에서는 16개의 시·도 단체장 가운데 한나라당이 12군데를 차지했지만, 이번엔 6군데밖에 확보하지 못했다. 기초자치단체장, 광역의원 수에서도 한나라당은 모두 민주당을 밑돌았다. 시군구 기초의회 의원이 비교적 선전했지만 역시 지난번 선거 결과1,622석를 한참 밑도는 1,247석에 그쳤다5-5.

보수 진영 여당의 패배와 진보 진영 민주당의 복권은 보편주의적인 사회보장을 지향하는 민주당을 활기차게 만들었다. 이후 국회에서도 민주당은 사회보장 정책에 대해 공격적인 자세를 취하게 되었다.

▌ 5-5. 2010년 지방선거 결과

구분		계	한나라당	민주당	자유선진당	민주노동당	기타정당	무소속
시장 · 도지사		16	6	7	1	0	0	2
구 · 시 · 군청장		228	82	92	13	3	1	36
시 · 도 의원	지역구	680	252	328	38	18	8	36
	비례대표	81	36	32	3	6	6	0
구 · 시 · 군 의원		2888	1247	1025	117	115	79	305

주) 한국중앙선거관리위원회 데이터베이스 인용 필자 작성

서울시 무상급식 논쟁

지방선거에서 특히 눈길을 끌었던 것은 서울시와 경기도의 결과였다. 두 곳 모두 한나라당 후보가 승리했지만 교육감 선거에서는 무상급식을 주장하는 진보 진영 후보가 승리했기 때문이다. 또한 교육감 선거에서는 정당 추천이 금지되었기 때문에 모든 후보는 정당과 직접적인 관계는 없었다. 지방선거에서는 다양한 정책이 서로 다투게 되는데 그중 교육감 선거는 교육정책만을 다루게 된다. 당시 교육정책에서 최대의 쟁점은 무상급식이었으므로 유권자는 무상급식을 선택했다고 볼 수 있다.

사회보장정책 전체로 보면 무상급식은 별로 큰 문제가 아니지만, 민주당과 한나라당, 바꿔 말하면 보편주의를 주장하는 진보 세력과 선별주의를 주장하는 보수 세력의 상징 대결이 되어버린 것이다. 따라서 무상급식 문제가 중심축이 되어 지방정치와 국정 모두를 아우르는 큰 논쟁으로 발전했다.

두 진영이 격돌한 곳은 바로 천만 인구를 자랑하는 한국의 수도이자 최대 도시인 서울이었다. 한나라당 소속 오세훈 서울시장과 서울시교육감이 된 곽노현이 무상급식을 둘러싸고 대립했다. 오세훈은 무상급식 자체에는 반대하지 않았지만 저소득층에게 국한되어야 한다고 주장했다. 한편 곽노현은 보호자의 소득에 관계없이 모든 아이를 대상으로 실시해야 한다고 주장했다. 두 사람의 대립은 타협점을 찾을 수가 없었다.

106개 의석 중 79석을 민주당이 차지하고 있는 서울시의회에서 무상급식조례안이 통과되었으나, 오세훈 시장은 거부권을 행사했다. 이에 대해 서울시의회 의장이 직권으로 조례를 공포했지만 이에 대항하여 시장은 대법원에 제소, 주민투표를 제안했고, 이를 통해 자신의 주장이 인정

받지 못하면 사퇴하겠다고 표명하기에 이른다.

점입가경이던 논쟁은 2011년 8월에 실시된 주민투표로도 결판을 내지 못했다. 민주당을 비롯한 진보 진영이 주민투표에 반대하여 기권운동을 벌이는 가운데 투표율은 25.7%에 그쳐 주민투표 자체가 이뤄지지 못했기 때문이다. 결국 오세훈 시장이 사임하고 재선거를 통해 진보적 인사인 무소속 박원순이 당선되었다.

이 과정을 한국 국민이 보편주의를 선택한 것이라고 할 수는 없겠으나, 사회보장의 방식이 정당 간 논쟁의 대상이 될 만큼 중요한 정치적 문제로 부상했다는 점이 강한 인상을 남겼다.

박근혜의 사회보장 구상

서울시 무상급식 논쟁을 전후로 보수 진영 한나라당은 사회보장 정책을 둘러싸고 대전환을 꾀하기 시작했다. 한나라당은 노무현 정권 때 전개된 복지정책을 '복지 포퓰리즘'이라 비판하며 이명박 정권하에서는 자유주의 모델을 지향하는 사회보장 개혁을 시행하려 했다. 하지만 차기 대통령후보로서 가장 대권에 가깝다고 평가받는 박근혜가 그와는 완전히 다른 사회보장안을 제기했다.

박근혜는 2010년 12월, 2년 후로 다가온 대선에 대비하기 위해 싱크탱크로서 '미래연구원'을 창설하는 등 준비활동을 개시했다. 그 일환으로서 '사회보장기본법 전면개정을 위한 공청회'를 개최하고 '한국형 복지국가건설' 모델을 제시했다.

박근혜가 구상한 내용의 핵심은 생활보장형 복지국가, 보편주의적 복지, 기업과 민간복지 공급의 활성화 및 국가에 의한 통합관리라는 세 가지로 요약할 수 있다.

첫째, 소득 보장에 중점을 두었던 서구의 복지국가는 한계가 있으므로 생활보장에 중점을 두고 결과의 평등에서 기회의 평등으로 정책 기조를 전환해 인적자본 육성, 자활과 자립 지원, 현금 수급보다는 사회 서비스 내실화로 전환하는 '생활보장형 복지국가'다.

둘째, 복지의 대상을 고령자나 빈곤층뿐만 아니라 전 국민으로 확대하여 출산, 육아, 교육 등 모든 사람의 모든 생애 주기에 맞추어 국가가 복지를 제공하는 보편주의적 복지다.

셋째, 복지서비스를 공급하는 주체를 다양화시키면서 시장 친화적으로 변모해가되 전체적으로는 국가가 관리한다는 복지 노믹스, 또는 복지 다원주의적인 사고방식이다.

박근혜의 구상은 노무현이 말하는 사회투자국가와 유사했으며, 노무현 정권기의 정책을 정리하고 체계화한 것이라고 보아도 무리가 없다. 예전에 진보 정권이 주장한 내용을 거의 도입한 이 구상은 한나라당 내부에서 물의를 일으켰으나, 사실상 차기 대통령후보의 주장이었기에 기본적으로는 받아들여지는 분위기였다.

이 시점에서 한국의 복지정치는 새로운 단계에 접어들게 된다.

이제까지는 복지정치라고 하면, 진보 정당의 전유물이었으며 보수 정당은 비판적인 입장으로 시종일관했다. 복지정치는 정단 간 경쟁의 주역도 아니었다. 하지만 무상급식 논쟁과 박근혜의 생활보장형 국가구상을 한나라당이 수용한 시점부터 국면이 전환되었다. 복지정책이 정당 간 경쟁의 주역이 되었다. 더구나 진보와 보수 사이의 정책 차이는 줄어들었고, 양당 모두 보편주의적이고 사회민주주의적인 입장에 서서 정책 경쟁을 하는 구도가 되어버렸다.

2012년 대선에서 '경제민주화'가 최대 쟁점이 된 데는 이런 배경이 있었다.

박근혜 정권의 고뇌

1997년 아시아 외환위기 후 한국에서 심각해져 가기만 했던 경제적 불평등과 빈곤은 2012년에 이르러서야 대선을 통해 국가가 해결해야만 하는 사회보장 문제로서 정치적으로 인식되었으며, 정치 쟁점이 되었다. 실태가 심각하다는 논의의 차원이 열린 것은 민주당이 선거에서 쟁점화했기 때문이었지만, 그것이 큰 쟁점으로 부각된 것은 유권자들의 인식이 변화했기 때문일 것이다.

하지만 당시 거론된 문제는 그 어떤 것도 해결되지 않았다. 사회보장을 충실하게 하려면 국민이 더 많은 부담을 져야 하지만, 그런 점은 아직도 본격적으로 검토되지 않고 있다. 한국 정치는 이제 그 부담과 수급의 관계를 생각해야 한다. 의료보험 개혁에서 살펴본 것처럼 수급을 늘리기 위해서는 국민 개개인의 부담을 증가시켜야만 한다. 한국에서 의료비 본인 부담율이 줄어들지 않고 약 50%에 머물러 있는 것은, 부담율을 줄이기 위해서는 보험료율을 인상해야 하기 때문이다.

한국이 직면한 불평등과 빈곤 문제, 구체적으로는 심각한 고령자 빈곤과 청년층의 취업난, 워킹푸어 문제를 해결하기 위해 한국인은 2012년 제18대 대선에서 김대중, 노무현이 만들고 박근혜가 계승한 사회민주주의적인 방향을 선택했다. 하지만 이명박 정권까지 이어진 '위축된' 사회민주주의로는 이러한 문제를 해결할 수 없다는 사실은 과거 15년의 역사가 보여주는 그대로이다. 다만 피해 갈 수 없는 문제로 등장하는 것은 증세 등 국민 부담의 문제로서, 이를 해결할 수 있는지 없는지가 앞으로 한국사회를 좌우할 것이다.

국민에 대한 부담 증가는 어떤 형태로든 어려움이 따르기 때문에 당파를 넘어서는 국민적 합의가 필요하다. 한국이 '위축된' 사회민주주의에 빠진 것은 이와 같은 합의가 존재하지 않았고, 진보와 보수의 이념 대립이 격심했기 때문이었다. 박근혜 정권, 그리고 한국 정치의 우울은 이러한 문제들을 극복할 필요가 있는 지점에 존재한다. 김대중이 단행하려 했던 노사정위원회에 의한 사회협약과 같은 합의 도출을 어떻게 이끌어낼 수 있을까?

박근혜가 대선에서 공약했던 기초노령연금의 증액은 2013년 여름, 재정난을 이유로 맥없이 좌절되었다. 한편 철도공사의 부분적 민영화에 대한 반대투쟁을 계기로 진보와 보수의 골은 더욱 깊어만 갔다. 이 책의 집필 단계에서는 여전히 실마리조차 찾지 못하고 있다.

일본에 사는 사람들에게 이웃 나라 한국은 평가하기가 무척 어려운 나라이다. 한국만큼 시기에 따라 평가가 극단적으로 달라지는 나라도 드물다. 아시아 외환위기에 빠졌을 때는 한국이 얼마나 열악한지를 평하는 논조가 지배적이었고, 극적으로 위기에서 되살아났을 때는 이를 칭찬하면서 어째서 일본은 어려움에서 벗어나지 못하는지 한탄했다. 그리고 2010년대에 들어서자 양국의 관계 악화와 더불어 한국을 폄하하는 논조가 급증했다.

이와 같은 평판은 기묘하기까지 하다. 한국의 현실이 이 정도로 변동이 심할 리는 없을 것이다.

한국은 분명 20세기에 정치·경제적인 측면에서 격동을 경험했다. 하지만 21세기에 들어서면서 경제성장률은 4% 전후로 안정되었으며, 민주적인 정치 형태에도 변화는 없다.

2010년대에 들어서 화제가 된 반일 민족주의도 사실은 이전과 큰 변화가 있는 것이 아니다. 오히려 20세기와 비교해보면 시민 차원에서 반일 감정이 흘러넘치는 장면은 현저히 줄어들었다. 20세기에는 택시를 탈 때마다 기사님이 독도가 누구 땅인지를 물으며 대답을 강요했고, 술집에서 스스로 일본인이라는 사실을 숨기는 경우도 있었지만 이제는 그런 일이 없다. 일본에 대한 한국인의 자세는 엄중하지만, 반일 감정으로 인해 일반 시민이 과격한 행동을 하는 일은 거의 없다. 사람들에게는 달리 더 중요한 문제가 많은 것이다. 매스미디어나 정치가, 일부 활동가가 성가시지만 얼마간 표면적인 캠페인을 하고 있다는 것이 솔직한 느낌이다.

오히려 한국은 성숙되고 안정된 선진국이라고 표현하는 것이 실제 느낌에 가깝다. 하지만 평가의 극심한 편차로 인해 일본인에게는 이런 모습을 가진 한국, 그리고 한국인이 어떤 문제를 심각하게 고민하고 있는지 전달되지 않는 것 같다. 이 책은 그 같은 우려를 바탕으로 한국 정치의 전체상을 보다 객관적으로 전달하려는 의도로 집필되었다.

현재 일본이 안고 있는 정치적 쟁점을 일본 유권자에게 물어보면 언제나 상위에 오르는 것은 복지, 연금, 경기 대책이다. 한국에서도 빈부 격차나 경기 대책이 상위에 있는 것은 마찬가지다. 유사한 문제에 직면하여 정치적·경제적인 이유로 인해 그 해결책을 도출해내지 못한다는 점에서 두 나라는 별반 다르지 않다.

한국을 어떻게 평가할지는 사람에 따라 각양각색이다. 하지만 그전에 실상을 파악하려는 노력이 필요하다. 이 책이 도움이 될 수 있다면 다행이다.

이 책은 단행본으로 집필되었다. 그러나 한국 정치에 대한 기존의 방대한 연구 축적이 있었기에 비로소 집필할 수 있었다. 특히 사회보장제도, 통상정책의 정치적 과정에 대한 분석 대부분은 한국의 사회보장학자와 정치학자의 연구에 의거하고 있다. 민주화 이후 얼마간은 한국 국내에서의 연구는 참고할 만한 것이 별로 없었다. 하지만 연구가 급속히 발전된 오늘날, 한국 국내의 연구를 배제하고 한국을 이해하기란 불가능한 일이다. 번잡함을 피하기 위해 일일이 언급은 하지 않겠지만, 이 책에서 이용한 연구는 참고문헌에서 소개하므로 참고하시기를 바란다.

정당정치, 금융 개혁에 관한 분석은 필자가 과거에 진행했던 연구를 근간으로 하는데, 그것 역시 한국의 정치학자가 이제까지 쌓아온 연구가 있었기에 비로소 완성될 수 있었다. 꿋꿋하게 한 길로 연구를 이어온 한국

정치 연구자들에게 경의와 감사를 표하고 싶다.

졸고이기는 하나 이 책을 집필하면서 많은 분께 신세를 졌다. 그 성함을 일일이 거론하지 못하는 것은 마음 아프지만, 이 책에 직접 관계해주신 분들에 한해서 감사 인사를 전하는 것을 너그럽게 봐주시기 바란다.

이 책의 구상을 시작한 것은 2012년으로 우연히 세 개의 연구프로젝트가 동시에 시작되었다. 하나는 과학연구비 기반연구B 〈1997-98년 경제위기 이후의 동아시아국가 정치경제 비교연구〉대표 : 쓰네카와 게이이치(恒川惠市) 정책연구대학원대학 교수, 또 하나는 과학연구비 기반연구B 〈글로벌화를 둘러싼 국내정치 과정 분석 : 계량분석에서 사례분석으로〉대표 : 구메 이쿠오(久米郁男) 와세다 대학 교수 그리고 아시아태평양연구소APIR의 연구프로젝트 〈환태평양 경제협력을 둘러싼 일·미·중의 역할〉이다. 이 프로젝트를 함께하는 것은 개인적으로 상당히 무거운 짐이었지만, 지적인 자극이 되었으며 한국의 정치경제를 다시금 파악할 수 있는 새로운 착안점을 얻을 수 있었다.

노동시장을 매개로 사회보장 정책과 통상정책을 하나로 묶어 논의해보겠다는 시도는 이 모든 연구가 동시에 시작되지 않았다면 상상도 못했을 일이었다. 쓰네카와 교수님, 구메 교수님을 비롯한 세 개의 프로젝트에 참가하고 있는 여러분께 감사의 마음을 표현하고 싶다. 챕터2 후반의 분석은 2013년도 일본정치학회에서 쓰지나카 유타카 교수님이 기획한 분과회 〈일·중·한의 시민사회와 체제의 상호관계〉에서 필자가 보고한 내용에 기반하고 있다. 쓰지나카 교수님을 비롯한 관계자 선생님들께 감사드린다. 이 책은 이들 프로젝트 연구성과의 일부를 이용하고 있음을 덧붙여 말해둔다.

한국에 조사하러 갈 때면 항상 신세를 지는 세종연구소 진창수 일본연구소 소장, 서울시립대학교 권영주 교수, 마이니치신문사 사와다 가쓰미澤田克己 씨에게도 감사드리고 싶다. 그들과의 논의는 자극적이었고, 이 책을 쓰면서 무척 많은 참고가 되었다. 자료수집에서는 고베 대학 대학원생 야시마 겐이치로八島健一郎, 김은정, 하승빈의 도움을 받았다. 감사드린다.

  출판을 담당해준 중앙공론신사의 시라토 나오토白戸直人 씨와의 대화가 없었다면 이 책은 태어나지 못했을 것이다. 필자의 또렷하지 않은 이야기를 들으면서 그 틀을 갖춰준 데다가 초고에 가필해준 대량의 수정 코멘트는 큰 공부가 되었으며, 좋은 책을 만들어보겠다는 강한 열의에 넘쳐났다. 이 책이 조금이라도 읽기 편한 내용이 되었다면 그것은 오로지 시라토 씨 덕분이다. 그를 소개해준 이는 정책연구대학원대학의 다케나카 하루카타竹中治堅이다. 정치학회가 끝난 후 후쿠오카 텐진 거리에서 함께 술을 마신 것이 지금까지 이어졌다. 시라토 씨의 뒤를 이어 칸바야시 다쓰야上林達也 씨는 이 책을 완성으로 이끌어주었다. 세 분께 다시 한 번 감사드린다.

  마지막으로 이 책을 아내 유리코由里子에게 바치니 너그럽게 봐주시기를 바란다. 그녀의 이해와 도움이 없었다면 필자는 애초부터 한국 연구를 계속할 수 없었을 것이다.

전체 관련 문헌

埋橋孝文・木村清美・戸谷浩之編2009《東アジアの社会保障：日本・韓国・台湾の現状と課題》ナカニシヤ出版

奥田聡2010《韓国のFTA：10年の歩みと第三国への影響》アジア経済研究所

金成垣2008《後発福祉国家論：比較のなかの韓国と東アジア》東京大学出版会

《福祉レジームの収斂と分岐：脱商品化と脱家族化の多様性》ミネルヴァ書房

春木育美・薛東勲編《韓国の少子高齢化と格差社会：日韓比較の視座から》慶応義塾大学出版会

《韓国経済の基礎知識》JETRO

김연명 편2002《한국 복지국가 성격논쟁 I》인간과복지 (일본어역：金淵明編, 韓国社会保障研究会訳2006《韓国福祉国家性格論争》流通経済大学出版会)

노무현재단2010《운명이다：노무현 자서전》돌베개

박용수2011〈노무현대통령의 한미FTA 추진이유：대통령리더십을 통한 접근〉(《평화연구》19권 1호)

안상훈2010《현대 한국복지국가의 제도적 전환》서울대학교출판문화원

양재진 외2008《한국의 복지정책 결정과정：역사와 자료》나남출판사

Esping-Andersen, Gesta ed.1996 *Welfare States in Transition: National Adaptations in Global Economies*, Sage(일본어역：G.エスピン=アンデルセン編, 埋橋孝文監訳2003《転換期の福祉国家：グローバル経済下の適応戦略》早稲田大学出版部

머릿말 / 프롤로그

大西裕2005《韓国経済の政治分析：大統領の政策選択》有斐閣

奥田聡編2000《経済危機後の韓国：成熟期に向けての社会・経済的課題》アジア経済研究所

国連開発計画(UNDP) 2013《人間開発報告書 2013 日本語版》阪急コミュニケーションズ

森山茂徳1998《韓国現代政治》東京大学出版会

김교성 · 노혜진 2011 《한국의 빈곤 : 다차원적 접근과 재생적 메커니즘》 나눔의집

김진욱 2011 《한국의 복지혼합》 집문당

박찬욱 · 김지윤 · 우정엽 편 2013 《한국 유권자의 선택 2 : 18대 대선》 아산정책연구원

프레시안 특별취재팀 2010 《한국의 워킹푸어 : 무엇이 우리를 일할수록 가난하게 만드는 가?》 책보세

이내영 · 서현진 편 2013 《변화하는 한국유권자 5 : 패널조사를 통해 본 2012 총선과 대선》 동아시아연구원

정무권 편 2009 《한국 복지국가 성격논쟁 II》 인간과복지

Chapter 1

大西裕 2002〈韓国における金融危機後の金融と政治〉(村松岐夫・奥野正寛編)《平成バブルの研究(下) 崩壊編 : 崩壊後の不況と不良債権処理》東洋経済新報社

木宮正史 1999《韓国における経済危機と労使関係レジームの展開 : 労・使・政委員会の活動を中心に》(韓国経済研究会《韓国の経済体制改革に関する調査研究》産業研究所)

高安雄一 2005《韓国の構造改革》NTT出版

강명세 1999 〈한국의 사회협약 실험〉(강명세 편 《경제위기와 사회협약》 세종연구소)

김연명 2002 〈김대중 정부의 사회복지 개혁과 불확실한 미래 : 국민연금 · 의료보험 개혁을 둘러싼 이해집단간 갈등을 중심으로〉(《경제와사회》제55권)

김영순/권순미 2002 〈공공부조제도〉(양재진 외 《한국의 복지정책 결정과정 — 역사와 자료》 나남출판사)

금융개혁위원회 1998 《금융개혁백서》

권미수 1999 《금융산업에 대한 감독 및 규제 실패의 원인 및 처방》 한국행정연구원

박영철 · 김동원 · 박경서 2000 《금융 · 기업구조조정 미완의 개혁》 삼성경제연구소

박종관 · 김이영 2004 〈김대중정부의 복지정책의 변화에 관한 연구 : 생산적 복지정책을 중심으로〉(《공공행정연구》제6권 제1호)

삼성경제연구소 편1998 《IMF 1년과 한국경제의 변모》삼성경제연구소

송미영2012 〈건강보험제도와 복지정치〉(정태환 외《한국의 복지정치》학지사)

선학태2005 〈한국 민주주의 공고화의 가능성과 한계 : 김대중 정부의 사회복지개혁〉(《한국
　　정치학회보》제39집 5호)

IMF환란 원인규명과 경제위기 진상조사를 위한 국정조사특별위원회1999 《IMF환란 원인
　　규명과 경제위기 진상조사를 위한 국정조사 결과보고서》

안종길2000 《최근의 은행위기 발생원인과 당국의 대응》한국경제연구원

양재진2008 〈국민연금제도〉(양재진 외《한국의 복지정책 결정과정 ―역사와 자료》나남출
　　판사)

재정경제부1999 《경제백서 1999년판》

재정경제부 국제기구과1998 "Letter of Intent"

재정경제부 · 금융감독위원회2000 《공적자금백서》

재정경제부 · 산업자원부 · 건설교통부 · 기획예산위원회 · 금융감독위원회1998 《금융 · 기
　　업구조개혁 촉진방안》

조영재2008 〈건강(의료)보험제도〉(양재진 외《한국의 복지정책 결정과정 ―역사와 자료》나
　　남출판사)

Haggard, Stephan 2000, *The Political Economy of the Asian Financial Crisis*, Institute for
　　International Economics

Holliday, Ian 2000, "Productivist Welfare Capitalism: Social Policy in East Asia," *Political
　　Studies*, Vol.48

Holliday, Ian, Paul Wilding eds. 2003, *Welfare Capitalism in East Asia: Social Policy in the
　　Tiger Economies*, Palgrave Macmillan.

Chapter 2

磯崎典世・大西裕2011 〈韓国における党支部廃止の政治過程 : 非党派性の制度化と選
　　挙管理委員会〉(日本政治学会編《年報政治学 2011 : II 政権交代期の〈選挙区政
　　治〉》木鐸社)

辻中豊・森裕城編2010 《現代社会集団の政治機能 : 利益団体と市民社会》木鐸社

辻中豊·廉載鎬編2004《現代韓国の市民社会·利益団体：日韓比較による体制移行の研究》木鐸社

廬武鉉編著、青柳純一編訳2003《韓国の希望　廬武鉉の夢》現代書館

服部民夫1988《韓国の経営発展》文眞堂

김방철2001 〈한국 의료수가의 결정과정과 현황〉(《대한의사협회지》44권 4호)

김영화·신원식·손지아2007《한국 사회복지의 정치경제학》양서원

김종서2006 〈노무현 정부의 복지정책과 지방분권 : 내용과 한계〉(《지방자치법연구》제6권 제1호)

노무현2009《성공과 좌절》학고재

노혜경 외2002《유쾌한 정치반란, 노사모》개마고원

박병현2008 〈노무현 정부의 복지재정분권정책에 따른 지방정부 사회복지재정 실태 분석 및 정책적 개선방안〉(《한국사회복지학회》 60권 1호)

박은미2003 〈사회복지 정책결정과정에 있어서 참여자 역할에 관한 연구〉(《영남지역발전연구》32호)

백두주2011 〈경제위기 이후 한국 사회정책의 변화와 효과 : 김대중·노무현 정부를 중심으로〉(《담론201》제14권 1호)

한반도사회경제연구회 편2008《노무현 시대의 좌절 : 진보의 재구성을 위한 비판적 진단》창비

이병희2011 〈근로빈곤의 노동시장 요인과 빈곤 동학〉(서울사회경제연구소 편《한국의 빈곤 확대와 노동시장구조》한울아카데미)

이수연2011 〈김대중·노무현 정부 복지국가 성격에 관한 연구 : 국민건강보험 정책결정과정에서의 시민참여를 중심으로〉(《사회복지연구》제42권 제1호)

전병목·이상은2006《우리 현실에 맞는 EITC 실시방안》한국조세연구원

재경회·예우회2011《한국의 재정 60년 : 건전재정의 길》매일경제신문사

조선주 외2008《근로장려세제(EITC)와 여성의 노동공급 : 실증분석과 정책과제》한국여성정책연구원

Chapter 3

大西裕 2005 〈分裂の民主主義：地域主義政党制の低パフォーマンス〉(《現代韓国朝鮮研究》第5号)

大西裕 2009 〈韓国：場外政治の主役としての市民社会〉(坪郷實編《比較・政治参加》木鐸社) ミネルヴァ書房

大矢根聡 2012《国際レジームと日米の外交構想：WTO・APEC・FTAの転換局面》有斐閣

奥田聡 2007《韓米FTA：韓国対外経済政策の新たな展開》アジア経済研究所

滝井光夫 2007 〈米国のFTA政策：その展開と特色〉(《季刊 国際貿易と投資》No.68)

강원택 2003 《한국의 선거정치 : 이념, 지역, 세대와 미디어》 푸른길

김미경 2011 〈대외경제정책과 한국사회의 갈등 : 선호, 정책패러다임 그리고 국내정치연합의 형성〉(《한국정치학회보》제45집 제5호)

김성수 2011 〈한국사회의 갈등과 언론의 역할 : 한미 FTA 보도 기사를 중심으로〉(《동서연구》제23권 제1호)

김용호 2004 〈2003년 헌정위기의 원인과 처방 : 제3당 분할정부와 대통령-국회간 대립〉(진영재 편 《한국 권력구조의 이해》 나남)

김현종 2010 《김현종, 한미 FTA를 말하다》 홍성사

노무현 2009 《진보의 미래》 동녘

박인휘 편 2008 《한미 FTA와 한국의 외교전략 : 교훈과 과제》 KINS

심양섭 2008 《한국의 반미 : 원인 · 사례 · 대응》 한울아카데미

이내영 2003 〈안보의식의 양극화의 외교정책 결정의 딜레마 : 외교안보분야 여론분석과 정책제언〉(이내영 · 이하경 편 《노무현 정부의 딜레마와 선택 : 국민여론 · 소수정부 · 정책선택》 동아시아연구원)

장훈 2008 〈정당정치와 외교정책〉(《한국정치학회보》제42집 제3호)

최영종 2010 〈세계화를 둘러싼 국내적 갈등에 대한 연구 : 한미 FTA 사례를 중심으로〉(《한국정치외교사논총》제31집 제2호)

홍성태 2007 〈한미 FTA 반대 운동의 전개와 특징〉(학술단체협의회 편 《한미 FTA와 한국의 선택》) 한울아카데미

Cumings, Bruce 1981, *The Origins of the Korean War vol.1 : Liberation and the Emergence of*

Separate Regimes, 1945~1947, Princeton University Press(일본어역 : ブルース・カミングス著, 鄭敬漢・林哲・加地永都子訳《朝鮮戦争の起源 1/2 : 解放と南北分断体制の出現 1945年-1947年》シアシヒム社, 1989-91年)

Chapter 4

浅羽祐樹・大西裕・春木育美 2010 〈韓国における選挙サイクル不一致の政党政治への影響〉(《レヴァイアサン》47号)

奥村牧人 2009 〈大韓民国の議会制度〉(《レファレンス》2009年8月号)

高龍秀 2009 〈世界金融危機と韓国〉(《甲南経済学論集》49巻2・3・4号)

高安雄一 2012《TPPの正しい議論にかかせない米韓FTAの真実》学文社

김교성・김성욱 2012 〈복지의 양적 확대와 체계적 축소 : 이명박 정부의 복지정책에 대한 평가〉(《사회복지정책》제39권 제3호)

김연명 2009 〈이명박 정부 소득보장정책의 쟁점〉(《복지동향》제125호)

김원섭・남윤철 2011 〈이명박 정부 사회정책의 발전 : 한국 복지국가 확대의 끝?〉(《아세아연구》제54권 제1호)

매일경제 경제부・정치부 2008 《MB 노믹스 : 이명박 경제독트린 해부》매일경제신문사

문형구 2009 〈MB정부 경제위기 대응의 본질은?〉(《월간 말》2009년 2월호)

박지광 2011 〈2010년 미국 중간선거, 티파티운동, 그리고 한미 FTA 비준 : 지역구의 이해관계에 기초한 분석〉(《외교안보연구》제7권 제2호)

새로운사회를여는연구원 2009 《신자유주의 이후의 한국경제 : 글로벌 금융위기와 MB노믹스를 넘어》시대의창

신동면 2009 〈경제위기 이후 이명박 정부 사회복지정책의 평가와 대안〉(《한국정책학회보》제18권 제4호)

신후식・유승선・연훈수 2009 《경제위기의 전개와 대응 : 외환위기와 최근의 금융위기를 중심으로》국회예산정책처

유종일 2009 《위기의 경제 : 금융위기와 한국경제》생각의나무

육동한 2009 〈2009년 정부의 경제 정책 운용 방향〉(《경총 경영계》2009년 1월호)

이갑윤 2010 〈촛불집회 참여자의 인구・사회학적 특성 및 정치적 정향과 태도〉(《한국정당학

회보》제9권 제1호)

정진영 2011 〈한미 FTA 비준게임의 정치〉(《경제와정책》187호)

정원칠 2011 〈여론을 통해 본 한미FTA : 국회비준시기 신중론의 급부상〉(EAI Opinion Review No. 201108-01)

주은선 2008 〈이명박 정부 시대 사회복지 : 복지시장의 전면화〉(《서석사회과학논총》제1권 2호)

최병일 2009 〈한미 FTA 재협상 가능성과 비준 전망〉(《통상법률》87호)

최재성 2010 〈이명박(MB)정부의 사회복지정책 특성과 과제 : 친기업 보수우익에서 친서민 중도실용?〉(《한국사회복지조사연구》제25권)

허재준 2009 〈경제위기와 고용대책 보완 방향〉(《노동리뷰》2009년 6월호)

홍성태 2011 《토건국가를 개혁하라 : 개발주의를 넘어 생태복지국가로》한울아카데미

Neustdt, Richard E. 1990, *Presidential Power and Modern Presidents : The Politics of Leadership from Roosevelt to Reagan*, 4th ed., Free Press.

Chapter 5

大西裕 2005 〈韓国 : 政治的支持調達と通商政策〉(岡本次郎編《APEC早期自由化協議の政治過程 : 共有されなかったコンセンサス》アジア経済研究所)

大西裕 2013 〈通商政策と福祉国家〉(アジア太平洋研究所編《日米中新体制と環太平洋経済協力のゆくえ》アジア太平洋研究所)

宮本太郎 2013 《社会的包摂の政治学 : 自立と承認をめぐる政治対抗》ミネルヴァ書房

労働政策研究・研修機構編 2012 《データブック2012国際国際労働比較》労働政策研究・研修機構

마인섭 2011 〈한국정당의 복지정책과 선거〉(《의정연구》제17권 제3호)

신영태・정명생・마임영・안재현 1998 〈APEC 수산분야 조기자유화의 영향과 대책〉한국해양수산개발원

어수봉 1992 《한국의 노동이동》한국노동연구원

정이환 2006 《현대 노동시장의 정치 사회학》후마니타스

Alt, James E. and Michael Gilligan 1994, "Survey Article: The Political Economy of Trading States: Factor Specificity, Collective Action Problems and Domestic Political

Institutions." *The Journal of Political Philosophy*, 2-2.

Alvarez, R.M., G. Garrett and P. Lange 1991, "Government Partisanship, Labor Organization, and Macroeconomic Performance, 1967-1984," *American Political Science Review*, 85-3.

Conybeare, John and Mark Zinkula 1996, "Who Voted againt the NAFTA? Trade Unions versus Free Trade," *World Economy*, 19-1.

Deardorff, Alan and Robert M. Stern eds. 1998, *Constituents Interests and U.S. Trade Policies*, University of Michigan Press.

Freden, Jeffery 1991, Debt, *Development and Democracy: Modern Political Economy and Latin America*, Princeton University Press.

Haggard, Stephan and Robert R. Kaufman 2008, *Developement, Democracy, and Welfare States: Latin America, East Asia, and Eastern Europe*, Princeton University Press.

Hiscox, Michael J. 2002, *International Trade and Political Conflict: Commerce, Coalitions, and Mobility*, Princeton Universty Press.

Kaempfer, J. William and Stephen V. Marks 1993, "The Expected Effects of Trade Liberalization: Evidence from U.S. Congressional Action on Fast-Track Authority," *World Economy*, 16-6.

Ladewig, Jeffrey W. 2006, "Domestic Influences on International Trade Policy: Factor Mobility in the United States, 1963-1992," *International Organization*, 60-4.

Magee, Stephen P., William A. Brock and Leslie Young 1989, *Black Hole Tariffs and Endogenous Policy Theory: Political Economy in General Equilibrium*, Cambridge University Press.

McArthur, John and Stephen V. Marks 1990, "Empirical Analyses of the Determinants of Protection: A Survey of Some New Results," in John S. Odell and Thomas D. Willett eds., *International Trade Policies: Gains from Exchange Between Economics and Political Science*, University of Michigan Press.

McGillivray, Fiona 1997, "Party Discipline as a Determinant of the Endogenous Fromation of Tariffs," *American Journal of Political Science*, 41-2.

Midford, Paul 1993, "International Trade and Domestic Politics: Improving on

Rogowski's Model of Political Alignments," *International Organization*, 47-4.

Ricardo, David1817, *Principles of Political Economy and Taxation*

Rogowski, Ronald1987, "Political Cleavages and Changing Exposure to Trade," *American Political Science Review*, 81-4.

Rogowski, Ronald1989, *Commerce and Coalitions,* Princeton University Press.

Soskice, David1999, "Divergent Production Regimes: Coordinated and Uncoordinated Market Economies in the 1980s and 19990s," in H. Kitschelt, P. Lange, G. Marks and J.D. Stephens eds., *Continuity and Change in Contemporary Capitalism*, Cambridge University Press.

주요자료

프리덤하우스 웹사이트(http://www.freedomhaouse.org)

OECD 데이터베이스

한국중앙선거관리위원회 데이터베이스

한국은행 통계 데이터베이스

한국통계청 데이터베이스

단체의 기초에 관한 조사(한국)

조선일보

한겨레신문

일본경제신문

선진국 한국의 우울

초판 1쇄 인쇄일 2015년 5월 13일 • 초판 1쇄 발행일 2015년 5월 20일
지은이 오니시 유타카 • 옮긴이 박연정
펴낸곳 도서출판 예문 • 펴낸이 이주현
기획 편집 김유진 · 박정화 · 홍대욱 • 마케팅 이운섭
디자인 김지은 • 외주디자인 박마리아 • 관리 윤영조 · 문혜경
등록번호 제307-2009-48호 • 등록일 1995년 3월 22일 • 전화 02-765-2306
팩스 02-765-9306 • 홈페이지 www.yemun.co.kr
주소 서울시 강북구 미아동 374-43 무송빌딩 4층

ISBN 978-89-5659-243-5 (03340)